中国农村绿色发展问题研究

罗小锋 著

科 学 出 版 社

北 京

内 容 简 介

大力推进农村绿色发展转型，对解决中国农村地区生态环境问题，实现农村经济、社会与环境的协调发展及实现乡村振兴有着重要的意义。本书通过梳理和借鉴国内外绿色发展的先进经验，立足于中国基本国情和农村绿色发展转型的迫切需要，运用数理分析方法和计量分析工具，结合宏观和微观数据，对中国农村绿色发展水平、绿色发展的实现路径进行较为全面的分析，并得出一系列结论。这些结论对中国制定农村绿色发展的相关政策具有一定参考价值。

本书可供农业经济管理专业尤其是研究农业资源与环境经济、农业经济理论与政策、农村环境治理等问题研究领域的专家、学者及农业院校的师生参阅，也可为各级政府、大专院校及科研院所的工作者提供参考。

图书在版编目（CIP）数据

中国农村绿色发展问题研究 / 罗小锋著. —北京：科学出版社，2022.3

ISBN 978-7-03-070354-5

Ⅰ. ①中… Ⅱ. ①罗… Ⅲ. ①绿色农业－农业发展－研究－中国
Ⅳ. ①F323

中国版本图书馆 CIP 数据核字（2021）第 219039 号

责任编辑：郝 悦 / 责任校对：贾娜娜
责任印制：张 伟 / 封面设计：无极书装

科学出版社 出版
北京东黄城根北街 16 号
邮政编码：100717
http://www.sciencep.com

固安县铭成印刷有限公司 印刷
科学出版社发行 各地新华书店经销
*
2022 年 3 月第 一 版 开本：720 × 1000 1/16
2023 年 1 月第二次印刷 印张：12 3/4
字数：257 000

定价：128.00 元

（如有印装质量问题，我社负责调换）

前　言

自2015年3月中共中央政治局会议上首次提出“绿色化”概念后，中共十八届五中全会将“生态文明建设”首度写入国家五年规划，加快生态文明建设，实施绿色发展战略不仅是中国社会经济协调发展的战略需要，也是中国生态环境保护和可持续发展战略的理论升华。坚持绿色发展不仅体现了人们对过去经济发展导致的资源过度利用、环境破坏严重、可持续发展能力下降的严峻形势下做出的深刻反思，也反映了人们对用可持续的“发展绿”换取更多更持久的“天空蓝”的美好向往。可以预期，在今后相当长的一段时期，绿色发展将成为我国破解发展与保护难题，实现生产发展、生活富裕、生态良好的现代化发展新路径。

然而，如何提升绿色发展水平，尤其是如何提升农村绿色发展水平，目前并没有一套行之有效的行动方案和措施体系，这将是中国今后需要深入探讨的重大课题。宏观上看，中国农村的生态破坏与环境污染问题尤为突出，农业废弃物已经成为中国最大的污染源。滥用化肥农药、农业废弃物随意处理、生活方式落后、不合理工程建设等一系列粗放型农村生产、生活方式导致生态环境破坏严重，极大地削弱了我国农村的可持续发展能力。以生产、生活、生态的绿色发展为抓手提升农村绿色发展水平，不仅能有效扭转我国农业生产对生态环境的破坏，还能极大地减轻农村生活污染，逐步修复农村生态环境，促进我国农村可持续发展。因此，本书从农村绿色发展的理论分析出发，基于农村生产、居民生活、生态环境角度全面评估我国农村绿色发展水平并分析其影响机制；在此基础上，深入探讨农村绿色发展的实现路径；最后针对性地提出推进中国农村绿色发展的保障措施体系。

本书将突出问题导向，通过对我国农村绿色发展的时代背景、理论依据、发展现状、影响机制的研究，主要回答四个关键性问题：什么是农村绿色发展？我国农村绿色发展现状及其影响机制是什么？怎样提升我国农村绿色发展水平？保障我国农村绿色发展战略顺利实施的政策措施有哪些？

1. 中国农村绿色发展的理论分析

本部分从农村绿色发展的理论探讨出发，通过深入发掘我国农村绿色发展的现实依据，辨明农村绿色发展的内涵、特征及相关概念间的联系，揭示农村绿色发展的主要机理，提出我国农村绿色发展问题的分析框架。

研究指出，我国农村绿色发展对于提高农民收入水平，缩小城乡差异，破解农村发展难题，促进农村全面发展和推进农业现代化发展进程意义重大。当前，我国农村绿色发展亟待解决的主要矛盾有产业融合发展矛盾、生态保护与经济发展的矛盾、思想观念转变冲突、利益协调矛盾等。虽然我国农村资源丰富，且在生态环境治理方面取得了一定成效，但生态环境形势依然不容乐观，尤其是绿色发展的体制机制不够完善，农村居民的绿色意识比较淡薄。从总体上看，我国农村绿色发展涉及多个方面，是一项复杂的工程，因此需要寻求多方合力，发挥资金、制度的保障作用，发挥科学技术和文化的助推作用。

2. 中国农村绿色发展水平评价及其影响机制研究

本部分从农村生产、居民生活、生态环境三个方面构建农村绿色发展水平评价指标体系，以省级行政区为评价单元，对我国农村绿色发展水平进行实证分析，并利用计量经济模型深入分析其空间分布及收敛性特征，全面揭示我国农村绿色发展现状。

研究指出，2005 年到 2017 年我国农村绿色发展水平处于稳步上升的阶段，增长趋势平稳。同时，各区域的农村绿色发展水平变动趋势与全国基本保持一致，但不可忽视的是，区域间存在较大的差距。从绝对值来看，东部农村绿色发展水平优于东北，东北优于西部，西部优于中部；从年均增长速度来看，中部最快，其次是东部和东北，西部最慢。此外，我国农村绿色发展水平呈现出一定的空间集聚效应，尤其是 2012 年到 2015 年，集聚效应明显，但从 2016 年开始，空间集聚现象有被打破的趋势。同时，我国农村绿色发展水平整体上还存在收敛趋势，收敛速度为 3.29%。这表明全国范围内农村绿色发展水平较低的省份通过转变农业生产方式、引导农村居民绿色生活、加大农村生态环境保护与建设等措施，与农村绿色发展水平较高省份之间的差距在不断缩小。

3. 中国农村绿色发展的实现路径研究

本部分剖析了我国农村绿色发展的实现路径，探讨了在农村绿色发展推进过程中技术创新、产业结构调整等方面的基本思路及具体路径。利用多元线性回归、Dagum 基尼系数对农村绿色发展水平和环境效率进行测算，结合微观数据对农村绿色发展的投入优先序进行测定。在此基础上，辨明政府、市场与农民在农村绿色发展过程中的主体关系。

研究指出，虽然中国的农业产业结构经过多次调整取得了一系列积极成果，但与发达国家农业相比，农业产业结构还存在农产品结构不合理、农业区域布局不合理、农业产业结构不合理等问题。为进一步优化我国农业产业结构，需要继续加大农业投入，重视林业和渔业的发展，改善基础设施，加快现代畜牧业的发展。同时，在评估区域资源禀赋基础上，合理调整产业区域布局。

科技创新是提升我国农村绿色发展水平的重要支撑。相较科技创新 R&D（research and development，研究与发展）经费和人员的总量投入，我国更应该关注科技投入的强度和投入的产出效率问题。根据各地区的经济发展水平能力，适度增加 R&D 经费的投入强度；要加强科研资金的管理水平，提高科技创新资金的使用效率。此外，从区域差异来看，东、中、西、东北四大区域间科技创新对农村绿色发展水平的影响存在较大差异。总体而言，在经济发展程度较低的区域，R&D 经费与科技创新人员总量投入对农村绿色发展水平的正向作用更强。因此，需要通过差异化的政策引导各区域的科技创新能力发展，让科技创新能更好地为实现我国农村绿色化发展而服务。

我国农业市场环境建设滞后，监管风险与成本较大，政府应当承担支持农业发展的主要责任。政府在农村绿色发展的进程中应该注重宏观经济与政策环境的调控，减少对微观经济主体的干预，为农村绿色化发展做好相应的政策服务。同时，要加大对绿色农业发展的财政支持力度，推进政府履行职能的绩效评价体系变革。

4. 中国农村绿色发展的政策支撑与综合保障体系设计

本部分主要基于以上研究结论提出促进我国农村绿色发展的政策支撑和综合保障体系。从农村生产、居民生活、生态环境建设三个方面厘清推进我国农村绿色发展的总体思路与主要目标；确定我国农村绿色发展的重点任务；从农村绿色发展标准体系、认证体系、知识产权体系、公民社会建设体系、绿色生产体系和绿色生活体系等几个方面设计推动我国农村绿色发展水平提升的政策支撑体系；从法律法规、政府协调、财政支持、公众引导、科技助推等几个方面提出保障我国农村绿色发展顺利推进的综合保障体系。

目　录

第一章 绪　论

第一节 研究的背景和意义

绿色发展是当今全球性的主流发展趋势。自 2002 年联合国开发计划署在《2002 年中国人类发展报告：让绿色发展成为一种选择》中提出绿色发展理念以来，国际上对绿色发展的认同逐步提高，先后提出了实行“绿色新政”“绿色经济”，建设环境友好城市、发展绿色农业等思想。随着中国“人口—资源—环境”系统的逐渐失调和生态保护与经济发展间矛盾的日益加剧，中国政府对资源与环境问题给予了高度的重视，2015 年党的十八届五中全会首次提出绿色发展理念，并将坚持五大发展理念看作是影响我国发展全局的一场深刻变革。2016 年中央“一号文件”提出“推动农业绿色发展”的战略任务。随后 2017 年至 2020 年中央“一号文件”也围绕绿色农业发展、农村人居环境治理、农村资源保护和污染治理等方面制定了一系列政策措施。绿色发展理念的提出、形成和发展是顺应世界绿色发展潮流的战略选择、解决我国资源环境双重约束困境的必然要求及落实新发展理念的现实需要，对于改善我国生态环境、促进人与自然和谐发展、建设“美丽中国”具有重要意义。毫无疑问，在“十三五”乃至更长时期，绿色发展理念和措施将会成为加快建设美丽中国，使蓝天常在、青山常在、绿水常在，实现中华民族永续发展的必然路径。

然而，如何提升绿色发展水平，目前并没有一套行之有效的行动方案和措施体系，这将是中国今后需要深入探讨的重大课题。宏观上看，绿色发展是针对当前中国日益突出的生态环境问题而提出的重大战略，而中国农村的生态破坏与环境污染问题尤为突出。中国每年产生的农业废弃物约有 40 亿吨，其中，畜禽粪便有 2 亿吨，农作物秸秆有 7 亿吨，废弃农膜等塑料有 2.5 万吨，蔬菜废弃物有 1 亿～1.5 亿吨，乡镇生活垃圾和人粪便有 2.5 亿吨。目前，农业废弃物已经成为中国最大的污染源。《2014 中国环境状况公报》显示，全国化肥当季利用率只有 33%左右，普遍低于发达国家 50%的水平；水土流失和土壤污染的状况也十分严重，现有土壤侵蚀总面积达 294.91 万平方千米，占普查范围总面积的 31.12%；耕地污染土壤点位超标率达 19.4%，其中轻微、轻度、中度和重度污染点位比例分别为 13.7%、2.8%、1.8%和 1.1%。这一系列污染极大地破坏了中国的生态环境和阻碍了农业、农村和农民的可持续发展。一般而言，生态破坏与环境污染都与不合理的生产、生活方式及生态保护制度的缺失密切相关。因此，从生产、生活、生态方面提升农村绿色发展水平将是我国全面推进农村生态文明建设的重点内容和理想的切入点之一，其现状、影响机制及实现路径等问题需要长期关注。

基于此，本书拟在绿色发展相关理论的指导下，首先，从农业生产、农民生活和农村生态三个方面对农村绿色发展水平进行指标构建、水平测算和综合评价，并探究我国农村绿色发展水平的影响因素；其次，从产业结构调整、技术创新、投入优先序等方面深入剖析农村绿色发展的实现路径；最后，提出促进我国农村绿色发展的政策支撑和综合保障体系。

（一）有利于加强我国生态文明建设

绿色发展问题关注的是各产业部门在生产及经济发展过程中的资源环境安全问题，是在确保安全程度不至于弱化的情况下对资源的配置方式与利用方法改进的一种探究。从研究的范畴来看，绿色发展是生态文明建设系统中的一个子系统，它从属于生态文明建设系统；从研究的层次来看，绿色发展是站在对增强可持续发展保障能力的角度所做出的一种划分。处于较高层次上的生态文明建设，会对绿色发展产生良好的导向作用，也能够为绿色发展问题的研究提供更为宽广的视野和更为开阔的思路。十八届五中全会提出，加大环境治理力度，以提高环境质量为核心，实行最严格的环境保护制度，筑牢生态安全屏障。只有实行最严格的制度、最严密的法治，才能为生态文明建设提供可靠保障，而最严格的环境保护制度必须具备科学性和时效性，要充分考虑不同区域经济社会发展阶段和环境承载能力的差异性，把资源消耗、环境损害、生态效益等体现绿色发展状况的指标考虑在内，使其成为推进生态文明建设的重要导向和约束。生态文明建设与生产力布局、空间格局、产业结构、生产、生活方式等密切相关，是一场全方位、系统性的绿色变革。只有将绿色生产、绿色生活和绿色生态有机统一，多措并举，真正落实，才能真正实现绿色发展，由全体人民共享生态文明建设成果。

（二）有利于构建符合绿色发展要求的农村发展政策体系

随着中国经济的高速增长，粗放型的经济发展方式导致的资源与环境压力日益突出，资源环境的约束已成为制约农村可持续发展的关键因素。如果继续采取传统的高投入、高消耗、高排放的发展方式将会面临资源短缺、环境恶化、粮食减产等一系列问题。要提升农村绿色发展水平，必须研究采取什么样的政策可以对绿色产业和主体进行扶持，从而调整和改变传统的发展方式；要真正实现农村绿色发展，必须研究出台哪些政策可以对科技研究与开发进行正确引导，以推进资源利用和环境保护技术的创新与运用；提升农村绿色发展水平，必须研究制定何种政策可以为绿色发展理念创造良好氛围，从而将绿色发展理念贯穿于中国农村发展的各个领域。由此可见，加强农村绿色发展问题研究，可以为构建符合绿色发展要求的农村发展政策体系指明方向。

（三）有利于推进美丽乡村的发展与建设

十八届五中全会提出，坚定走生产发展、生活富裕、生态良好的文明发展道路，加快建设资源节约型、环境友好型社会，形成人与自然和谐发展现代化建设新格局，推进美丽中国建设，为全球生态安全作出新贡献。从农村来看，现阶段我国部分农村环境状况仍然不容乐观，基础设施建设落后，缺少有效的垃圾集中处理系统，不当的生产、生活方式造成了严重的农村环境污染和生态破坏，进而影响了农产品质量和广大农村居民的生活水平。美丽乡村的具体目标就是生态宜居、生产高效、生活美好、人文和谐。农村绿色发展战略正是要积极倡导绿色生产模式与健康消费方式，通过加强农村绿色文明建设，整治农村生活环境，改善农村生产环境，建设村容整洁、环境优美的绿色新农村，不断提高广大农村居民的生活水平与生活质量。提升农村绿色发展水平是美丽乡村建设的重要支撑，它不仅为我国农村生态文明建设提供了具体行动方案，也为我国美丽乡村建设提供了实施路径。

（四）有利于强化公众的绿色发展观和生态文明观

绿色发展的实现是人们行为的直接结果，但是这种行为是在一定的观念指导下进行的。因为观念和意识是行动的前提，有什么样的观念和意识，也就有了什么样的动机，从而就有了在动机支配下的人的行为。因此，寻找实现绿色发展的途径，理应从树立人们的观念入手。探讨绿色发展问题，寻求提高资源利用效率的路径和应对资源环境日益恶化的措施，进而确保农村可持续发展，均需要树立正确的观念。因此，如何贯彻“绿色发展观”与“生态文明观”，同时不断强化这两种观念，便成为在研究绿色发展问题时必须注意的一个重要方面，也是我们在实践过程中必须坚持的一个重要方向。

第二节　国内外研究文献综述

一、绿色发展理念的起源与发展

（一）绿色发展的思想起源

从公元前700年到19世纪初，有关人与自然、经济发展与自然关系的思想，是绿色发展的最早的理论起源。春秋战国时期，我国的绿色发展思想就已经有所体现。如《道德经》主张“道法自然”，《孟子》提倡“斧斤以时入山林，材木不可胜用也”，《国语》强调“山不槎蘖，泽不伐夭，鱼禁鲲鲕”，《管子》更是指出：“为人君而不能谨守其山林菹泽草莱，不可以立为天下王”。而对于破坏生态环境者，亦有刑罚。《尚书》记载，早在三皇五帝时期，就有虞官伯益负责管理草木，治理山泽。《代崇令》规定“毋坏屋，毋填井，毋伐树木，毋动六畜，有不如令者，死无赦”，《韩非子》记载“殷之法，刑弃灰于街者”等。尽管过去这种过于严酷的法规不应再提倡，但目前对于生态环境破坏者执法不严的局面也应改变。国外绿色发展思想起源时间与我国相接近，公元前6世纪，毕达哥拉斯派哲学家阿尔克梅翁就提出了类似于中国古代“天人感应”的思想，即“大宇宙”（指自然界）和“小宇宙”（指人）理论。在经历文艺复兴时期之后，康德、黑格尔等哲学家的思想使得人与自然和谐相处的生态思想得以启蒙（姜春云，2004）。

随着时间的推移，在经济发展与自然相处中暗含的绿色发展思想越来越明显。清朝时期的张履祥在《补农书》中精炼地提出，农民“多种田不如多治地”。杨永斌（1992）看重林业对粮食种植的补充作用，要求“务令家谕户晓，力勤耕植，以收地利，以谋衣食”。在17世纪末18世纪初，西方的一些古典经济学家也开始关注环境容量对经济增长的限制现象。他们认为在环境可承载的范围内，自然环境可以促进社会经济增长，相反环境就会对经济增长产生一定的限制作用。17世纪的英国古典政治经济学家威廉·配第率先指出“土地是财富之母”，人类创造财富的能力受到土地等自然条件的制约（配第，1978）。18世纪末英国经济学家马尔萨斯最早提出了“资源绝对稀缺论”，他认为自然资源具有稀缺性，人类不可能无代价地获取满足生存需要的物质资料。一旦人口数量的增长超过食物数量的增长，人口、土地和粮食之间的不均衡矛盾将成为未来人类社会的主要矛盾（马尔萨斯，1959）。19世纪英国经济学和哲学家约翰·穆勒对自然环境与人口的关系、自然环境与财富的关系做了研究分析，认为资本的扩张和土地的不足是对生产的最大限制，必须把自然环境和人口、财富维持在一个稳定和谐的范围内（穆勒，1991）。

（二）绿色发展理念的兴起

从20世纪50年代开始，绿色发展的思想逐渐兴起。虽然这一时期绿色发展的概念并没有被明确提出，但学术界已开始大量关注人类发展与自然环境的关系。吴泽（1951）从马克思主义历史唯物的角度研究了地理环境对社会发展的影响及自然环境与人类社会的关系。岑仲勉（2004）、谭其骧（1962）等从历史地理学角度，研究历史上黄河、长江、洞庭湖等河流和湖泊的水文变迁，探讨影响水系的自然因素和人为因素。自1962年美国生态学家卡尔逊出版《寂静的春天》[①]一书开始，人们对生态环境保护的重视程度日益提高。1966年，美国经济学家肯尼斯·鲍尔丁正式提出了“生态经济学”“太空船经济理论”[②]等概念和理论。1968年保罗·艾里克在《人口爆炸》[③]中探讨人类发展与环境、资源之间的关系问题。与此同时，以罗马俱乐部为代表的一批学者利用数学模型和系统分析方法，探讨了人口、工业化、粮食、自然资源和环境污染之间的内在联系及其与人类未来发展之间的关系。他们对传统高耗能、高污染的工业发展方式提出警告，提示人们应该改变传统发展方式。1972年梅多斯等发表了《增长的极限》[④]，文中提出人类社会经济的无限增长是不现实的，而等待自然极限来迫使增长停止又是社会所难以接受的。循环经济的资源再生利用原则，正是要突破资源的有限性，通过资源的重复利用、废弃物的循环利用来缓解资源危机，延伸可利用自然资源的极限值。这个资源日益枯竭的论述引发了公众的忧虑，并引起了国家政府部门的关注。此后，随着西蒙《最后的资源》、甘哈曼《第四次浪潮》等著作成果的出版，人们进一步认识到发展中环境保护的重要性。

（三）绿色发展理念的发展和延伸

20世纪80年代以来，绿色发展理念得到快速发展。1980年联合国环境规划署召开了以“人口、资源、环境和发展”为主题的会议，认为上述四者之间是密切相关、互相制约、互相促进的关系。同时，联合国环境规划署在对人类生存环境的各种变化进行观察分析之后，确定将“环境经济”作为1981年《环境

① 卡尔逊 L. 2017. 寂静的春天. 韩正译. 北京：商务印书馆.

② Boulding K E. 1966. The economics of the coming spaceship earth//Jarrett H. Environment Quality in a Growing Economy，Resources for the Future. Baltimore：Johns Hopkins University Press.

③ 艾里克 P. 2000. 人口爆炸. 钱力，张建中译. 北京：新华出版社.

④ 梅多斯 D，兰德斯 J，梅多斯 D，等. 2013. 增长的极限. 北京：机械工业出版社.

状况报告》的第一项主题。国际上有关环境保护的议题和政策措施，对我国绿色发展有很大的借鉴意义。一批有关环境保护和政策分析的政策报告相继发布，如1988年国家环境保护局发布的《中国环境保护事业（1981—1985）》、1994年国务院颁布的《中国21世纪议程——中国21世纪人口、环境与发展白皮书》（简称《21世纪议程》）等。20世纪60年代末70年代初，西方国家爆发了一场新的社会运动——生态运动，直接唤醒了世界性的生态文明意识。2002年联合国计划开发署发表了《2002中国人类发展报告：绿色发展，必选之路》，“绿色发展”一词进入人们的视野。2005年联合国亚洲及太平洋经济社会委员会（U.N. Economic and Social Commission for Aisa and the Pacific，ESCAP）在合作与发展会议上指出“绿色增长”是实现可持续发展的关键。经济合作与发展组织（Organization for Economic Co-operation and Development，OECD）在2009年提出了“绿色增长战略”，并在2011年发表了《迈向绿色增长》一文。世界银行（World Bank）于2012年也发表了《包容性绿色增长：可持续发展之路》。由此表明，绿色发展作为既有理论性又有应用性的科学发展方式，开始为世人所瞩目。可以说，传统的发展模式逐渐被淘汰，而以低碳可再生能源和物质再生性利用为特征的现代绿色发展模式必将成为未来的主要发展模式。我国的胡鞍钢（2012）、牛文元（2010）等对绿色发展的内涵及中国走绿色发展道路的紧迫性和重要性进行了深入分析，这些研究丰富了有关绿色发展的理论。总之，21世纪以来为了应对全球气候变化、能源资源短缺和世界性的金融危机，绿色发展的理念从生态经济学的学科中分化出来并在发展中逐渐丰富和完善，成为世界经济体制结构重新组合、全球资源和环境治理的重要手段。

二、农业绿色发展的研究

（一）农业绿色发展的意义

邵立民和方天堃（2001）指出，实施农业生产绿色发展战略，是21世纪农业发展的理想模式和可行模式。金书秦和沈贵银（2013）强调，我国农业发展的绿色转型迫在眉睫，转型的动力既有来自国家宏观战略的外生压力，也有来自农业自身可持续发展的内生需求。周新德（2013）认为农业生产绿色发展是一种生态、经济和社会全面、协调、可持续的农业发展模式，符合生态文明建设的总体要求，其发展对促进我国生态文明建设具有极其重大的意义。钟茂初（2015）强调，产业绿色发展是从产业层面对可持续发展和生态文明建设的响应。赵大伟（2012）指出，农业生产绿色发展可以解决石油农业和各种替代农业无法解决的负面影响，是坚持科学发展观，加强能源资源节约和生态环境保护，增强农业综合生产力和可持续发展能力的要求，是建设中国特色现代农业的主导模式。

（二）农业绿色发展动力

艾金格和刘荔（2013）指出，环保标准不再是竞争性产业的障碍，而是绿色增长的动力。张春梅和郭立夫（2014）认为农业绿色发展在很大程度上取决于农民的意愿，提高农民对农业绿色发展的积极性尤为关键。他们以吉林省大安市绿色水稻种植为例，将其影响因素分为市场状况、退出原因、绿色认证等三大类。张明林和刘克春（2012）则从企业角度解读了我国农业绿色发展动力不足的因由。他们认为，我国农业龙头企业普遍实施局部化绿色品牌战略，且农业龙头企业绿色化规模扩张有停滞的趋势。原因有三：一是绿色农业扶持政策激发龙头企业绿色认证激情，但制约其绿色化规模增长；二是农业龙头企业通过绿色食品联合品牌特性转移消费者“绿色态度”，通过品牌联想机制“漂绿”企业形象，最终减缓绿色化扩张意愿；三是大型农业龙头企业普遍实施非农化战略，通过“漂绿”企业形象，获得更多的政策扶持，但其绿色化扩张冲动减弱。赵大伟（2012）构建了农业绿色发展的动力机制模型，认为农业绿色发展受到外部环境推动和产业内部驱动的双重影响，提倡充分发挥关键动力因素的作用，优化制度设计以促进绿色农业不断发展。刘晨晖和张忠潮（2011）认为，农业补贴政策往往过于关注农业的经济效益而忽视了生态效益，可能间接导致农产品质量下降及生态环境恶化。李谷成（2014）认为，环境问题在很大程度上仍是一个发展问题，农业增长要处理好资源、环境与发展的关系，通过实现绿色生产效率革命来推动农业又好又快的发展。

（三）农业绿色发展水平

霍苗（2005）用系统分析的方法，构建了一套全国通用的生态农村评价指标体系的基本框架。郑军和史建民（2010）运用层次分析法（analytic hierarchy process，AHP），对生态农业竞争力评价指标体系进行构建。崔元锋等（2009）通过对生态效益水平、经济效益水平和社会效益水平子系统的整合，构建了我国农业生产绿色发展的综合评价体系。任运河（2006）从绿色农资采购、绿色生产、绿色加工、绿色营销和绿色文化几个模块构建了山东省农业生产绿色发展评价指标体系。郭迷（2011）运用构建的农业生产绿色发展指标体系对我国30个省区市（受数据限制，没有西藏、香港、澳门和台湾）的农业绿色发展水平进行测算并排名，结果显示，北京、山东、福建、上海、浙江、江苏等地区的农业绿色发展情况较好，这些地区并不全属于我国传统农业大省，研究进一步发现，农业的绿色发展与经济发展并不矛盾，而提高传统农业大省的农业绿色发展水平是重中之重。靳明（2006）运用 logistic 曲线方程，利用绿色食品统计数据，对我国绿色农业产业成长阶段划分进行了实证分析，研究结果表明，2003 年前后我国农业生产绿色发展出现了产业成长拐点，绿色农业产业进入成长初期。

（四）影响农业绿色发展的主要因素

我国农业绿色发展的影响因素纷繁复杂，国内外学者对其进行了系统的分析和研究，研究发现市场环境、农业科技、体制政策、自然灾害等因素是影响我国农业绿色发展和可持续发展的主要因素。在市场环境方面，靳明（2006）的研究表明，市场短缺、市场开放程度、市场发展环境及缺乏与国际接轨的质量标准等是影响农业绿色发展的因素。靳明（2006）从供给需求、政府政策等方面阐述了其对农业绿色发展的制约。现有研究表明，农业科技创新也是影响农业可持续发展的重要因素。加强育种技术、生物性节水技术、旱作节水技术、节水灌溉技术等农业科技创新力度，有利于提升农业生产力（张今声和果艺，2010；刘春香和闫国庆，2012；薛亮和郝卫平，2012）。在体制政策方面，陈琪和金康伟（2007）的研究认为观念、体制、绿色科技和管理人才影响着新农村绿色建设策略的实施。党银侠和杨改河（2009）则认为我国农业绿色发展还受农业发展定位及发展规模等方面影响。王兴贵（2015）在探究甘孜州农业可持续发展的过程中，发现草地生态系统退化，水土流失严重，自然灾害类型多样、发生频率高等问题对当地农业可持续发展有重要影响。

（五）农业绿色发展措施

有关农业绿色发展措施的研究较为丰富。钟茂初（2015）提出，农业要实现绿色发展，一要完善“生态环境损耗量”配额制度；二要充分体现高生态效率的产业对低生态效率传统产业的产能更新（对传统产业的替代性削减应纳入产业绿色化的产业政策和规划之中）；三是对拟政策性推广的环保产品，应在评估生态环境影响后再实施。崔元锋等（2009）强调，农业绿色发展的保障是严格的第三方认证和标准化管理。不同质量等级的绿色农产品认证和绿色农业的标准化将是农业生产绿色化组织和管理的关键。王利荣（2010）则指出，政府应把农业补贴措施与环境保护挂钩，实现农资补贴向生态农药、生态肥料倾斜，采取粮食补贴与农产品质量相结合等措施，使农业补贴政策担负起农业增产、农民增收与环境保护的多重目标，实现农业补贴向“绿色补贴”的转变。另有学者从经济学角度对农业绿色补贴进行了系统探讨（徐晓雯，2007；彭新宇，2009）。刘晓婧（2012）针对我国农业企业绿色化经营的现状，提出了加强农业企业绿色化经营的法制管理途径，建立和完善绿色农业企业文化，改变以往的产业链，使我国农业企业实现原料、加工、运输、销售、售后等环节的低碳化和绿色化。

三、非农产业绿色发展的研究

（一）工业绿色发展

世界经济发展史的先例表明，单纯依赖生产要素投入实现经济扩张，生产率没有实质性增长的国家，尽管在一定时期内也可能实现高速增长，但最终都被实践证明是不具有可持续性的（蔡昉，2005）。中国的工业化进程面临巨大的资源和环境约束，无论从国内还是从国际来看，现有资源都是难以支撑中国通过传统的工业化模式实现工业化的（白旻，2008）。在当前资源环境约束下，走更节约、更精致、更清洁的新型工业化道路，是中国工业化应对资源环境约束的可行路径（金碚，2011）。王维（2012）从工业转型升级的内涵出发，提出工业转型升级主要是通过发展方式的转变和产业结构的优化，促进技术进步，全面提高技术效率、规模效率和要素的配置效率，进而达到改变中国处于全球价值链底端的状态，实现经济的可持续发展。苏波（2013）认为，转型就是转变工业发展方式，加快向创新驱动、绿色低碳、智能制造、服务化、内需主导及消费驱动转型；升级就是全面优化行业结构、技术结构、产品结构、组织结构、布局结构，促进工业结构的整体优化。苗圩（2012）提出，只有增强自主创新能力、加强企业技术改造、提高工业信息化水平、促进工业绿色低碳发展、实施质量和品牌战略、推动大企业和中小企业协调发展、优化工业空间布局、提升对外开放层次和水平，才能实现中国工业转型升级。

（二）交通运输业绿色发展

20 世纪 90 年代初，人们开始意识到交通运输业给人类生存环境带来了严重的影响，比如，二氧化碳、氟化物等的排放，臭氧层的破坏，都危害到了人类和其他生物的健康生存。OECD 首次定义了交通运输业的可持续发展：按照国际社会公认的卫生和环境质量标准，以安全、经济的方式提供运输服务，避免超过生态系统完整性的临界负荷，不加剧气候变化等全球性消极现象。国外较早开展了对运输业绿色发展的研究，并形成了较为系统的研究体系。研究领域多集中在宏观政策法规及体制机制的构建、交通工具碳排放的计算等。例如，Murphy 和 Poist

（2003）认为绿色物流不但能拓展物流范围，而且也影响和改变物流管理者的工作方式。Creutzig 等（2011）评估了气候政策在公路运输方面的有效性和效率。相对于国外而言，国内有关交通运输业绿色发展的研究起步较晚，研究的体系结构尚待完善，研究内容主要包括碳排放量的计算、运输业节能减排及相应政策法规研究等方面（孙启鹏和王帅，2011）。

（三）餐饮服务业绿色发展

餐饮服务业是国外学者关注较多的问题，特别是餐饮业的绿色管理研究成果较多。国外学者的研究主要集中在对餐饮管理消耗与绿色发展成本的关系上。Chan 和 Lam（2002）分析了香港饭店通过电能消耗所引起的环境污染物排放量，并认为目前的绿色措施和设备不足以达到节能减排的效果；Trung 和 Kumar（2003）通过对越南饭店能源和水的使用及其所产生废物的调查，发现越南饭店资源消耗和环境问题非常突出；Khemiri 和 Hassairi（2004）通过对突尼斯饭店的审计与研究，认为饭店节能有很大的潜力；Bohdanowicz 和 Martinac（2006）探讨了高档饭店和中档饭店资源消耗情况，并指出影响饭店资源消耗因素包括自然因素和经营性因素。还有一些学者认为酒店的档次（Mensah，2005）、餐饮业的政策（Erdogan and Baris，2007）、公共物品的消耗（Scanlon，2006）等都会影响酒店绿色管理发展方式的成本。我国的绿色餐饮起步较晚，2002 年才出台了绿色餐饮企业和绿色饭店的评定标准并设立认证机构。自此，学者开始展开丰富的研究。我国餐饮管理存在着绿色管理不当、绿色技术保障水平低（许建，2007），以及绿色思想理念认识不清、投入机制不完善（李岩松，2009）等问题。针对这些问题，杨怡（2007）提出树立绿色理念、采用绿色技术、积极参加绿色认证、建立有效的绿色管理体系、提倡绿色营销等对策。也有学者建议构建饭店绿色管理体系，内容包括推出绿色产品、提供绿色服务、开展绿色营销等（张丽华，2005；张丽华和张琼霓，2007）。

四、居民生活绿色发展的研究

倡导绿色生活方式是生态文明建设的重要内容和主要任务（解振华，2013）。一般而言，实践居民生活绿色发展就意味着秉承绿色的原则从事一切活动，遵循社会长远利益，谋求可持续发展，构建人与自然和谐共存的理想局面，同时，生活绿色发展方式还应具备简单、节约、环保和健康等四个特征（苏白莉和苏楠，2011）。可以说，绿色生活方式涵盖了居民生活中的衣（眭晓慧，2013）、食（靳明和赵昶，2008；章迎迎，2015）、住（刘仁忠等，2011；程慧萍，2003）、行（刘翠莲和梅柠，2012；钱佳等，2014）等各个方面。

（一）绿色消费

生活与消费，二者密不可分，几乎生活中的每一项活动都会涉及不同程度的消费。因此，引导居民消费结构绿色化，可以为经济发展转型、社会和谐发展提供良好的支撑（汪东，2012）。以碳排放为例，研究表明从1995年到2004年，我国家庭消费引起的碳排放量占碳排放总量的比例从19%提高到了30%（王妍和石敏军，2009），英国的比例在2006年达到27%[①]，美国在2008年占比则高达38%（Dietz et al.，2009）。同时，中国居民消费带动的能源需求将呈现持续增加态势，由居民消费引起的碳排放对我国碳减排压力的影响也将日益突出（杨亮，2014）。由此观之，无论是从资源消耗还是环境恶化的角度来看，消费端已然成为不可忽视的重要源头。经验表明，居民消费模式从高碳向低碳转变可以有效降低居民消费水平提高过程中带来的碳排放增长（Munksgaard et al.，2001）。值得注意的是，消费不仅可以经由自身总量减排促进绿色发展，还能通过消费需求的有效实现进一步推动低碳生产的可持续发展（刘敏，2009）。因此，探究农村绿色发展需要关注到绿色消费。

（二）生活垃圾的绿色处理

生活垃圾的绿色处理方式，是居民生活绿色发展的重要组成。西方学者早在1968年就提出了对生活垃圾进行循环、经济的优化处理方式，在处理生活垃圾时，需要考虑垃圾产生率、垃圾成分及它们对环境产生的不利影响。我国学者褚巍（2007）通过实地调研发现，从农村地区村民的环保意识入手对农村生活垃圾开展管理很有必要。对生活垃圾具体处理方式的研究，Bhargava和Tettelbach（1997）将计算机应用到生活垃圾处理中，建立了基于网络的生活垃圾处理与循环利用决策支持系统；部分学者对可持续生活垃圾管理系统进行了根本上的改进，引入了当地政府最优值立法（best value legislation）。国内许多学者认为，对农村生活垃圾进行分类管理是绿色处理的重要措施。建立生活垃圾分类收集系统（马香娟和陈郁，2005），采用进行分类回收利用的资源化模式（于晓勇等，2010），都将有利于农村的绿色发展。从政府角度出发，进行长期的宣传教育，提高农户的环境保护意识（罗万纯，2014）；改善农村交通条件，提高垃圾收集设施和清运服务的质量（刘莹和王凤，2012），能有效改善农村生活环境。魏敏和魏丽莉（2008）从市场管理角度出发，认为应该推进市场化改革加快政府职能转变，鼓励公众参与

① 资料来源：UK Climate Change Programme，2006。

城市生活垃圾处理。同时，也有一批学者认为，对生活垃圾处理进行收费管理有利于绿色发展（Puig-Ventosa，2008；Dunne et al.，2008；张舜梅，2006）。

（三）绿色文化

对于绿色文化发展的理论研究，多以生态文化与农村发展的关系为切入点开展相关分析。当前的农村生态文化建设，追求的不仅是建立一个人与自然之间的友好交互系统，更追求的是建立一种人与人之间、人与社会之间的健康交往状态（李世书，2014）。环境伦理学家余谋昌（2003）提出了生态文化的内涵，认为生态文化是以生态价值观为指导的社会意识形态、人类精神和社会制度。吕爱清等（2005）分析了农业发展进程中的文化演替规律，并阐明了绿色文化与农业可持续发展是相互促进的关系。对于农村文化绿色建设的研究，陈楚洁和袁梦倩（2011）认为让农民或者关注农村的相关主体皆能参与农村文化的塑造和传播中去，有利于实现农村文化的可持续发展。戴圣鹏（2011）总结指出，应着重从四个方面入手塑造农村绿色文化，即要做好新时期农村敬畏文化建设、农村传统“善”文化建设、农村集体主义文化建设和摒弃农村落后腐朽的不良文化。高学武等（2008）则认为应该构建“3 + 3 + 1”的绿色文化发展体系，包括“建设内容、建设途径和建设方法”3 个重点层面、“决策部门、教育领域、示范工程”3 个重点领域和“管理与监督”1 个发展体制。

五、生态环境绿色发展的研究

（一）农村生态环境建设存在问题

关于农村生态环境建设中存在的问题，大部分学者观点趋于一致。总体来说就是农村环境污染问题严重，生态破坏问题凸显（娄金华等，2007；张颖聪，2011）。20 世纪 60 年代开始，经济学家开始关注农村生态环境污染问题，并初步将“外部性”（externality）概念作为分析农村环境污染问题的理论准则（Fisher and Smith，1982），在北美和欧盟国家开发了大量相关的研究工具和分析模型（Abler and Shortle，1995），如 HSPF（hydrological simulation program-FORTRAN）模型（Donigian and Huber，1991）、SWAT（soil and water assessment tool）模型（Arnold et al.，1993）等已被广泛应用于农村非点源污染机理的过程模拟和污染负荷时空分布的探讨。点源污染与面源污染共存、生活污染和工业污染叠加、各种新旧污染与二次污染相互交织，工业及城市污染向农村转移，土壤污染日趋严重，已成为中国农村经济社会可持续发展的制约因素（唐丽霞和左停，2008）。在我国农村生态环境污染的成因研究中，洪大用和马芳馨（2004）认为，我国既存的二元结构社会制度与农村面源污染的产生、加剧以至长期得不到有效控制密切相关。苏杨和马宙宙（2006）则把农村生态环境污染问题的成因总结为以下四个方面：管理体系及农技推广体系不健全、污染治理不力、扶持措施不完善、治理模式不合适等。吴海燕（2009）认为，造成农村环境问题的原因是复杂的，但一切问题的根源还在于激励与约束机制不完善。

（二）农村生态环境绿色发展能力影响机理

农村生态环境质量与乡村的环境、社会和经济方面密切联系。当前国内外学者对农村生态环境绿色发展能力影响机理的研究还比较少见，主要集中于从人口压力、农村的生产和生活等方面对农村生态环境可持续发展和演变驱动机制进行探讨。一些学者认为农村人口压力过大是诱发并加剧农村生态环境不可持续的重要因素（速水佑次郎，2005；王照雯和宓永宁，2006）。林群慧（2001）在托达罗模型的框架下分析了人口增长对农村生态环境的影响，验证了人口压力的观点。但是在杨东升（2006）的研究中，该假说没有被证实，即发现人口增长对农村生态环境的演变驱动不明显。在农村生产方面，赫晓霞等（2006）发现传统生存方式及其变迁对环境既有正面影响，也有负面影响。Shiferaw 和 Holden（1998）研究发现，农户生产经营行为及农户土壤保护措施都会对土地的可持续利用产生影响，不适当的土地利用方式将引起较为严重的土壤退化。冯永忠等（2005）则认为农业生产活动是人类对农村生态环境的演变影响最为深远的因素之一，尤其农作制度是农业生产干扰环境演变的主要因素。

（三）农村生态环境绿色发展实现途径

各国逐步趋向于将控制方法与管理政策进行结合，并相继制定、颁布和实施了众多针对农村环境污染防控管理的政策法规与行动计划。在这些政策措施的带动下，学者对农村生态环境保护措施的研究逐渐增多。王如松（2000）从生态学的角度对我国农村环境问题进行了早期的分析和探索，并尝试提出一些解决对策。姜百臣和李周（1994）提出要建立农村工业小区，用城市环境治理的方式来治理农村环境污染问题。程远（2004）以二元经济结构下的公共物品供给为线索从经济学角度对中国农村环境进行研究，并总结出农村环境与城市化、工业化、城乡格局间的互动关系模型。除此之外，发展有机农业和生态农业、建立环保和补偿并重的环境税收制度（乐小芳，2009）、加大对农村环境治理的投资力度（李君等，2011）、建立完善的农村生态保护制度（张祖庆，2008；李颖明等，2011）等都是解决农村生态环境污染、实现农村生态环境绿色发展的有效途径。

六、研究评述

（一）农村绿色发展概念尚不明晰

通过梳理绿色发展的相关文献，发现绿色发展起源于环境与人类发展问题，多是与可持续发展、生态经济、循环经济相联系，是在这些研究的基础上延伸而来。但是目前理论界对绿色发展的概念边界众说纷纭，尤其对农村绿色发展概念的内涵和外延，学界仍未达成普遍的共识。同时，可持续发展、生态经济等相关概念由来已久，已形成丰硕的研究成果积淀。那么绿色发展与可持续发展、生态经济、循环经济等成熟概念的关系如何，又存在何种异同，仍缺乏系统深入的比较和辨析。

（二）农村绿色发展机理的研究相对薄弱

目前国内外学者对于农村绿色发展问题的关注较少，而关注农业、非农业、生活、生态绿色发展等某一个领域的研究较为丰富。但是，农村绿色发展是一个包含生产（农业、非农产业）、居民生活、生态环境多方面、多层次的综合系统，各子系统间的相互作用影响了我国农村绿色发展水平，单从某一个角度进行研究不能彻底解读农村绿色发展这一复杂问题。因此，农村绿色发展的逻辑起点是什么？主要机理是什么？发展的推动因素是什么？上述这些问题仍有待深入探究。

（三）对农村绿色发展影响机理和实现路径的研究不深入

当前学术界对农村绿色发展水平的评估多集中于对农业生产绿色化的研究，缺乏对农村居民生活、农村生态环境等方面的综合考察，对我国农村绿色发展水平空间分析的研究则更为少见。此外，国内外学者对农村绿色发展影响机理的研究多停留于某一方面绿色发展水平影响因素的分析，缺乏对农村绿色发展整体影响的研究，尤其鲜见对生产、生活、生态三个组成部分之间交互机制的探讨。同时，由于调整产业结构、推进技术创新、加大投入是推进农村绿色发展的必要手段，而如何优化产业结构，促进农村“三产融合”，如何引导技术创新，加速农村绿色发展，如何进行有效投入，避免资源浪费，需要对我国农村绿色发展的实现路径进行全面分析，而这类研究却少见报道。因此，综合考虑生产、生活、生态三个方面农村绿色发展状况，全面分析其影响机制，探索农村绿色发展的实现路径，是值得深入探讨的问题。

第三节 研究内容和方法

一、研究内容

本书通过深入发掘我国农村绿色发展的现实依据，辨明农村绿色发展的内涵、特征及相关概念间的联系，揭示农村绿色发展的主要机理，提出我国农村绿色发展问题的分析框架。然后，采用 AHP 和模糊综合评价（fuzzy comprehensive evaluation，FCE）等方法，对我国农村绿色发展现状进行评估，并利用多元线性回归和系统动力学分析方法研究其影响因素及子系统内在交互机制。在此基础上，采用区域环境商（regional environment quotient，REQ）、决策试验与评价实验室（decision making trial and evaluation laboratory，DEMATEL）等方法对我国农村绿色发展的实现路径进行深度剖析。最后，本书尝试构建推进我国农村绿色发展的政策支撑与综合保障体系。研究内容主要包括以下四个部分：我国农村绿色发展的理论探讨、我国农村绿色发展水平评价及其影响机制研究、我国农村绿色发展的实现路径研究、我国农村绿色发展的政策支撑与综合保障措施体系设计。

（1）我国农村绿色发展的理论探讨。综合运用 PEST（political，economic，social，technological）分析模型、态势分析法（strengths，weaknesses，opportunities，threats，SWOT）等，分别从现实背景、存在的问题、必要性与可行性四个方面，阐明我国农村绿色发展的现实依据。通过梳理绿色发展理念的来源与理论基础，界定农村绿色发展的内涵与外延，并详细分析农村绿色发展的基本特征。在此基础上，明确农村绿色发展与几个相关范畴的关系。从逻辑起点、推动因素、“三生统一”和“三产融合”四个层面揭示我国农村绿色发展的主要机理，并确定我国农村绿色发展问题的分析框架。

（2）我国农村绿色发展水平评价及其影响机制研究。在系统梳理国内外相关文献基础上，以可持续发展理论、循环经济理论等为基础，结合农村绿色发展的科学内涵及其机理，从农村生产、居民生活、生态环境三个方面选取指标并设计出一套科学评估我国农村绿色发展水平的指标体系。在此基础上，运用模糊层次综合评价法（fuzzy analytic hierarchy process，FAHP）对我国不同区域农村绿色发展水平进行综合评价，并利用探索性空间数据分析（exploratory spatial data analysis，ESDA）和收敛性分析方法探讨其空间分布与收敛性特征；综合运用多元线性回归、系统动力学等分析方法研究其影响因素和“生产—生活—生态”系统的内在交互机制，全面揭示我国农村绿色发展现状及其影响机制。

（3）我国农村绿色发展的实现路径研究。根据农村产业和 REQ 的分析结果，提出我国农村绿色发展的结构调整与布局优化的基本思路；从农业、非农产业、居民生活、生态环境等方面探讨农村绿色发展技术创新路径；利用 DEMATEL 方法分析我国农村绿色发展投入优先序，确定农村绿色发展的投入重点。在此基础上，归纳总结我国农村绿色发展的市场运行方式与政府调控职能，全面分析我国农村绿色发展的实现路径。

（4）我国农村绿色发展的政策支撑与综合保障措施体系设计。围绕农业、农村、农民等方面阐述我国农村绿色发展遵循的基本思路，并结合时代背景确立我国农村绿色发展的近期目标、中期目标和长远目标；从农业生产、农民生活和农村生态三个方面确定农村绿色发展的重点任务；从区域发展、产业结构调整、加强科技创新、优化投入结构和构建多元主体参与等方面进行我国农村绿色发展的政策设计；从农村绿色发展标准体系、农业化学品高效利用政策体系、农村废弃物回收再利用制度体系、法规约束体系等方面提出保障我国农村绿色发展的保障体系。

二、研究方法

（一）PEST 分析模型——用于我国农村绿色发展的宏观背景分析

PEST 分析即宏观环境的分析，宏观环境又称一般环境，在本书中是指农村绿色发展面临的宏观背景，通常包括政治（political）、经济（economic）、社会（social）和技术（technological）这四大类。其中，政治环境包括与绿色发展相关的方针、政策、法令等；经济环境包括与绿色发展相关的宏观经济环境和微观经济环境两个方面；社会环境主要包括居民教育程度、宗教信仰、风俗习惯、审美观点、价值观念等；技术环境主要是指绿色技术手段的发展变化及国家对绿色科技开发的投资和支持重点、绿色技术转移与商品化速度等。

（二）SWOT——用于我国农村绿色发展的可行性分析

SWOT 是基于内外部竞争环境和竞争条件下的态势分析。换言之，该方法是将与农村绿色发展密切相关的各种主要内部优势（strengths）、劣势（weaknesses）和外部的机会（opportunities）、威胁（threats）等，通过调查列举出来，应用系统分析的思想，构造 SWOT 结构矩阵，对我国绿色发展所处的情景进行全面、系统、准确的研究。

（三）FAHP——用于评价我国农村绿色发展水平

选用 FAHP 对我国农村绿色发展水平进行系统评价，该法将 AHP 和 FCE 相结合，在建立以农村“生产—生活—生态”为架构的农村绿色发展水平评估指标体系的基础上，运用 AHP 确定农村绿色发展水平的指标权重，采用模糊层次综合评价法对农村绿色发展水平进行综合评价。

（四）空间自相关分析——用于分析我国农村绿色发展水平空间分布特征

1. 全局空间自相关

全局空间自相关可以定量测度农村绿色发展水平在空间上的总体关联与差异程度。本书以常用的 Moran's I（莫兰指数）来揭示农村绿色发展水平在全国范围内的空间关联程度。计算公式如下：

$$I=\frac{n\sum_{i=1}^{n}\sum_{j\neq 1}^{n}W_{ij}(x_i-\bar{x})(x_j-\bar{x})}{\sum_{i=1}^{n}\sum_{j\neq 1}^{n}W_{ij}\sum_{i=1}^{n}(x_i-\bar{x})^2}$$

其中，x_i 和 x_j 分别是农村绿色发展水平值 X 在相邻配对空间点的取值，是农村绿色发展水平值的平均值；W_{ij} 是相邻权重（若 i 和 j 相邻，$W_{ij}=1$，否则 $W_{ij}=0$）；n 是空间点总数。Moran's I 取值在−1 到 1 之间，[−1，0)、0、(0，1] 分别为空间负相关、空间不相关和空间正相关。

用标准化统计量 Z 来检验 Moran's I 的显著性水平，计算公式为

$$Z=\frac{I-E(I)}{\sqrt{\mathrm{VAR}(I)}}$$

其中，$E(I)$ 与 $\mathrm{VAR}(I)$ 分别是 Moran's I 的期望值与方差。通常，当 $|Z|>1.96$（即为显著性 $\alpha=0.05$ 的水平），计算结果拒绝原假设，研究变量在空间分布上存在显著的空间自相关性。

2. 局部空间自相关

局部空间自相关可以进一步观测空间点与其周边区域间的空间差异程度及其显著性，结合 Moran 散点图和局部 Moran's I 所得的局域空间关联性（local indicators of spatial association，LISA）集聚地图可直观地表示出各区域农村绿色发展水平的集聚类型和显著水平。局域空间关联性指标 LISA 的计算公式如下：

$$\text{LISA}_i = \frac{(x_i - \overline{x})}{S_0}\sum_j^n W_{ij}(x_i - \overline{x})$$

其中，$S_0 = \sum_i (x_i - \overline{x})^2 / n$；对 j 求和仅限于空间点 i 的所有邻居。LISA 为正值对表示同类型水平值相邻近，为负值时表示不同类型的水平值相邻近，LISA 的绝对值越大邻近程度越大。

（五）收敛性分析——用于分析农村绿色发展水平的变化规律

1. σ 收敛的理论模型

$$Y_{it} = \ln(y_{it})$$

$$E(Y_{it}) = 1/N\sum_{i=1}^{N} Y_{it}$$

$$\sigma = \sqrt{1/(N-1)\sum_{i=1}^{N}[Y_{it} - E(Y_{it})]}$$

其中，$i = 1,2,\cdots,N$ 是省份（区域）；$t = 1,2,\cdots,T$ 是研究年份；y_{it} 为 t 年 i 地区的农村绿色发展水平；Y_{it} 是 y_{it} 的对数形式；$E(Y_{it})$ 是 Y_{it} 的期望值。

2. 绝对 β 收敛模型

农村绿色发展水平的一般面板模型形式为

$$\ln\left(\frac{y_{it}}{y_{i,t-1}}\right) = \alpha + \beta\ln(y_{i,t-1}) + u_{it}$$

其中，i、t 和 y_{it} 的意义同于 σ 收敛模型中的定义。需要特别指出的是，式中 u_{it} 的平均方差为零，且与 $\ln(y_{i,t-1})$ 滞后扰动无关。

3. 俱乐部收敛模型

研究空间俱乐部收敛的前提是需要对研究区域进行分组处理，因而需要计算农村绿色发展水平的空间自相关性，通常利用 Moran’s I 衡量一个地区的经济增长在空间上是否具有空间自相关性，因此采用 Moran’s I 进行内生域分组。其中 Moran’s I 的定义如下：

$$\text{Morans' I} = \frac{\sum_{i=1}^{n}\sum_{j\neq i}^{n} W_{ij} z_i z_j}{\sigma^2 \sum_{i=1}^{n}\sum_{j\neq i}^{n} W_{ij}}$$

其中，n 是研究区域中的地区数量；$z_i=\frac{y_i-\overline{y}}{\sigma}$，$\overline{y}=\frac{1}{n}\sum_{i=1}^{n}y_i$，$\sigma^2=\frac{1}{n}\sum_{i=1}^{n}(y_i-\overline{y})^2$ 与 y_j 是 i 省与 j 省的农村绿色发展水平；W_{ij} 是邻接空间权重，其中当区域 i 与区域 j 相邻时，$W_{ij}=1$，否则，$W_{ij}=0$。通过计算可知，Moran's I 取值在−1 到 1 之间，其中［−1, 0）表示空间负相关，0 表示空间不相关，（0, 1］表示空间正相关。当然，利用统计量中的 Z 值与概率 P 值，可以检验结果的显著程度。

（六）扎根分析方法——用于识别农村绿色发展的影响因素

运用扎根理论（grounded theory，GT），分别对不同区域农村的绿色发展状况进行访谈，以此来构建不同区域农村绿色发展影响因素的概念模型。扎根理论是一种定性研究方法，其核心是在经验资料的基础上建立理论。这是一种自下而上建立实质理论的方法，即在系统地收集资料的基础上寻找反映事物现象本质的核心概念，然后通过这些概念之间的联系建构相关理论模型。具体步骤如图 1-1 所示。

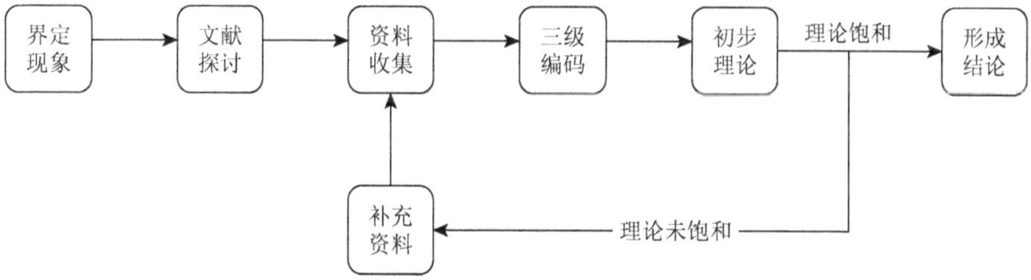

图 1-1 扎根分析步骤

（七）多元线性回归模型——用于定量研究农村绿色发展影响因素

我国农村绿色发展会受到各方面的影响，不仅受到制度、自然资源等内核因素的影响，也会受到经济、文化、技术等外缘因素的影响。本书拟从农村生产、居民生活、生态环境三个子系统选择相关影响因素，在制度方面，选取农村生产制度、居民生活制度、生态环境制度指标，分别表示为 IF_1、IF_2、IF_3；在技术方面，选取农村生产技术、居民生活技能、生态环境技术指标，分别表示为 TF_1、TF_2、TF_3；在文化方面，选取农村生产文化、居民生活文化、生态环境文化指标，分别表示为 CF_1、CF_2、CF_3；在经济方面，选取农村生产经济、居民生活经济、生态环境经济指标，分别表示为 EF_1、EF_2、EF_3；在资源方面，选取农村生产资源、居民生活资源、生态环境资源指标，分别表示为 RF_1、RF_2、RF_3。探究这些因素对我国农村绿色发展的影响，建立多元线性回归模型：

$$\ln Y_{it} = \alpha_{it} + \beta_1 \mathrm{IF}_{1it} + \beta_2 \mathrm{IF}_{2it} + \beta_3 \mathrm{IF}_{3it} + \beta_4 \mathrm{TF}_{1it} + \beta_5 \mathrm{TF}_{2it} + \beta_6 \mathrm{TF}_{3it} + \beta_7 \mathrm{CF}_{1it} + \beta_8 \mathrm{CF}_{2it} + \beta_9 \mathrm{CF}_{3it} + \beta_{10} \mathrm{EF}_{1it} + \beta_{11} \mathrm{EF}_{2it} + \beta_{12} \mathrm{EF}_{3it} + \beta_{13} \mathrm{RF}_{1it} + \beta_{14} \mathrm{RF}_{2it} + \beta_{15} \mathrm{RF}_{3it} + u_{it}$$

其中，i 是不同类型的村落；t 是年份；α_{it} 是常数项；u_{it} 是随机误差项；$\beta_1 \sim \beta_{15}$ 是各指标弹性系数。

（八）DEMATEL 分析方法——用于确定农村绿色发展投入优先序

本书运用 DEMATEL 方法分析不同类型的投入对农村绿色发展的影响，对投入指标影响关系进行因果分类和重要程度排序。以绿色文化、生态治理、绿色科技、绿色制度四项投入指标为例，具体分析步骤如下。

步骤 1：确定影响我国农村绿色发展的主要投入指标。假设 x_1、x_2、x_3、x_4 分别代表绿色文化、生态治理、绿色科技、绿色制度四项投入重要性的分值。

步骤 2：考察不同投入指标之间的影响关系，并设定相应的标度。本书主要通过对不同对象的实际调查，根据他们对投入类别重要程度的认识，应用回归估计的方法，确定四项投入指标之间的直接影响矩阵。假设四项投入对农村绿色发展的直接影响矩阵为 A（$A=[\beta_{ij}]_{4\times4}$）。

步骤 3：计算规范化直接影响系数 g_{ij}，得到规范化直接影响矩阵 G（$G=[g_{ij}]_{4\times4}$）。

步骤 4：计算投入指标间的综合影响矩阵 T（$T=[t_{ij}]_{4\times4}$），$T = G + G^2 + \cdots + G^n$（此时，$n=4$）。$t_{ij}$ 表示因素 i 对因素 j 的直接影响和间接影响的程度。

步骤 5：计算各投入指标之间的影响度和被影响度。对矩阵 T 中元素按行相加得到相应投入指标的影响度 f_i，对矩阵 T 中元素按列相加得到相应投入指标的被影响度 h_i，具体计算公式为

$$f_i = \sum_{j=1}^{4} t_{ij}$$

$$h_i = \sum_{j=1}^{4} t_{ji}$$

步骤 6：计算各投入指标的中心度与原因度。系统因素的影响度和被影响度相加得到其中心度，用 m_i 表示，表示该因素在所有因素中的位置及其所起作用的大小。系统因素的影响度和被影响度相减得到其原因度，用 n_i 表示。如果原因度为正数，表明该因素对其他因素影响大，成为原因因素；如果原因度为负数，表明该因素受到其他因素影响大，成为结果因素，计算公式为：$m_i = f_i + h_i$，$n_i = f_i - h_i$。

步骤 7：以各投入指标的中心度和原因度作笛卡儿坐标系，标出各因素在坐标系上的位置，分析各个因素的重要性。

（九）系统动力模型——用于阐明农村绿色发展的内在交互机制

本书将信息反馈控制理论的系统动力学引入分析，构建农村生产、居民生活及生态环境之间的系统动力模型，以定量揭示反映系统内部非线性因素的作用及可能存在的反馈因果与生克关系。系统动力学构模过程是一个认识问题和解决问题的过程，根据人们对客观事物认识的规律，这是一个波浪式前进、螺旋式上升的过程，因此它必须是一个由粗到细、由表及里、多次循环、不断深化的过程。系统动力学将整个构模过程归纳为系统分析、结构分析、模型建立、模型评估和模型使用五大步骤，具体构模流程如图 1-2 所示。

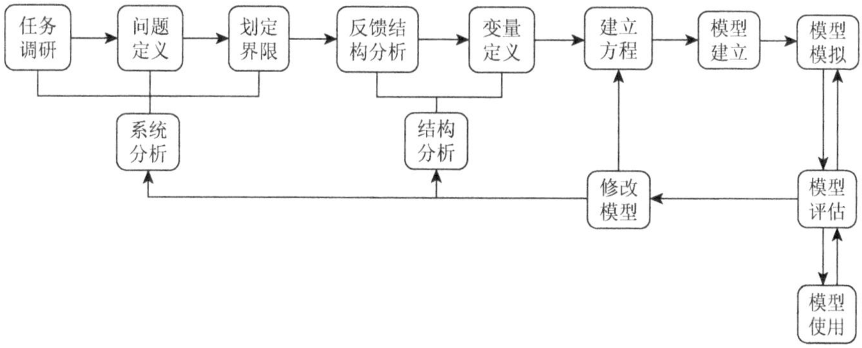

图 1-2　系统动力模型构建步骤

第二章　中国农村绿色发展的理论分析

第一节　中国农村绿色发展的现实依据

一、中国农村绿色发展的时代背景

随着工业化和城市化的推进，"先污染再治理"的社会经济发展模式的弊端日益突显，人类不得不寻找新的发展模式实现可持续发展，而绿色发展就是这样一条道路。从20世纪50年代开始，绿色发展的思想就逐渐兴起，随着人们对自然环境的日益关注，且在不断地探索人与自然和谐相处的路径。2002年联合国计划开发署在《2002人类发展报告》中首次提到了"绿色发展"。随后国内外很多学者对绿色发展的内涵及实现绿色发展的重要性和迫切性进行了深入探讨，这些研究丰富了绿色发展的有关理论。绿色发展已经成为世界各个经济体进行结构调整和升级、治理环境和应对资源能源问题的重要手段。

我国高度重视农村地区发展，中央一号文件连续15年聚焦"三农"，然而，农村发展面临着农民收入增长缓慢、城乡之间仍存在巨大的差距、人地矛盾越来越突出、生态环境日益恶化等问题。在新背景、新形势下，党的十九大提出了实施乡村振兴战略[①]。2017年12月，中央农村工作会议又提出了要走农村绿色发展之路，加快实现乡村的振兴。这为今后相当长一段时期我国农村改革发展指明了方向。

（一）政策背景

《我们共同的未来》《21 世纪议程》先后提到了可持续发展的理念，并且对可持续发展的内涵及行动方案进行了阐述。2002年联合国开发计划署在《2002中国人类发展报告》中全面评估了中国的环境状况，并提出了"绿色道路"。此后，"绿色新政"、"绿色经济"、建设环境友好城市、发展绿色农业等思想先后被提出。2005年ESCAP在合作与发展会议上指出"绿色增长"是实现可持续发展的关键。

---

① 习近平：决胜全面建成小康社会 夺取新时代中国特色社会主义伟大胜利——在中国共产党第十九次全国代表大会上的报告，http://www.gov.cn/zhuanti/2017-10/27/content_5234876.htm[2021-11-24]。

OECD在2009年提出了“绿色增长战略”，并在2011年发表了《迈向绿色增长》一文。世界银行于2012年也发表了《包容性绿色增长：可持续发展之路》。绿色发展作为既有理论性又有应用性的科学发展方式，逐渐为世人所瞩目。

随着中国“人口—资源—环境”系统的逐渐失调和生态保护与经济发展间矛盾的日益加剧，中国政府对资源与环境问题给予了高度的重视，绿色发展成为现阶段的重要任务和发展目标。从20世纪90年代开始，我国也逐渐对经济社会发展与环境保护的关系进行了思考，致力于探索一条资源环境友好的经济增长道路。1994年，《中国21世纪议程》出台。随后，中国提出了转变经济增长方式和发展方式，走可持续发展道路。中国对经济社会与资源环境协调发展进行了探索，提出了要增强可持续发展能力、提高资源利用率、修复和改善环境、实现人与自然的和谐相处。2003年，科学发展观的提出标志着我国对绿色发展的探索取得了重大突破。科学发展观强调要走全面、协调和可持续发展的道路。在科学发展观的指导下，建设资源节约型和环境友好型社会，加强社会主义生态文明建设，构建社会主义和谐社会的主张相继被提出。这是我们党和国家对社会经济转型升级规律的历史性把握，也是对走绿色发展道路的一次重大实践。2015年“绿色化”被首次提出。随后，我国提出了创新、协调、绿色、开放及共享的新发展理念，并强调将生态文明建设融入绿色发展理念中，实现生态文明建设与经济、社会、文化建设相协调。在此基础之上，又提出了“绿水青山就是金山银山”（即两山理论）为核心的习近平生态文明思想①。这些标志着我国对绿色发展的探索趋于成熟。实施绿色发展战略不仅是中国社会经济协调发展的战略需要，也是中国生态环境保护和可持续发展战略的理论升华。

（二）经济背景

“十二五”以来，我国经济逐渐适应发展新常态，并取得了一系列成就。我国经济总量稳居世界第二位，人均国内生产总值（gross domestic product，GDP）也实现了较大提升。经济结构不断调整，农业实现稳定增长，农村居民消费水平得到较大的提高，城乡差距不断缩小，第三产业迅速发展，产业体系逐步完善，产业结构日趋合理，部分科技成果已经达到或接近世界先进水平。

由于国际金融危机的冲击和影响在较长的时间内一直存在，全球经济在复苏增长中仍然存在较大的困难。受金融市场不稳定、市场动荡、大宗商品的价格波动影响较大，全球贸易市场在较长的时间内处于低迷状态，使得经济发展面临较大的挑战。市场的有效需求与有效供给缺位，传统产业的比较优势逐渐丧失，

① 习近平出席全国生态环境保护大会并发表重要讲话，http://www.gov.cn/xinwen/2018-05/19/content_5292116.htm[2021-11-24]。

结构性矛盾较为突出，经济发展受资源条件的约束，经济持续增长的压力较大。经济发展对于环境的影响并未得到有效改善。在新的挑战下，国家提出了供给侧结构性改革，重点在于破解难题和补齐短板，并厚植自身优势，协调好发展过程中的矛盾，从而促进经济可持续发展。但是，为推进农业供给侧结构性改革，进一步巩固和厚植原有优势，必须要将“创新、协调、绿色、开放、共享”新发展理念落实到各项农村工作中，从而清除现有农村经济发展的一些障碍。此外，我国农村基础设施薄弱，农业依然处于弱势地位，部分行业供需不均衡问题突出，对农村生产、建设和开发也造成了较严重的污染。因此，在农村发展过程中，应该按照乡村振兴战略的要求，在加强经济发展的同时注重农村生态文明建设。

（三）社会背景

在一定的社会资源禀赋条件下，人口增长过快，会给环境造成冲击。目前世界人口依然保持一个较高水平的增长态势。到 21 世纪中期，世界总人口数量、劳动年龄人口及老年人口都将迎来高峰。人口增长随之带来的是生活生产资源的消耗，给环境带来较大压力。1985 年到 2025 年，全球二氧化碳的增加有 50%是由人口数量的增加导致的。但是发展中国家和发达国家存在差异，在发展中国家，这一比例达到 53%，对于发达国家而言，这一比例也保持在 42%这个较高的水平。由此可见，如何在保证生存发展的同时，减少资源消耗，杜绝环境破坏，是摆在人类面前的一道难题。

从人口结构来看，我国人口基数大，新增人口较多，人口总数一直保持着增长趋势，人口老龄化趋势明显。第六次人口普查数据显示，我国有 1.78 亿人的年龄处于 60 岁及以上，占总人口数的 13.26%；相较于第五次人口普查而言，60 岁及以上的人口在总人口中的比重增加了 2.93%；65 岁及以上人口数达到 1.19 亿人，占总人口的 8.87%，人口比重则增加了 1.91%。随着人口老龄化趋势不断增加，人口红利衰减，对经济发展及环境的压力也不断攀升。

我国农村公共服务体系不断完善，农村居民社会福利水平不断提高，但是仍然存在较多的问题。一方面，农村公共服务质量较低。公共服务的公益性属性，使得公共服务以供给为导向，对农村居民绿色生活服务方面的需求考虑不足，农村居民只能被动地接受公共服务。另一方面，对政府供给主体而言，缺乏第三方评价机构，对公共服务质量监督不够，制约了供给效率的提高。因此，在农村发展过程中，要加快建立适应农村实际情况的绿色消费制度和政策导向、构建农村社会公共服务供给监督体系。

（四）技术背景

21 世纪互联网技术迅速发展，对人类的生产生活产生了重要影响，信息技术已经成为社会发展的重要基石。信息技术体现着新的生产力的发展方向，信息技术的运用，有利于生产要素的流通和配置，使资源利用效率最大化；有利于产业升级改造；有利于进行信息化管理，从而提高管理的科学性和管理效率。

推进农村的绿色发展是一项复杂的工程。提高农村发展质量，破解资源与环境约束的难题和瓶颈，实现农业生产生活和生态的协调统一，形成节约资源和保护环境的空间格局、产业结构、生产方式、生活方式，迫切需要强化创新驱动发展，转变科技创新方向，优化科技资源布局，改革科技组织方式，构建支撑农业绿色发展的技术体系。长期以来，在我国农村发展过程中只注重发展的速度，而忽视了发展的质量，而且随着工业化和城市化的推进，农村发展面临的环境问题日益严峻，农业生态服务功能弱化、农业生态系统退化等问题较为突出。这些在很大程度上制约了农村的发展。创新是引领发展的第一动力。新时期、新形势下推进农村绿色发展迫切需要加快技术创新，强化科技供给，构建农村绿色发展的技术支撑体系。

二、中国农村绿色发展的必要性

（一）农村绿色发展是贯彻国家绿色发展理念，推进绿色发展进程的需要

绿色发展是我国五大发展理念的重要内容，是衡量我国发展水平的重要指标。习近平总书记在 2013 年中央农村工作会议上指出，中国要强，农业必须强；中国要美，农村必须美；中国要富，农民必须富[①]。在绿色发展的大环境下，农村绿色发展是一种必然选择。然而，当前农村是生态环境污染的重灾区，如果不及时进行治理，有进一步恶化的趋势。在建设美丽中国的过程中，重点在农村，难点也在农村。推进农村绿色发展，改善农村生产生活条件已是当务之急，刻不容缓。

（二）农村绿色发展是提高农民收入水平，缩小城乡差异，促进城乡协调发展的需要

长期以来我国城乡发展水平差异较大，城乡贫富差异明显，农村发展水

① 习近平“三农”思想：“三个必须”“三个不能”“三个坚定不移”，http://theory.people.com.cn/n1/2017/0125/c83846-29048273.html[2022-01-29]。

平一直处于落后状态。虽然我国农民收入一直处于持续增长的态势，但维持农民收入持续增长的压力不断加大。此外，农村基础设施落后，公共服务体系尚未完全建立，教育不公平现象依然突出，农村贫困人口数量较大，这些问题制约着我国农村的发展。打破城乡差距，提高农民收入是破解农村发展的瓶颈制约。要提高农民收入水平，缩小城乡差异，就必须贯彻落实绿色发展理念，转变发展方式，进行农业供给侧结构性改革，促进一二三产业融合发展。

（三）农村绿色发展是破解农村发展难题，促进农村全面发展的需要

我国农村社会经济的发展仍然面临很多障碍，其中资源环境的制约越来越严重。目前，我国环境污染总体上呈现点源污染和面源污染、农业污染和工业污染、生活污染和生产污染、新旧污染和二次污染相互交织，且污染由城市逐渐向农村地区转移的特点。相关统计数据显示，农业生产中每年约产生 40 亿吨废弃物，主要包括农作物秸秆、畜禽粪便、废弃的农膜和农药化肥包装袋等，其中畜禽粪便农业废弃物占比 5%；农作物秸秆占比 17.5%；乡镇生活垃圾和人粪便占比 6.25%。这三类是农业废弃物污染中主要的污染源，农业废弃物污染已经严重制约了中国农村的发展。

从消费来看，农村居民的消费量不断增加，但节约意识还比较差。《中国农村统计年鉴》（2001～2018 年）数据显示，农村用电量从 2000 年的 2421.3 亿千瓦时增加到 2017 年的 9524.4 亿千瓦时。《中国水资源公报》指出，2017 年农业用水量 3766.4 亿立方米，且农村年均用水量占全国年均用水总量的 60%以上。生活垃圾随意处理、资源过度浪费等一系列非绿色的农村生活方式导致生态环境破坏严重，极大地削弱了我国农村绿色能力。因此，为破解农村发展难题，促进农村全面可持续发展，必须实施绿色发展战略。

（四）农村绿色发展是融入世界发展，加快农业发展进程的需要

工业革命以来，世界经济飞速发展的同时，但也带来了环境恶化的问题，世界各国对发展困境进行了反思。可持续发展的理念和绿色发展观先后被提出，迅速取得了世界各国人民的共识。随后，OECD、世界银行等国际组织对绿色发展展开了深入的研究和探讨，绿色发展已成为世界发展的共识。一方面，随着绿色发展理念的不断发展，我国农产品面临的国际贸易壁垒日益增加。因此，为更好地融入国际市场，必须推行农业农村绿色发展，提升农产品品质，提高农产品的国际竞争力。另一方面，作为一个负责任的大国，实行绿色发展十分必要。变革

农业农村发展方式，走绿色发展道路，为应对全球气候变化做出应有贡献，是一个负责任的大国的必然选择。

三、中国农村绿色发展亟待解决的矛盾与问题

（一）经济发展与生态保护的矛盾

经济发展是人类的必然选择和追求，但是人的社会活动会影响自然环境。如果人类为实现自身发展，过度地向自然索取和改造自然，过度地消耗自然资源，忽视人类生存的环境，势必会受到自然的报复，也会影响人类未来的发展。这一矛盾在我国农村发展中较为突出。在经济欠发达的农村地区，为了追求经济增长，纷纷开办乡镇企业，虽然在一定程度上带动了农村经济发展，增加了农民收入，但也浪费了大量自然资源，客观上造成了农村环境的污染。如果不发展经济，就无法提高农民收入，乡村振兴战略的实施也会受到阻碍。因此，如何处理好生态保护和经济发展之间的关系，是在推动农村绿色发展的过程中必须破解的一道难题。

（二）思想观念转变冲突

在生产力水平较低下的情况下，传统小农遵循自然规律，逐渐树立了朴素的自然观。但随着市场经济的发展，农民抛弃了自然经济状态下的有机生产方式，为了获得更多的产出，大量使用农药化肥。农民生产观念逐渐发生变化，即由人与自然和谐相处的生产观念向掠夺式的生产观念转变，并逐渐对这种以资源消耗、环境破坏为代价的发展路径形成了一种依赖。而绿色发展观强调人与自然的和谐相处，把以人类为中心转变为以生态为中心，把被动修复式的生态观转变为主动预防式的生态观。农村居民的思想观念相对保守，利益价值观根深蒂固，在短时间内难以建立资源节约、环境友好的生产观和消费观。这是我国农村绿色发展亟待解决的重要问题。

（三）利益协调矛盾

我国农村绿色发展过程中依然存在三个方面的利益矛盾。一是个人利益与社会利益之间的矛盾。农村居民作为社会中的个体，多数以追求个人利益最大化为目标，难以在兼顾个人利益的同时，实现社会利益的最大化。因此，在我国农村绿色发展的过程中，如何将个人利益统一起来，进而实现社会利益最大化是我国

农村绿色发展过程中需要解决的重要问题。二是短期利益与长远利益之间的矛盾。部分农村居民作为理性经济人，以追求短期的利益最大化为目标，缺乏对长期发展的规划，往往是以牺牲长远利益来实现短期利益，导致难以实现可持续发展。三是局部利益与整体利益之间的矛盾。这对矛盾不仅体现在农村系统与全国系统之间的矛盾，也体现在农村内部的子系统与整体发展之间的矛盾。

（四）技术创新的双刃剑作用

科学技术是一把双刃剑，技术创新能推动农村经济和社会生产力的发展，促进农村产业结构转型升级。但是技术也存在创新的风险，不恰当的技术开发则会影响经济发展，甚至会带来较为严重的后果。因此在技术创新的过程中，不仅要评估科学技术的正面效应，也要评估科学技术在创新过程中带来的负面效应。尤其在农村经济发展过程中，既要依据农村生产、生活及生态发展的特点，进行技术的研发，也要发掘和恢复一些农业生产中的“老”技术。在绿色技术推广和技术应用中，要充分考虑区域特点，有针对性地开展绿色技术推广和指导农村居民应用绿色技术，促进农村绿色发展。

第二节　农村绿色发展的内涵、特征及其理论基础

本部分对农村绿色发展的内涵进行界定，分析农村绿色发展的基本特征，梳理绿色发展的理论基础与思想来源，并探讨农村绿色发展与几个相关范畴的关系。

一、农村绿色发展的内涵

农村绿色发展是一项全面且系统的工程，既强调社会经济的全面发展，又要兼顾生态环境，最终实现政治、经济、文化与生态的全面协调可持续发展。要实现农村绿色发展，就必须要转变农业发展方式，加快农村产业结构调整。2015 年中央一号文件提出推进农村一二三产业融合发展。大力推进农业发展方式转变和结构调整是适应当前国际、国内新的发展形势，实现农业现代化的重要任务。而三产融合是实现农业现代化的必由之路，也是调整农业发展方式和农村产业结构的重要内容（黄挺，2016）。

胡鞍钢和周绍杰（2014）认为绿色经济是促进并加快实现绿色发展的重要基础和动力，强调经济、社会和生态三大系统的和谐共生，协同发展。绿色发展机制可以概括为绿色增长、绿色财富和绿色福利三个部分。黄兴国（2015）将绿色发展概括为以绿色规划为引领，打造“绿色格局”；以绿色转型为动力，提升“绿

色实力”；以绿色生态为基础，构建“绿色屏障”；以绿色生活为导向，增进“绿色福祉”。他还认为实现绿色发展是促进社会经济发展，建设和谐社会的本质要求和重要体现，有利于增加人民福祉；小康全不全面，环境质量很关键。具体而言，绿色发展要走的是一条资源节约、清洁低碳生产、循环利用资源的发展之路。在此基础上，董玉春（2016）提出绿色发展是全面的发展，涵盖了经济、政治、社会文化、自然环境等。绿色发展是可持续发展中重要一环，是对可持续发展观的继承和发展，是促进经济增长的新动力。

本书认为，农村绿色发展就是统筹农村经济、社会、自然三大系统，遵循“三生统一”的理念，集均衡、节约、低碳、清洁、循环、安全于一身，促使生态环境保护与经济社会协调发展的发展模式。它是在传统发展基础上的一种模式创新，涵盖了农村经济、社会、生态、文化等诸多领域，是符合农村现实条件的本色发展，是可持续发展不可或缺的一部分。

二、农村绿色发展的特征

本部分从理念的创新性、思想的传承性、方式的生态性、成果的共享性、目的的人本性、前景的广阔性等方面，归纳农村绿色发展的基本特征。

（一）发展理念的创新性

绿色发展理念最早在2002年被提出来，随后国际上对“绿色发展”的认同度逐步提高，先后提出了实行“绿色新政”“绿色经济”，建设环境友好城市、发展绿色农业等思想。我国在2015年3月中共中央政治局会议上首次提出“绿色化”概念，并在2015年10月召开的中共十八届五中全会上，正式将“建设生态文明，坚持绿色发展，推进美丽中国建设”作为中国社会经济转型升级，促使国民经济长期健康发展的重要任务，同时还提出“创新、协调、绿色、开放、共享”五大发展理念。此前我国在加强生态环境保护和治理，促使经济、社会、生态环境协调发展等方面做了许多卓有成效的探索，例如，建设“资源节约型、环境友好型”两型社会，实施节能减排等措施。在农业领域，主要是在加快农业发展转型升级的同时，注重农村生态环境的保护，加强对农业农村污染的治理，实现农业的可持续发展。农村绿色发展涵盖了经济、政治、社会文化、自然环境等方方面面，是一种更加全面的发展理念，不仅要实现农业的良性循环发展，还要促进农村经济、社会、文化等方面的发展，转变农民的发展观念，提高农民的基本素质和生活质量，农村绿色发展理念比以往提出的理念更加全面、更加综合、更加明确，因此在发展理念上具有创新性。

（二）发展思想的传承性

早在春秋战国时期，孟子就提倡“斧斤以时入山林，材木不可胜用也”，这其实就是一种可持续发展的理念。古代对于破坏生态环境的现象还有刑罚，随着时间的推移，在经济发展与自然相处中暗含的绿色发展思想越来越明显，人民开始意识到农业发展与保持地力的关系。国外的许多思想家也开始重视自然环境对于经济发展的影响。20世纪50年代，绿色发展的理念开始兴起，那个时候还没有正式提出绿色发展的概念，但学术界已开始大量关注人类发展与自然环境的关系。其中一些学者就地理环境与社会经济发展的关系做了研究，例如，提出的发展循环经济促进资源再生利用原则，强调要在自然资源有限的情况下，通过资源的重复利用、废弃物的循环利用来缓解资源危机。2002年绿色发展被首次提出来，“绿色发展”开始进入人们的视野，随后，绿色增长、包容性增长、促进经济可持续发展等理念被提出来。农村绿色发展是在推进农业发展方式转变和农村产业结构调整，促进我国农村“三产融合”“三生统一”，实现我国农业农村现代化的背景下提出来的，其目的是要实现均衡发展、节约发展、低碳发展、清洁发展、循环发展、安全发展，增强农业生产各部门的协调能力，提高农村的可持续发展能力。农村绿色发展注重经济、社会、自然的协调统一，以“绿色”为发展本色，这实际就是对绿色发展思想的继承和发展，具有传承性。

（三）发展方式的生态性

农村绿色发展突出“绿色”，在绿色生态的基础上，以绿色规划促进绿色转型，统筹经济、社会、自然三大系统，强调的是一种资源节约、清洁低碳生产、循环利用资源、均衡安全的发展之路。农村绿色发展是“绿色”的发展，将“绿色”作为发展的本色，是一种生态发展的理念。实践证明了以往以资源消耗、环境破坏及人类社会福祉减少为代价，片面追求经济发展速度和经济效益的发展方式不是人类社会的长远发展之路，不但会带来资源耗竭和环境破坏问题，而且会制约经济进一步增长。在农业生产中，农民为了提高粮食产量而大量使用化肥农药，造成农田污染，土壤肥力下降，农业废弃物造成环境污染，虽然农民收入增加了，但是生活环境和生活质量出现下滑。农村绿色发展通过集约利用土地、水等自然资源，发展低碳农业；通过循环使用、科学处置农业废弃物和生活垃圾，改善农村生态环境。可见，农村绿色发展方式具有生态性。

（四）发展成果的共享性

农村绿色发展所带来的成果是经济增长、环境优美、生活幸福，具有共享性。具体而言，农村绿色发展是一种可持续的发展，通过合理分配和使用农业资源，促进资源的集约化利用，降低农业生产成本，提高农业产出，促进农民增收，这些收益是每个农民都可以享受到的经济发展成果。农村绿色发展需要进行农村生态环境治理，科学处理农业废弃物和农村生活垃圾，使农村有一个良好的生态环境，而农村绿色发展带来的生态效益由全体人民共享。农村绿色发展是一条兼具经济效益、社会效益和生态效益的可持续发展之路，最终目的是提高全体人民的生活水平和生活质量。

（五）发展目的的人本性

农村绿色发展的最终目的是实现人类的可持续发展，是让每个人都能生活幸福。农村绿色发展意味着秉承绿色的原则从事一切活动，着眼于社会经济长期的持续发展，最终实现人与自然长期而稳定的和谐相处，既为农业生产方式和农民生活方式的转变指出了正确方向，也对农村生态文化建设提出了新要求。农村绿色发展要在实现人与自然友好相处的基础之上，构建人类之间、人与自然生态、人与社会环境均和谐友好相处的系统。绿色文化与农业可持续发展是相互促进的关系，农村绿色发展理念让农民或者关注农村的相关主体皆能参与农村绿色文化的塑造和传播，促使农村绿色文化建设多主体共建的格局，同时加强农村文化建设，保留并继承农村文化中的精华部分，摒弃腐朽落后的文化，使得农村文化建设和国家生态文明建设相适应。

（六）发展前景的广阔性

农村绿色发展是在资源环境约束不断加强的情况下，实现农村经济社会合理健康发展，促使人与自然和谐相处的新发展模式，这种模式具有广阔的发展前景。以往的发展模式给我国生态环境带来了沉重负担，农业资源被浪费，农村环境被破坏，长此以往势必会威胁到整个国民经济的健康发展。农业绿色发展是从产业层面对可持续发展和生态文明建设的回应，可以解决石油农业和各种替代农业无法解决的资源环境问题，是坚持科学发展观，加强资源节约型和环境友好型的两型社会建设，增强农业综合生产力的要求。农村绿色发展是农村可持续发展的重要环节和内容，也是实现农业农村现代化的必由之路，符合生态文明建设的总体要求，符合五大发展理念，对促进农村“三产融合”“三生统一”和我国生态文明建设具有极其重大的意义。

三、绿色发展的理论基础

（一）可持续发展理论

可持续发展理论的形成经历了较长的时间，从20世纪50年代开始，人们对自然环境的关注不断加深，且在不断地探索人与自然和谐相处的路径。罗马俱乐部在《增长的极限》这一报告中，提出了“持续增长”和“合理的持久的均衡发展”的概念。随后，世界环境与发展委员会在《我们共同的未来》报告中正式提出了可持续发展的概念，且得到了世界各国的广泛认同。可持续发展是在资源危机、环境问题和人口问题等社会矛盾不断深化的情形下提出的，是既能够满足当代人生存发展需求，又能够满足后代人相应需求的发展。可持续发展战略的目的在于节约自然资源、保护生态环境，促进社会经济健康稳定发展的同时，注重改善人类的生活质量，提高人类生活水平，是一种新的文明观、发展观和道德观。可持续发展的核心是各种人类活动不能超过资源环境的承载力，人们必须保护环境、爱护环境，在环境保护的基础上实现自然、经济、社会的可持续发展。

可持续发展具有丰富的内涵。首先，可持续发展强调的是整体的发展，要求整个地球系统都能够相互协调、共同发展。其次，可持续发展强调的是公平发展，即在时间维度上要满足不同代际的发展需求；在空间维度上，实现不同地区、不同国家、不同民族的共同发展。再次，可持续发展最求高效发展，即在实现公平性的前提之下，追求发展的高效率，强调各种的资源的高效利用。最后，可持续发展是一个多维度的发展，既要追求社会经济的发展，同时要兼顾生态、文化的发展。同时，不同国家和地区的实际情况不同，应该根据实际情况，走具有地方特色的发展之路。

（二）循环经济理论

循环经济思想源于20世纪60年代环境保护的兴起。1966年，美国经济学家鲍尔丁正式提出了循环经济理论。循环经济理论的本质是生态经济，强调人类社会发展是处于一个大系统中，所有的物质和能源要能在这个不断循环的大系统中得到合理的利用，尽可能地降低生产和消费活动对环境的影响。循环经济理论在指导我国农村绿色发展方面具有重要的意义。循环经济要求我们要把节约资源放在社会经济发展的重要位置，强调要不断提高资源的利用效率，同时要求在人类认识和改造自然时，坚持人与自然的和谐相处，促进人类的全面发展。

（三）生态经济理论

生态经济学是在20世纪50年代产生的由生态学和经济学相互交叉而形成的一门边缘学科。生态经济学是在生态学和经济学相关理论的指导之下，充分运用系统工程方法，研究人类社会经济活动的学科。生态经济学强调要从整体上对生态系统和生产力系统之间相互影响、相互制约的关系进行阐述，揭示自然和社会之间的本质联系与规律，要求要通过改变生产和消费方式，有效合理地利用一切资源。简言之，生态经济既尊重生态原理，又尊重经济规律。与循环经济不同的是，生态经济学强调的是从经济学的视角来研究生态问题，注重经济系统与生态系统的有机结合，最终实现经济发展与生态环境的协调。

生态经济理论的发展对我国农村绿色发展具有重要意义，生态经济理论要求我们在农村发展中，改变过去重开发、轻节约，重速度、轻效益，重外延扩张、轻内涵提高的经济发展模式。应该要用正确的生态观，通过把握生态系统与经济发展之间的内部自我调节方式，利用事物之间存在的联系性、互动共生性和生态结果，达成经济活动的生态平衡。

（四）低碳经济理论

低碳经济源于英国能源白皮书《我们能源的未来：创建低碳经济》。低碳经济是一种绿色发展模式，其主要是以低能耗、低污染、低排放和高效能、高效率和高效益为基础，坚持低碳发展的方向，通过节能减排等方式，采用碳中和技术来实现经济绿色发展的模式。低碳经济是在各种生态环境问题不断恶化的背景之下提出来的，该概念一经提出，便得到了世界各国的认可。随着世界各国对低碳经济的不断实践，低碳经济理论也在不断丰富和完善。低碳经济理论的丰富和发展为我国农村绿色发展提供了必要的理论支撑。

四、农村绿色发展与几个相关范畴的关系

（一）农村绿色发展与可持续发展的关系

社会经济的快速发展使资源的消耗速度越来越快，资源尤其是非可再生资源越来越少，资源危机日趋严峻；我国长期粗放型的经济发展方式在获得经济效益

的同时严重破坏了环境，环境破坏反过来又会制约经济的进一步发展。我国是世界上人口最多的国家，人口基数庞大，人均资源占有量少，对我国社会经济发展造成了巨大困扰。提出可持续发展战略，就是要减少环境破坏，减少资源浪费，在经济发展中注重环境保护，而不是盲目追求经济效益。只有走可持续发展的道路，才能在更好满足当代人社会经济发展需求的同时，为后代人的发展提供良好的生存空间，实现人类社会永续长存。

绿色发展既追求发展的效率，又追求发展的质量；既重视社会经济的健康、稳定和可持续发展，又强调保护生态环境。可见，绿色发展理念符合可持续发展的内在要求。保护农村自然资源、提高农村环境质量、减少农村污染是促进农村可持续发展的基础和前提。绿色发展理念不仅可以增强人们的绿色意识，还可以促进资源优化配置，减少环境的污染，规范人类的经济行为，提高社会效益和经济效益。农村绿色发展是可持续发展中重要一环，是对可持续发展观的继承和发展，是促进经济增长的新动力源泉。

（二）农村绿色发展与环境友好型社会的关系

1992年发布的《21世纪议程》正式提到了环境友好型社会，中国在这基础之上，提出了资源节约型和环境友好型的两型社会建设。随后一些重要文件的出台，更是将两型社会建设推到社会发展的战略任务的高度。为了实现两型社会建设这一战略任务，中国进行了诸多探索，政府也出台了一系列的政策文件，各省区市积极响应，两型社会建设如火如荼，这也在很大程度上提高了人们的环保意识。环境友好型社会的建设是在资源和环境约束下，在促进社会经济健康稳定发展的同时，注重生态环境的保护、自然资源的节约及人与环境的良性互动，要在全社会形成保护环境、节约资源、减少浪费、绿色生活的新风尚，积极引导社会公民树立绿色的生产和生活方式。要实现资源节约型和环境友好型社会的建设必须要综合运用经济、政治、法律等手段进行宏观调控，从宏观上把握两型社会建设的方向，在追求经济效益的同时，注重社会效益和生态效益的提高，实现人类社会与自然环境的协调可持续发展。

绿色发展强调在社会经济发展的同时，注重生态环境的保护，实现经济、政治、社会文化和生态环境协调发展的新型发展模式。绿色发展理念是两型社会建设的重要体现，是在其基础之上提出来的更高层次的发展理念，是能够更好地适应当前新形势下社会经济发展需要的新理念。绿色发展的实现要以两型社会建设为重要前提，需要继续坚持走可持续发展道路，促使人类社会与自然环境和谐发展。可以说，绿色发展理念与资源节约型和环境友好型的两型社会建设的理念是一脉相承的。

（三）农村绿色发展与绿色经济、生态经济、循环经济的关系

绿色经济这一概念是由学者大卫·皮尔斯提出来的，他认为这是一种可以实现经济的健康稳定和可持续发展的经济发展模式。国内的一些学者表示绿色经济是可持续发展的实现形态和形象体现，也是降低资源和能源消耗、提高资源利用效率的经济状态。具体而言，这种实现形态和形象体现表现在以生态经济为基础条件，在知识经济的主导之下，实现社会经济发展的同时，生态环境得到保护和改善，最终能够提高社会福利和人类福祉。绿色经济与绿色发展所包含的范围存在差异。绿色发展是比绿色经济更广泛的概念，所包含的内容也更丰富。但是两者又是相互联系的，从概念来看，两者均包含了资源节约、环境保护等绿色范畴。从某种程度上来看，绿色经济是绿色发展中的一部分，是实现绿色发展的重要基点和经济支撑，而绿色发展反过来又是绿色经济发展的最终目标。

美国经济学家鲍尔丁是生态经济的最早提倡者，早在20世纪60年代末就提出了在社会经济发展的同时，要注重控制环境污染和人口增长，认为用市场的方式能够有效地实现资源的合理开发和分配。在这之后，更多学者投入到生态经济领域的研究中。国内的相关研究并没有达成共识，存在一定分歧。一种观点认为生态经济更多的是实现生态效益，是在生态环境的承载力的范围内，循环利用资源，改进经济发展方式和居民生活方式，最终实现环境保护、经济发展、生态文明建设的经济发展模式。另外一种观点则相对理想化，认为社会经济发展需要形成类似于生态系统的全封闭式的发展模式，要在经济发展过程中实现资源节约和零排放的目标。虽然对生态经济存在不同的认识，但总体来说生态经济与绿色发展是相辅相成的，两者之间存在内在的一致性。具体而言，生态经济是实现绿色发展一条很重要的途径。

循环经济主要是强调对自然资源循环利用，在经济发展过程中减少废弃物的排放，减轻废弃物对环境的污染，实现经济效益的同时，兼顾生态效益。循环经济的核心是自然资源的高效循环利用，以“减量化、再利用、资源化”为原则，是对“大量生产、大量消费、大量废弃”的传统增长模式的根本变革。绿色发展是对循环经济的发展，是更高层次的发展理念，所包含的范围也更广泛。实现农村绿色发展的很重要的要求就是提高资源的利用率，减少资源浪费，保护生态环境。而循环经济正是以自然资源的高效循环利用为核心的发展模式，是解决农村问题的很重要的举措和关键途径。由此可见，循环经济发展所要实现的经济、社会、生态和文化目标也是绿色发展理念要实现的，绿色发展是在循环经济基础上提出来的，比循环经济具有更高水平的发展。

第三节　农村生产、生活、生态的互动机理

一、农村生产与生活的互动作用

农村生产与生活作为农村社会经济发展的重要组成部分，两者之间呈现出相互依存、相互影响的关系。生产作为创造社会财富和价值的一种重要手段，为农村居民正常的生产生活提供了必要的物质和文化基础，而生活的本质在于不断消费各类产品，既创造了多方面的需求，反过来又会引导农村生产的发展。

具体来看，农村生产对生活的作用体现在两个方面。一方面，农村生产为生活提供了丰富的物质基础，有助于提高农村居民的生活水平。农村经济的快速增长促进了农村家庭收入的增长，为满足日益增长的物质和文化需求提供了必要的经济来源。经济基础决定上层建筑，只有当物质条件达到一定水平，才有可能追求更高层次的精神需求。追求绿色、健康的生活方式，必然要求有一个较为富足的生活条件。另一方面，农村生产决定着生活的方式。生活方式不仅取决于家庭经济收入，同时还取决于社会可以提供什么样的物质条件。换言之，若想提高生活品质，必然需要社会提供优质的消费产品，如绿色农产品。农村生产走绿色道路，向市场提供优质农产品，人们才能享受高品质生活。此外，越来越多的农村地区发展农家乐、乡村旅游等绿色产业，带动农村居民生活需求层次的提升，改变了传统生活方式。

农村居民生活方式的改变和消费需求的增加同样会影响农村产业结构和农产品结构。随着农村家庭物质生活条件的改善，生活方式逐渐绿色化，既会增加对绿色服务业的需求，也会增加对绿色农产品、绿色家电等消费品的需求。家庭消费结构的升级，先会对农村内部的产业结构产生重大影响。农村居民越来越注重生活质量，在闲暇时间外出旅游成为一种较为普遍的选择。为了满足农村居民的这种需求，发展农村旅游业就显得非常必要。随着第三产业的逐渐壮大，农村内部的产业结构必然发生根本改变。家庭消费结构的升级，还会对农产品结构产生重大影响。对绿色农产品的需求，必然带来农业生产的转型升级，以绿色、可持续的现代农业生产方式替代传统粗放式生产。

二、农村生产与生态的互动作用

农村生产与生态的互动作用，实质上是经济发展与环境保护之间的相互作用关系。环境经济学家认为，经济增长过程中往往会带来环境污染，尤其是在基础设施薄弱、环保意识不强的农村地区，环境污染俨然已经成为阻碍农村经济发展

的重要因素。准确理解和辨析农村生产与生态保护之间的互动作用，对实现农村经济和生态环境协调发展起到至关重要的作用。

就农村生产对生态环境的影响来看，主要体现在两个方面：一方面，农村经济的发展会对农村地区生态环境带来巨大压力。长期以来，种植业大量使用化肥、农药等化学品，畜禽养殖过程中直接排放畜禽粪污，造成了严重的农业面源污染。不仅如此，随着越来越多的生产企业将生产厂房、基地转移至农村地区，产生的各种工业污染，进一步破坏了农村地区生态环境。另一方面，农村经济的发展，为农村地区生态环境的保护和治理提供了资金保障。生态环境属于公共物品，需要政府部门进行牵头组织，而在这个过程中人员组织、设施建设、管理维护等方面均需进行大量的资金投入，农村地区经济的发展可以在一定程度上缓解中央、省级层面的财政支出压力，推动农村地区生态环境保护工作的开展。此外，随着农村生产的绿色转型，生产方式转变的同时也提高农村居民的环保意识，从而对生态环境的保护创造了有利的基础条件。

就生态环境对农村生产的影响来看，同样体现在两个方面：一方面，生态环境作为一种特殊的生产要素，在很大程度上决定了一个地区农村产业发展的结构。例如，处在南方林区、东北林区的农村，其主要产业必然依托于当地丰富的森林资源，以发展林业经济为主。同样，越来越多的农村依托当地良好的生态环境，发展乡村旅游、农家乐等产业。可以说，生态环境影响了农村产业的选择和发展，尤其是将全国划分为优化发展区、适度发展区和保护发展区之后，生态环境对农村产业发展的决定性作用更为明显。另一方面，生态环境的恶化会对农村地区产业发展起到制约作用。生态环境的不断恶化，已经影响农村产业的正常发展，对天生弱质的农业产业尤为明显。病虫害增加、异常天气增多等问题，对农业发展造成了严重的影响。面对因生态环境恶化所带来的经济损失，生产者会积极调整生产结构和生产方式，采用绿色生产方式，从而实现经济发展与环境保护的协调发展。

三、农村生活与生态的互动作用

农村生活与生态的互动作用，如同生产与生态之间的互动关系。生活的方方面面均会对农村地区生态环境造成影响，而生态环境的好坏同样会影响农村居民的生活质量。

就农村生活对生态环境的影响来看，主要从两个方面发生作用。一方面，由于农村地区基础设施建设较为薄弱，缺乏对生活污水、生活垃圾等污染物的回收与处理设施，加之农村居民环保意识不强，造成各类垃圾随意丢弃，不少地区农村甚至出现了“垃圾围村”的现象，严重破坏了农村生态系统。另一方面，随着农村居民家庭收入水平的不断提高，需求层次在不断提升，越来越关注生态环境、食品安全等问题，由此带来的生活方式、生活理念的改变，会对农村地区生态环境保护和治理起到一个积极促进的作用。因为生活方式的绿色化，减少了生活垃圾的排放，同时，因为环保意识的提高而更为主动地采取生态保护行为，这些行为将显著提升生态环境保护力度和效果。

万事万物都是相对的，农村居民的生活方式、行为习惯会对农村地区生态环境造成影响，生态环境同样也会对农村居民的身体健康、生活质量产生影响。人们的所有行动都是处在特定的自然系统之中，生态环境是人们开展各项活动所面临最大外部环境，而外部环境的优劣将直接影响人们的正常生活。越来越多的研究表明，人居环境质量的高低会影响农村居民的健康水平，最为直观的表现是，良好的人居环境有助于延长人们的预期寿命。生态环境的好坏最终都会通过空气、饮用水等各种人类生活必需品进行反馈，最终影响农村居民的生活质量。

四、“三生统一”与农村绿色发展

农村绿色发展是一个系统性工程，需要统筹兼顾经济效益、社会效益和生态效益，农村绿色发展作为一个系统，其发展主要包括生产系统、生活系统及生态系统。农村绿色发展的实现需要将生产、生活及生态纳入一个框架中，才能形成合力。农村绿色发展需要营造良好的生存和发展空间，调整生产、生活及生态空间对于实现我国农村社会经济、农业生产和农民生活及农村生态环境的有机协调发展具有重要的意义。生产发展、生活富裕及生态良好是辩证统一，紧密相关的。坚持生产、生活及生态统一，是坚持节约资源和保护环境基本国策的重要体现，也是全面贯彻落实以人为本的科学发展的基本要求。

“三生统一”是农村全面发展的必然要求。农村作为一个复杂的整体系统，生产、生活及生态是这个系统中重要的构成要素。生产、生活及生态三者相互之间既是彼此影响和普遍联系的，也会相互制约。生产发展是农村全面发展的基础。农村发展离不开农业生产，只有发挥农业生产的活力，进行产业结构调整，改变农业落后的生产方式，才能增加农民收入，实现农村绿色发展。农村居民生活富裕是农村绿色发展的重要目标。农村居民生活水平的改善情况是反映农村发展水平的重要指标。实现农村的全面发展，需要重点改善居民的生活状况，才能从根本上改善农村的落后局面。良好的生态环境为农业生产和农民生活提供了发展空间，是农业农村绿色发展的重要条件。生态破坏和环境污染会直接影响农业生产和农民生活，进而制约农村经济的发展。环境污染使得农村难以发展依托生态环境的旅游、休闲等产业，也会阻碍农业生产和农产品贸易。

“三生统一”是农村共赢发展的重要举措。要实现生产、生活及生态的统一发展，就需要坚持绿色发展理念。农村地区具有得天独厚的生态环境条件及资源优势，这在很大程度上为农村生产发展、农民生活水平的提高及农村生态环境的改善提供了条件。但如果忽视生态环境的保护，将会让农村乃至整个社会付出惨重的代价。因此，需要将生态保护的绿色发展理念纳入农业生产和居民生活中，形成生产、生活及生态共赢发展的局面，从而实现农村发展的经济效益的最大化，同时兼顾社会效益及生态效益的最大化。

第四节　影响中国农村绿色发展的基本因素解析

我国农村绿色发展的实现是由多方面的因素决定的，其中产业结构调整是农村绿色发展的必备条件，科学技术是农村绿色发展的重要驱动力，遵循市场规律是农村绿色发展的必要前提，而政府调控则是保障我国农村绿色发展的重要手段。因此，本书将从产业结构、技术创新、发展投入、市场与政府等方面深入探讨我国农村绿色发展的影响因素。

一、产业结构调整

产业布局是指在一个行业或地区范围内的空间整合和分配的经济组合，是指产业中的各个部门，要素和环节及空间情况的结合；在动态方面，产业布局的特点是各种资源、生产要素，可以在各种行业和企业间流动。农业作为第一产业，其产业结构是指一个国家或地区农业内部各个生产部门的组成及其相互间的关系，包括种植业、林业、畜牧业和水产养殖业的产值，以及它们之间的内在关系，也包括这些行业内各种附属产品之间的关系。广泛的农业产业结构还包括农业产业的区域分布结构，这是一个由多个部门和多个类别组成的多层次综合体。优化、高效的产业结构及布局是农村绿色发展的必备条件。现阶段产业结构状况如何，应该采取什么措施来促进产业结构调整是推动农村绿色发展需要解决的关键性问题。之前种植业是农村居民主要的收入来源，而单纯依靠种植业的收入是很难缩小城乡的差距，实现共同富裕的。而且这种发展方式不利于农村资源的合理配置，造成资源浪费。故此对农业内部结构优化，促使农林牧副渔业的全面发展，扩宽农民增收的渠道，有利于促使农村的全面发展，缩小城乡的差距，实现社会公平。

产业结构的调整和优化是实现资源的优化配置，促进经济发展与生态环境保护相协调的重要助力（赵领娣等，2016）。在当前资源环境问题日益严峻的情形下，大力推进绿色发展迫在眉睫。不少学者就产业结构与绿色发展的关系做了研究，如 Jalil 和 Feridun（2011）、黄亮雄等（2012）、韩永辉等（2015）研究指出，产业结构的优化能够促进地区实现绿色发展目标。产业结构的主要目的是实现资源的优化配置，在提高经济效益的同时，兼顾社会效益和生态效益。从产业结构变迁的角度来看，产业结构的高级化和合理化有助于减少资源和能源的消耗，提高其利用效率。一方面，通过合理的规划布局，优化资源要素的投入比例关系，提高投入产出的耦合程度，进而提高效益，实现绿色发展。另一方面，依靠自主创新和技术进步推动产业结构优化，能够满足消费者的绿色需求及提高产品附加值，有利于生态环境改善和绿色发展的实现。

二、技术创新

绿色发展是科技创新的方向，科技创新是绿色发展的动力（黄娟，2016）。创新是引领发展的第一动力，十八届五中全会上，习近平总书记强调要树立创新发展理念，指出创新发展注重的是解决发展动力问题[①]。科技创新与绿色发展是新时期我国提出的两大经济发展理念，技术创新是经济发展的源泉，绿色发展则是可持续发展的必然要求。资源环境保护与传统粗放型经济发展模式的矛盾日益突出，实现社会经济发展的绿色转型是解决现实矛盾的关键。我国绿色发展的实现离不开技术创新的基础支撑，科技创新是生产、生活、生态朝着绿色发展方向前进的动力源泉。

我国农村绿色发展受到了资源与环境的制约，投入产出效率不高、比较收益较低、缺乏核心竞争力。传统的发展观念主要偏向于追求发展速度和增长数量，忽视了发展质量，片面追求经济效益，忽视社会和环境效益。推进绿色发展必须要依靠技术的创新，将技术创新和生态学结合起来，实现技术创新的生态化转变。农村绿色发展是一个全面且复杂的工程，既包含了生产方面，也包含了生活和生态方面。技术创新能够使得生产、生活和生态空间绿色化，而生产发展、生活提高和生态文明也是技术创新的意义所在（王亚平等，2017）。具体而言，技术创新通过提高农业生产技术水平，提高农业资源的利用效率，增加农产品的附加值，进而促进农业生产的发展。此外，技术创新直接为广大居民提供绿色产品，或者通过替代消费、循环利用技术等引导农村居民绿色消费。技术创新是实现农村绿色发展的必然选择。

三、发展投入

农村的绿色发展需要人力、物力和财力等投入，否则农村绿色发展就是无源

---

① 习近平总书记《在党的十八届五中全会第二次全体会议上的讲话（节选）》，http://cpc.people.com.cn/n1/2016/0101/c64094-28002260.html[2022-03-18]。

之水、无本之木。农村的绿色发展离不开政府的支持，政府的财政投入为农村绿色发展提供了重要的物质条件。虽然我国在农村绿色发展中投入了大量资金和人力，但是投入结构不合理、投入重点不突出、方向不明确，导致农村发展投入的产出效率低下。比如，我国现阶段科技投入的强度和投入的产出效率存在巨大的区域差异，我国东部地区、中部地区、西部地区和东北地区的科技创新因素对各区域农村绿色发展水平的影响存在较大差异，因此要加强科研资金的管理水平，提高科技创新资金的使用效率。发展投入会影响农村绿色发展工程建设和绿色发展理念的传播。厘清农村绿色发展的关键性投入，对于合理配置资源，提高资源效率具有重要的意义。

关于发展投入和绿色发展的关系的研究，主要是从 R&D 投入的角度来分析发展投入对环境效率的影响。如 Costa-Campi 等（2017）、黄永春和石秋平（2015）研究发现 R&D 投入对提高行业的环境效率、促进企业节能减排有重要作用。提高新时期绿色发展的资源配置效率、提升绿色全要素生产率的关键驱动力是技术创新能力（陈瑶，2018）。而要实现技术创新就必须加大技术创新的发展投入。R&D 投入是绿色技术创新活动的重要推动力及保障，需要大量资金投入以构建必要的基础性硬件和软件条件，营造良好的绿色技术创新氛围（田淑英和郑飞鸿，2019）。可见，发展投入在农村绿色发展中具有重要地位。

四、市场与政府作用

在社会经济发展过程中，对市场与政府关系的研究从未间断。不同流派对市场与政府关系有不同的认知。以亚当·斯密为代表的古典经济学家认为市场配置资源是最优的方式，而凯恩斯则强调要加强政府的干预，认为政府干预能够解决市场失灵的问题。然而，不少学者（宗良和范若滢，2018）认为未来宏观经济的基本路径是市场与政府由对立走向统一。在宏观层面上，市场要在激发活力和创造力、实现效益最大化、发挥配置资源等方面发挥决定性作用；政府要加强调控和管理，引导市场预期，不能让市场这只“看不见的手”盲目操纵，应发挥提供服务、实施监管、尽“守夜人”的责任（都本伟，2017）。

农村的绿色发展需要多元主体共同参与，在发展过程中相互促进、相互制约。市场通过价格影响农产品生产和销售，进而会影响农业的发展。政府的宏观调控，如对农产品的价格调控也会对农业发展产生重要影响，不仅会影响农业产业结构调整，还会影响农村劳动力的流向及农民收入水平。因此，分析市场对农村绿色发展的作用，并探讨政府在农村绿色发展中的作用及角色，对促进我国农村绿色发展具有重要意义。

第三章　中国农村绿色发展水平评价指标体系构建

在全球经济快速发展的背景下，资源环境矛盾日益凸显，传统高能耗、高污染的发展模式在短期内确实可以带来经济的快速增长，但从长远来看这种粗放式的经济发展模式是不可持续的。一旦不可再生资源耗尽、环境污染超过自然承载能力，经济社会发展乃至人类的生存都将会受到严重威胁。同其他国家相比较，我国面临的资源环境问题较为尖锐，在经济水平较为落后、基础设施不够健全的农村地区尤为突出。据有关数据统计，我国目前有超过 44%的农村生态环境恶化，将近 18%的农村居民日常生活受生活垃圾和畜禽粪便等环境污染影响。不仅如此，农业生产过程中依靠大量投入化肥、农药等化学品来增加农业产出，从 2004 年到 2017 年，化肥施用量从 4636.6 万吨上升到 5859.4 万吨、塑料薄膜使用量从 168 万吨上升到 252.8 万吨、农药使用量从 139 万吨上升到 165.5 万吨，造成了严重的农业面源污染问题。

为此，加快推动农村发展绿色转型对解决我国农村地区生态环境问题，实现农村经济、社会与环境协调发展有着十分重要的意义，科学评价各地区农村绿色发展水平是进一步更好、更快实现农村绿色发展的重要前提。农村绿色发展是以农村居民为中心，以农村农业资源和生态资源为外部环境，进行农业生产、居民生活等相关活动，从而形成农村地区经济、社会、环境协调共生的复杂系统。因此，本章将从农村绿色生产、绿色生活、绿色生态“三生”合一视角，通过构造科学、系统的农村绿色发展水平评价指标体系，合理确定各指标权重，全面掌握我国各地区农村绿色发展水平的基本状况，并利用分解的基尼系数、探索性空间数据分析法对我国各地区农村绿色发展水平的区域差异特征、空间自相关性及收敛性特征等方面进行系统分析，以期对我国农村绿色发展水平有一个全面且深入的了解。

第一节　农村绿色发展水平评价指标体系构建原则

在 2015 年召开的十八届五中全会，强调经济社会发展过程中必须贯彻落实创新、协调、绿色、开放、共享五大发展理念，坚持走绿色发展道路。绿色发展是指既要生态环保、又要经济发展，这是党和国家在对国家现代化建设及人与自然和谐相处科学认识的重要体现，也是科学发展观、生态文明的延续和传承。《关于加快推进生态文明建设的意见》中也明确指出，全面促进资源节约利用，加大自然生态系统和环境保护力度，大力推进绿色发展、循环发展、低碳发展，弘扬生态文化，倡导绿色生活，加快建设美丽中国。国家出台的“十三五”农业发展规划明确今后主攻方向是加快推进农业现代化，坚持走产出高效、产品安全、资源节约、环境友好的农业发展道路。不仅如此，2015 年由环境保护部发布的《关于加快推动生活方式绿色化的实施意见》中提出到 2020 年，全民生活方式绿色化的理念明显加强，生活方式绿色化的政策法规体系初步建立，公众绿色生活方式的习惯基本养成，最终全社会实现生活方式和消费模式向勤俭节约、绿色低碳、文明健康的方向转变。

从国家现实发展需求层面考虑，构建我国农村绿色发展水平评价指标体系一定要体现绿色发展的思想，绿色发展强调在经济社会发展过程中注重环境保护，注重人与自然和谐相处，这也是生态文明发展理念的重要体现。由于从农村的角度评价绿色发展水平有其特殊性，因而在具体构建农村绿色发展水平评价指标体系时，充分考虑以下原则。

1. 科学性

在选取农村绿色发展水平评价指标时，应依据科学的理论对各项指标的概念进行准确定义，对各指标的具体计算方式、指标权重及预期方向进行明确说明，并坚持客观公正的基本原则，指标构建和权重赋值不能依据主观判断及个人经验，应依客观情况选择科学合理的方法进行指标筛选，全面概括农村资源环境、产业发展、人居生活等多方面特征，真实反映我国农村绿色发展的实际水平，为制定促进农村绿色发展的政策建议提供可靠参考。

2. 可测性

选取衡量农村绿色发展水平的指标不仅要求意义重大、代表性强，而且要求具有可测性。若某些指标不能直接用数字进行量化表示，那么在指标处理过程中难免会造成一定信息的损失，且容易因转化方式的主观性造成评价结果偏颇，从而最终影响评价结果的准确性和真实性。因此，为了准确客观评价农村绿色发展水平，尽量要选取易定量化的指标。

3. 权威性

在国家高度重视生态文明建设、乡村振兴的大背景下，评价农村绿色发展水平，必须找准切入点。一方面，选取指标时尽量采用统计口径一致、由政府或者权威部门发布的统计数据，保证数据的权威性；另一方面，相关指标还应具有代表性，能够代表农村绿色发展的某一个或几个方面。需要注意的是，盲目堆砌指标不仅会加大收集数据的难度，而且计算出来的最后结果也容易失准。因此选择权威指标是评价结果客观真实的基础。

4. 完备性

农村绿色发展水平评价指标要统筹考虑经济社会发展、资源环境问题、自然承载能力及产业人口布局等多个方面内容。随着乡村振兴战略的不断推进，农村绿色发展的外延逐步扩大，涉及资源节约、生态安全、物种多样性、产业低碳循环、生活健康等多个维度的内容。因此，选取农村绿色发展水平评价指标时，既要考察重点指标，也要做到全面考虑，兼顾其他指标。

5. 特殊性

既然是评价农村绿色发展水平，指标选择就应该以农村为特定区域，反映农村自然状况、社会文化、区域发展等真实面貌。评价农村绿色发展水平既有别于评价国家绿色发展水平，也不同于评价城市绿色发展水平，指标体系的构建要考虑农村的实际情况。而农村经济社会的内涵与外延正在不断变化，在选取评价指标时应全面考虑农村地区的时变性和特殊性，以客观真实反映农村绿色发展水平。

6. 可操作性

在构建指标体系前需要先了解数据的来源，数据是否方便获取、方法是否操作可行、模型是否通俗易懂，以此为基础构建出的指标体系才具有实际可操作性，同时也具有可复制性。工业文明之后，绿色发展是人类文明发展的一种新形式、新要求，在农村区域内体现的是自然、经济、社会等相关领域的变革，是一个长期可持续的发展过程。我们在对农村绿色发展水平评价过程中，会存在许多兼具典型性和代表性的指标，数据大量缺失从而造成指标选取无效，影响整个评价过程，因此应严格遵循指标数据的现实可操作性。

第二节　指标体系的选取

农村绿色发展是强调农村地区经济、社会、环境、生态等多个维度的绿色发展，在构建我国农村绿色发展水平评价指标体系时，应严格遵循科学性、可测性、权威性等基本原则，并从农村绿色生产、绿色生活和绿色生态三个方面选取真实反映农村绿色发展水平的相关指标，以此为我国农村绿色发展水平的后续评估及分析创造良好的基础。

一、绿色生产指标的选择

联合国环境规划署认为绿色经济是能减少污染、保护环境的生态可持续型经济，而绿色农业是在维持原有生产力的基础上，通过技术创新、生产方式优化来提高资源的利用效率、减少环境污染的新型农业发展道路。绿色农业包含的内容和形式非常广泛，休闲农业、有机农业、生态农业等都可认为是绿色农业的形式。自家庭联产承包责任制实施以来，依靠不断增加化肥、机械、农药等外部投入我国农业实现了增产增收。但是从长远来看，这是一种不可持续的行为，土壤污染、生态环境遭到破坏等问题带来诸多负面影响，严重降低了经济效应所带来的福利增加。

从我国农业绿色发展的内涵出发，寻找合适的评价指标，更有利于准确反映当前农业绿色发展的实际情况。绿色农业生产核心思想是通过科学技术节约要素投入、稳定农业生产力、减少环境污染、提高产品质量。刘姝（2015）从农业生产角度选取农村人均耕地面积、水资源利用强度等指标评价都江堰农村生态环境。宁昭玉等（2008）从农业生产环境视角，选取农膜使用强度、受灾面积比例、农药使用强度等指标评价福建农村生态环境。吴志华和王琼（2006）从土地资源、土地保护的角度选择基本农田比例、化肥利用达标率、退化土地治理率等指标评价农村可持续发展状况。黄炎忠等（2017）则从化肥施用效率、农膜使用效率、节水灌溉率等方面选取了指标，对我国农业绿色生产水平进行了评价。延续已有研究的评价思路，本书选取农业生产效率、人均资源拥有情况、化肥农药使用强度等相关指标评价我国农业绿色生产水平。

（1）人均播种面积。以各省份实际农作物播种总面积与农村人口的比值进行反映，是人均农业生产要素丰裕程度的重要体现。农村绿色发展强调的是绿色化的生产生活方式，但其核心是农村经济的绿色发展。农村发展的根本目的在于解决好农民温饱问题、不断提高农村居民生活质量，绿色化是实现这一目的的根本途径。人均播种面积越多，说明耕地资源越丰裕，耕地资源过度开发的可能性越小。因此，作为绿色生产维度的正向指标，人均播种面积越大，农业绿色生产水平越高。

（2）农药使用强度。以各省份每年农药使用量与农作物总播种面积的比值进行反映。一直以来化学农药的大量使用，对我国农田生态系统造成了严重的影响和破坏，甚至已经影响整个自然生态系统的平衡与稳定，进而带来生态系统自我调节能力减弱、生物多样性减少等严重后果。无论是农业生产，还是农村居民生活，均是处于当地自然生态系统中进行的，一旦生态系统遭受破坏，不仅会造成农业减产，同时也会影响当地居民的正常生活。不仅如此，化学农药的过度使用增加了农产品农药残留的风险，使得农产品生产违背了绿色健康的原则，农产品质量安全得不到有效保障。因此，选择农药使用强度作为绿色生产维度的逆向指标，农药使用强度越高，表明农业绿色生产水平越低。

（3）化肥使用强度。以各省份当年农业生产过程中化肥使用总量（折纯量）与农作物总播种面积的比值进行反映。不可否认，化肥的使用在实现我国粮食产量持续增加的过程中发挥了重要作用，但随着生态环境的日益恶化，大量使用化肥来提高农作物产量的做法已经不可取了。这一粗放型生产方式，不仅会造成农田土壤板结、土壤酸化及微量元素的缺失等问题，不利于农作物的生长，同时在大水漫灌等不科学种植方式的作用下，极易造成水体富营养化现象，进一步影响农田所处的水生态系统的平衡。因此，选择化肥使用强度作为绿色生产维度的逆向指标，化肥使用强度越高，表明农业绿色生产水平越低。

（4）农用薄膜使用强度。以各省份当年农用薄膜使用量与农作物总播种面积的比值进行反映。与化肥、农药一样，农用薄膜的使用对农作物增产发挥了重要的作用，甚至在一些作物的某个生产环节已成为必不可少的生产要素。但不同的是，农用薄膜多以聚乙烯为原材料制成，这也决定了其具有难以分解的特点。一方面，我国农业生产过程中所使用的农用薄膜多以中低档次为主，使用年限较短；另一方面，现行农村地区缺乏对废旧薄膜的回收利用，多数农户使用完后仍以焚烧、随意丢弃的处理方式为主。这不仅会对农村地区的生态环境造成一定破坏，同时薄膜残留造成耕地质量的下降，影响作物营养的吸收、根系的生长。因此，农用薄膜使用强度作为绿色生产维度的逆向指标，农用薄膜使用强度越高，表明农业绿色生产水平越低。

（5）有效灌溉系数。以各省份当年农田有效灌溉面积与农作物总播种面积的比值进行反映。尽管各地区在水资源和耕地资源方面存在一定差异，对农作物的有效灌溉面积会有影响，但有效灌溉系数可以在一定程度上克服绝对数值的偏差，真实反映出各地区农田水利建设的成效。该指标可以反映出各地区面对出现极端天气时的应对能力，完善的水利基础设施建设可以有效避免干旱、洪涝等对农业生产的影响。因此，选择有效灌溉系数作为绿色生产维度的正向指标，各地区生产过程中水利基础设施建设情况越好，表明农业绿色生产水平越高。

（6）单位农业 GDP 用水。以各省份农业生产用水总量与农业 GDP 的比值进行反映。正因为农业生产离不开水，在农业生产过程中更应高度重视水资源的节约集约利用。越来越多的研究关注到单位 GDP 水耗，历史经验也表明，社会经济的发展绝不能以浪费水资源为代价，农业生产同样如此，其对水资源的依赖性更是决定了水资源的重要性。一直以来，农业用水需求量远超过工业、生活用水需求量，如何在现有条件下减少农业 GDP 水耗、提高农业用水效率成为实现农业生产可持续发展必须面对的挑战。因此，选取单位农业 GDP 用水作为绿色生产维度的逆向指标，各地区单位农业 GDP 用水越多，说明农业生产过程中水资源的集约利用程度越低，农业绿色生产水平越低。

（7）农业产出增加消耗比。以各省份农林牧渔总产值的增加值与对应中间消耗值的比值进行反映，是农村地区农业生产效率的重要体现。改革开放以来，市场化在我国社会经济发展中扮演重要角色，在竞争性市场环境中，农业经济所占的比重不断减少，而相应投入的比例却远高于农业产出比重，相较于二、三产业，农业产业的生产效率低下，直观表现为农民收入少、生活质量远不如城镇居民。为此，需要通过在农业技术、农产品加工、农业生产方式等多方面做出改革与创新，加快提高农业生产效率，以更少的资源投入创造更多的产出，从根本上解决农民收入低的问题。因此，选择农业产出增加消耗比作为绿色生产维度的正向指标，各地区农业产出增加消耗比越高，说明农业生产过程中投入产出综合效率越高，农业绿色生产水平越高。

（8）人均农业机械总动力。以各个省份农村农业机械总动力与各地区农村人口的比值进行反映，该指标可以有效反映各地区农业投资的基本情况。传统农业向现代农业发展最主要的标志就是农业机械代替人力劳动，在农业劳动力老龄化现象日趋严重、劳动力成本不断上升的背景下，大力推广农业机械已成为农业发展的必然选择，更是向现代化农业迈进的关键一步。因此，选择人均农业机械总动力作为绿色生产维度的正向指标，反映各地区农业生产过程中对重要生产要素的投资情况，更是各地区对农业机械投资的重视程度及经济投资能力的体现。

二、绿色生活指标的选取

如何引导居民绿色生活以适应时代发展要求成为当前迫切需要解决的民生问题，而正确引导农村居民绿色生活也是提高农村绿色发展水平的必经之路。

总体来看，当前国内外对居民绿色生活已开展了广泛的研究。澳大利亚环保公益组织负责人特意在《绿色生活》一书中，从多个角度详细说明了居民绿色生活方式。其中，绿色的内涵主要体现在以下三个方面：首先是居民具有强烈生态环保意识，能够尊重自然、保护自然，与自然和谐相处；其次是在相关法律法规的范围内行使环保权利、履行环保义务，积极配合落实相关环保法规措施；最后是从自己做起、从身边做起，绿色出行、绿色消费，为构建环境友好型社会做出积极贡献，按照环保友好、文明节俭的理念生活。也有部分学者在进行地区生态评价研究时，选取了居民生活方面的指标。例如，孙洪刚（2005）从压力度着手，即考虑居民生活状况和社会进步对资源环境带来的压力，选取人均用水、农民人均纯收入等指标考察黑龙江生态建设水平。谷大局（2014）在对城市生态内涵进行分析后，选取居民每年人均可支配收入、每万人拥有大学以上文化程度的人数等指标构建城市生态评级指标体系。刘浩卓（2013）从生活价值角度选取饮用水源水质达标率、生活垃圾无害化处理率、居民对环境质量满意度等指标衡量新型城镇化背景下我国小城镇生态水平。本书基于已有相关研究，从民生工程和绿色环保角度出发，选取相关指标对我国农村绿色生活水平进行综合评价。

（1）改水工程受益人口比例。改水工程受益人口比例是指各个省份农村改水工程受益人口与各地区农村人口的比例，反映了各地区农村居民使用安全洁净自来水的情况。水是生命之源，健康安全的饮用水是农村居民最基本的生活保障。一味追求经济的快速发展而忽略了环境保护，尤其部分农村地区化肥农药的过量使用使得农村水资源受到严重污染，受到污染的生活用水成为农村居民身体健康的最大威胁之一。农村改水工程是农村基础设施建设的重要组成部分，也是保障农村居民饮用水安全的有效途径。因此，选择改水工程受益人口比例作为绿色生活维度的正向指标，反映各地区农村居民绿色生活水平。

（2）改厕工程受益人户数比例。改厕工程受益人户数比例是指各个省份农村改厕工程受益户数与各地区农村总户数的比例，是农村居民生活质量的重要体现。农村改厕是经济社会发展的要求，也是农村生态文明建设的重要内容，对提高农村居民幸福指数具有极大的促进作用。改厕工程完成以后，对农村粪便可以集中处理和资源化利用，一方面可以减少化肥的使用，增加土壤有机质含量，另一方面可以极大改善农村地区生态环境状况。因此，选择改厕工程受益人户数比例作为绿色生活维度的正向指标，反映各地区农村居民绿色生活水平。

（3）人均太阳能使用面积。人均太阳能使用面积是指各个省份农村太阳能使用面积与各地区农村人口的比例，是反映清洁能源使用情况的重要指标。在巨大的能源压力下，转变农村居民能源使用结构，推动清洁能源使用对节能降耗、减少环境污染具有十分重要的意义。随着农村居民经济条件的不断改善，对生活质量的要求也逐步提升，越来越多的农村家庭开始使用太阳能，满足家庭日常生活的需求。农村地区太阳能推广与运用，为改善地区生产生活条件、提高农村居民生活品质提供了极大便利。因此，选择人均太阳能使用面积作为绿色生活维度的正向指标，反映各地区农村居民绿色生活水平中清洁能源的使用情况。

（4）人均沼气产生量。人均沼气产生量是指各个省份农村沼气产生量与各地区农村人口的比例，反映各地区农业废弃物资源化利用和清洁能源使用情况。沼气工程对我国农村地区节能减排、保护环境、实现农业绿色生产及居民健康生活均具有重要意义。一直以来，农村地区能源短缺问题制约着农村经济发展进一步发展，研发可持续的清洁新能源不仅是短期经济发展的需求，更是长期能源结构转型的必然选择。利用农业废弃物生产清洁能源，在一定程度上替代了农村居民长期依赖的薪柴资源，同时可以改善家庭环境卫生，而沼液、沼渣可以作为肥料还田，提高农产品产量。因此，选择人均沼气产生量作为绿色生活维度的正向指标，反映各地区农村居民绿色生活水平中废弃物资源化利用情况。

（5）人均可支配收入。人均可支配收入是指农村居民可进行自由支配的收入，反映家庭的整体经济水平。党和国家一直关注农村居民增收问题，出台系列文件和优惠政策，如取消农业税、进行粮食直接补贴、开展职业培训等，促进农村居民增收。增加农村居民人均可支配收入有利于提高农村居民生活消费水平，提高生活幸福感，这也是绿色生活水平的一个重要内容。因此，选择人均可支配收入作为绿色生活维度的正向指标，人均可支配收入越高，农村居民家庭生活富足度和满意感越强，绿色生活水平越高。

（6）万人养老机构数量。万人养老机构数量是指各个省份农村养老机构数量与各地区农村人口的比例。随着城镇化的快速发展，越来越多的农村劳动力选择进城，农村老龄化现象愈发明显。更为重要的是，农村地区基础建设薄弱、医疗条件较差，老年人在实际中面临着看病难、出行不便等问题，独生子女家庭的养老问题更是遭遇前所未有的挑战。积极建设农村养老机构，有助于妥善安置老年人，缓解农村地区由老人赡养问题引发的系列社会矛盾，真正实现“老有所养”的理想蓝图，提高农村居民生活幸福感，这也是绿色生活的应有之意。因此，选择万人养老机构数量作为绿色生活维度的正向指标。

（7）万人乡镇文化站数。万人乡镇文化站数是指各个省份乡镇文化站数量与各地区农村人口的比例。乡镇文化站作为基层宣传机构和公共文化服务机关，在增强农村居民凝聚力和社会认同感方面具有重要作用。从提出构建农村地区公共文化服务体系到建设“文化强国”的战略目标，是党和政府对文化建设高度重视的重要表现。农村公共文化服务体系作为“文化强国”战略推进过程中最为薄弱的一环，其发展状况直接关系到整个发展战略是否可以有效实施，关系到农村居民生活幸福感。因此，选择万人乡镇文化站数作为绿色生活维度的正向指标，从农村地区教育事业发展角度考察各地绿色生活水平。

（8）人均生活用水量。人均生活用水量是指各省份农村生活用水量与各地区农村人口的比例。我国幅员辽阔、水资源分布不均，使得我国人均水资源拥有量存在较大的地区差异。同时，我国又是一个淡水资源较为缺乏的国家，人均淡水资源不及世界平均水平的一半，合理保护与利用淡水资源，保证人均生活用水充足，是实现农村绿色发展的重要保障。为此，国家提倡建立节水型社会，以提高用水效率来弥补水资源总量不足的问题，尤其在各行各业对水资源需求量越来越大的环境下，节约用水显得尤为关键。因此，选择人均生活用水量作为绿色生活维度的正向指标。

三、绿色生态指标的选取

我国是农业大国，农业的发展状况影响整个国民经济的正常运行。而良好的生态环境是农业可持续发展的重要保障，也是关系农村居民生活质量的头等大事，如果生态环境持续恶化，必然会阻碍农业、农村发展的步伐。改革开放以来，我国经济得到了迅速的发展，在可持续发展观、科学发展观等理论的指引下，也逐渐开始重视并协调经济发展与环境保护的关系。然而，由于农村地区经济发展相对落后，经济至上的思想仍占据主导地位，农村地区生态环境问题依旧严峻。

将生态环境因素纳入农村绿色发展水平评价指标体系，主要出于以下考虑：第一，农村生态环境的好坏直接影响农村居民的身体健康水平。越来越多的新闻报道和科学研究显示，由生态环境恶化造成人们健康水平下降的事件频频发生，而地表水污染引发居民疾病等事件更是屡见不鲜。当前特殊的农村劳动力结构，使得留守农村的多是老人和孩子，抵御疾病的能力较弱，更易发生群体性健康事件。第二，农村生态环境的好坏直接关系到人类的可持续发展。农村社会稳定是经济社会快速发展的基石，如果不重视农村环境问题，就很难实现我国生产发展、生态良好的可持续发展目标。实践证明，农村生态环境破坏使得自然灾害更加频繁，泥石流、洪涝等自然灾害严重影响农业生产甚至危及农民人身安全，因此在促进农村经济发展的同时必须注重生态环境的保护。第三，改善农村生态环境利于农村社会的和谐与稳定，增强农村居民的幸福水平。农村生态环境恶化会引起一系列的社会矛盾，不利于地区稳定和发展，并且如果长期生活在污染严重又没有安全感的环境中，不仅会导致农业生产缺乏效率，更是会影响基本的生活需求。因此，科学评价农村地区生态环境的现状，对于社会主义和谐社会建设有深远意义。

生态环境是地区生态建设和可持续发展的保障，提高资源利用效率、减少环境污染、落实生态保护措施是实现经济绿色发展的基础。朱婧等（2012）认为政府应该加强对绿色产业的财政支持力度，加强生态环境保护，增强国家的绿色经济发展竞争力。王菲（2006）在构建大庆市可持续发展指标时考虑生态环境状况，并从生态建设和环境污染两个角度分别选取森林覆盖率、单位 GDP 工业三废排放量等指标综合评价大庆市的可持续发展。王瑾瑾（2016）从环境产出的角度选取改水工程受益人数、水土流失治理面积等指标衡量绿色产出对我国农村发展绩效的影响。许力飞（2014）选取自然保护面积占辖区面积的比例等指标反映生态环境保护在城市生态文明发展评价中的重要作用。借鉴已有的相关研究成果，本书选取森林覆盖率、湿地面积占比、自然保护区建设等指标，评估农村地区生态环境建设情况。

（1）森林覆盖率。以各个省份森林总面积占整个省土地面积的比例进行反映。森林覆盖率是衡量地区生态环境状况的重要指标，提高森林覆盖率对各地农村居民生活质量的提升和区域生态环境的改善具有积极促进作用。一般来说，森林植被具有调节局部小气候、保持水土、净化大气、增加地下水供给、改善水质等多种功能，优美的生态环境是开展经济建设的重要基础。因此，选择森林覆盖率作为农村绿色生态维度的正向指标，反映各地区在森林保护方面做出的努力程度。

（2）湿地面积占比。以各个省份湿地面积占整个省土地面积的比例进行反映。湿地有“生命的摇篮”的美誉，在调节地区气候和维持生物多样性方面起着非常重要的作用，是各地环境建设中不可或缺的内容构成。湿地对环境建设的重要意义体现在多个方面。在生态环境方面，湿地可以蓄水防洪，避免发生洪涝灾害，促进地区生态稳定，而且天然湿地和人造湿地在环境美化方面具有独特优势。在经济发展方面，为人们生产生活提供丰富动植物产品、水资源等，促进工农业生产，同时湿地还蕴含丰富的电力能源、潮汐能源。在社会进步方面，湿地有滨海湿地的沙滩等特有旅游资源，还具有教育科研等价值，为教育科研提供丰富观赏实验基地。因此，选择湿地面积占比作为农村绿色生态维度的正向指标，反映各地区湿地保护情况。

（3）自然保护区建设。自然保护区建设是指各个省份自然保护区面积占整个辖区面积的比例。自然保护区除了有生态环保价值之外还兼具旅游、休闲等功能，同时配套合适的旅游开发，自然保护区不仅可以带动地区经济的发展，促进当地居民增收，协调好居民与自然保护区的关系，还可以通过自然保护区的建设与管理，增强人们对自然生态的了解，从而增强居民的环保意识。因此，选择自然保护区建设作为农村绿色生态维度的正向指标。

（4）生态环境补水量。生态环境补水量是指各个省份为维持生态系统的正常运行额外提供的补水总量。生态环境补水量是在水资源利用过程中为了保护生态环境而提出的概念，具体指为稳定生态环境所需要的水资源总量，是衡量生态系统平衡与健康状况的核心指标之一。农村生态环境补水量包括湖泊、沼泽、林木植被的需水总量，反映水生态系统的持续能力、恢复能力，这与地区水资源总量、经济发展及环境重视程度等因素密切相关。因此，选择生态环境补水量作为农村绿色生态维度的负向指标，以此从侧面反映各地生态系统的自我平衡能力。

（5）人均造林面积。人均造林面积是指各个省份当年造林面积与农村人口的比例。森林资源作为一种可再生资源，不仅能够为人们生产生活提供原材料，还能改善地区生态环境，尤其通过扶持人工造林解决木材短缺已经成为各国的通用手段。受气候和地理位置影响，森林覆盖率的高低更多反映的是当地森林资源存量，而人均造林面积反映了森林资源增量，更为直接地反映出各地区对环境保护、绿化建设的重视程度。因此，选择人均造林面积作为农村绿色生态维度的正向指标。

综合前文分析，本书中具体各项指标说明及作用方向如表 3-1 所示。

表 3-1　农村绿色发展水平评价指标体系

一级指标	二级指标	指标说明	作用方向
农村生产	人均播种面积（公顷/人）	播种总面积/农村人口	+
	农药使用强度（千克/公顷）	农药使用量/播种面积	–
	化肥使用强度（千克/公顷）	化肥使用量/播种面积	–
	农用薄膜使用强度（千克/公顷）	薄膜使用量/播种面积	–
	有效灌溉系数	有效灌溉面积/播种面积	+
	单位农业 GDP 用水（米 ^{3}/万元）	农业用水/农业 GDP	–
	农业产出增加消耗比	农业增加值/农业消耗值	+
	人均农业机械总动力（千瓦/人）	农业机械总动力/农村人口	+
居民生活	改水工程受益人口比例	受益人口/农村人口	+
	改厕工程受益人户数比例	受益户数/农村总户数	+
	人均太阳能使用面积（米 ^{3}/人）	太阳能使用面积/农村人口	+
	人均沼气产生量（米 ^{3}/人）	沼气产生量/农村人口	+
	人均可支配收入（元/人）	可支配收入/农村人口	+
	万人养老机构数量（个/万人）	养老机构数量/农村人口	+
	万人乡镇文化站数（个/万人）	乡镇文化站数/农村人口	+
	人均生活用水量（亿米 ^{3}/人）	生活用水量/农村人口	+
生态环境	森林覆盖率	森林面积/土地面积	+
	湿地面积占比	湿地面积/辖区面积	+
	自然保护区建设	自然保护区面积/辖区面积	+
	生态环境补水量（亿米 ^{3}）	保护生态环境的补水总量	–
	人均造林面积（公顷/人）	造林面积/农村人口	+

第三节　中国农村绿色发展水平评估及区域分析

农村绿色发展涉及农业生产、居民生活水平及生态环境保护等多方面的内容，是追求农村地区经济、社会与环境协调发展的系统性工程。全面了解各地区农村绿色发展水平的现状及区域特征，是指导农村绿色发展工作的前提和基础。

因此，在科学构建农村绿色发展水平评价指标体系的基础上，本书利用 2005～2017 年各省区市在相关指标方面的具体数据，首先测算出 13 年间各省区市的农村绿色发展水平，以可视化的方式了解我国及各地区农村绿色发展的整体情况，通过对绿色生产、绿色生活及生态环境三个方面的具体分析，更细致地掌握农村绿色发展各方面的情况，进一步明确各地区在农村绿色发展过程中的优势、劣势所在。其次，运用 Dagum 基尼系数法，对全国及东部、中部、西部、东北四大区域的绿色发展水平差距进行测算，把握我国绿色发展水平差距大小和变化趋势，以实际基尼系数的大小量化发展水平的差距，为缩小各地区农村绿色发展水平差距、实现相对均衡发展提供经验证据。

一、中国农村绿色发展水平评价

（一）评价模型建立

考虑到我国农村绿色发展是一个涉及诸多因素的复杂系统，评价中不可避免地存在主观评价带来的模糊性和不确定性（余威震等，2018）。农村绿色发展水平评价指标体系的构建是科学评价发展水平的基础，而各指标权重的科学设定更是会直接影响各地区农村绿色发展水平结果的测算。指标体系的构建和指标权重的科学设定共同决定了对我国农村绿色发展水平评估的准确性，因此本书选取熵值法确定各指标权重大小。熵值法作为一种客观赋权法，其原理是基于各指标的实际数据本身存在的差异来确定各指标的权重系数，可以有效避免人为设定的主观性缺点。熵值法的本质在于信息熵的内涵，其中熵作为热力学中的概念，表示一个体系或系统内物质混乱的程度，在结合信息论的理论后，信息熵所反映的是某一指标数据内部的不确定程度，以各地区在某一指标上的差异程度来决定权重的大小。换言之，各指标数据之间差异越小，不确定性就越小，信息熵也就越小，反之亦然。具体计算步骤如下。

首先对数据进行标准化处理。本书采用的是离差标准化法，对于正向指标，其标准化公式为 $x'_{ij}=\dfrac{x_{ij}-\min\limits_{i}\{x_{ij}\}}{\max\limits_{i}\{x_{ij}\}-\min\limits_{i}\{x_{ij}\}}$；对于逆向指标，其标准化公式为 $x'_{ij}=\dfrac{\max\limits_{i}\{x_{ij}\}-x_{ij}}{\max\limits_{i}\{x_{ij}\}-\min\limits_{i}\{x_{ij}\}}$。其中，$x_{ij}$ 和 x'_{ij} 分别表示第 j（$j=1,2,\cdots,m$）年第 i（$i=1,2,\cdots,n$）指标的原始值和标准值，$\min\limits_{i}\{x_{ij}\}$ 和 $\max\limits_{i}\{x_{ij}\}$ 分别表示第 i 指标的

最小值和最大值。接着计算第 j 年第 i 指标的比重：$p_{ij}=\frac{x'_{ij}}{\sum_{j=1}^{m}x'_{ij}}$。然后计算出各指标的信息熵 $e_i=\left(-\frac{1}{\ln m}\right)\sum_{j=1}^{m}(p_{ij}\times\ln p_{ij})$，进而求出各指标的信息冗余度 $d_i=1-e_i$。最后计算出指标权重 $w_i=d_i\Big/\sum_{i=1}^{n}d_i$，从而利用公式 $y_{ij}=\sum_{i=1}^{n}w_ix_{ij}$ 测算出农村绿色发展水平。

（二）我国农村绿色发展水平测算及分析

1. 农业绿色生产水平的测算及分析

基于前文分析，选取了人均播种面积、农药使用强度、化肥使用强度、农用薄膜使用强度、有效灌溉系数、单位农业 GDP 用水、农业产出增加消耗比、人均农业机械总动力共八个指标，构建农业绿色生产水平的评价指标体系，并根据熵值法计算出各指标的权重测算，最终测得 2005～2017 年我国 30 省区市的农业绿色发展水平值，具体结果见表 3-2。

表 3-2 2005～2017 年我国 30 省区市农业绿色发展水平

区域	2005 年	2006 年	2007 年	2008 年	2009 年	2010 年	2011 年	2012 年	2013 年	2014 年	2015 年	2016 年	2017 年	平均得分
北京	0.064	0.068	0.063	0.079	0.071	0.071	0.065	0.066	0.045	0.048	0.057	0.062	0.063	0.063
天津	0.112	0.113	0.111	0.110	0.102	0.100	0.095	0.096	0.086	0.090	0.094	0.090	0.095	0.100
河北	0.113	0.120	0.119	0.120	0.120	0.120	0.113	0.118	0.118	0.116	0.116	0.104	0.110	0.116
上海	0.052	0.048	0.050	0.059	0.057	0.063	0.057	0.063	0.061	0.061	0.065	0.061	0.066	0.059
江苏	0.072	0.074	0.082	0.086	0.086	0.094	0.091	0.098	0.099	0.100	0.103	0.103	0.108	0.092
浙江	0.068	0.073	0.077	0.082	0.084	0.091	0.087	0.091	0.089	0.091	0.095	0.094	0.097	0.086
福建	0.041	0.041	0.048	0.053	0.055	0.059	0.059	0.061	0.067	0.069	0.070	0.069	0.069	0.059
山东	0.088	0.093	0.095	0.097	0.097	0.099	0.094	0.098	0.100	0.102	0.102	0.097	0.104	0.097
广东	0.044	0.043	0.047	0.057	0.057	0.061	0.061	0.065	0.068	0.069	0.068	0.068	0.068	0.060
海南	0.041	0.040	0.046	0.054	0.056	0.059	0.057	0.062	0.063	0.062	0.060	0.069	0.071	0.057
东部平均	0.069	0.071	0.074	0.080	0.079	0.082	0.078	0.082	0.080	0.081	0.083	0.082	0.085	0.079
山西	0.092	0.093	0.089	0.088	0.087	0.092	0.088	0.094	0.101	0.099	0.098	0.081	0.083	0.091
安徽	0.089	0.090	0.091	0.094	0.095	0.102	0.097	0.102	0.110	0.108	0.108	0.106	0.109	0.100
江西	0.080	0.085	0.084	0.090	0.095	0.103	0.099	0.109	0.102	0.098	0.099	0.087	0.092	0.094

续表

区域	2005年	2006年	2007年	2008年	2009年	2010年	2011年	2012年	2013年	2014年	2015年	2016年	2017年	平均得分
河南	0.089	0.092	0.092	0.091	0.089	0.091	0.088	0.091	0.093	0.094	0.092	0.092	0.095	0.091
湖北	0.066	0.064	0.069	0.073	0.075	0.085	0.084	0.089	0.096	0.096	0.095	0.093	0.098	0.083
湖南	0.082	0.083	0.083	0.086	0.090	0.096	0.092	0.098	0.108	0.105	0.103	0.096	0.101	0.094
中部平均	0.083	0.084	0.085	0.087	0.088	0.095	0.091	0.097	0.102	0.100	0.099	0.093	0.096	0.092
内蒙古	0.155	0.158	0.154	0.162	0.162	0.171	0.159	0.162	0.161	0.153	0.150	0.146	0.153	0.157
重庆	0.093	0.082	0.077	0.077	0.080	0.092	0.087	0.095	0.103	0.099	0.085	0.081	0.085	0.088
四川	0.078	0.074	0.069	0.071	0.073	0.082	0.079	0.087	0.095	0.092	0.097	0.090	0.098	0.081
广西	0.077	0.071	0.067	0.069	0.070	0.077	0.076	0.082	0.089	0.086	0.089	0.080	0.090	0.082
贵州	0.085	0.080	0.072	0.075	0.078	0.093	0.088	0.097	0.105	0.100	0.099	0.085	0.093	0.088
云南	0.083	0.077	0.073	0.072	0.076	0.082	0.078	0.086	0.094	0.090	0.088	0.082	0.087	0.082
陕西	0.079	0.074	0.073	0.073	0.070	0.074	0.072	0.072	0.075	0.079	0.078	0.079	0.080	0.075
甘肃	0.089	0.087	0.078	0.084	0.085	0.092	0.084	0.089	0.093	0.088	0.089	0.073	0.084	0.086
青海	0.108	0.106	0.097	0.109	0.111	0.119	0.112	0.120	0.117	0.111	0.110	0.099	0.106	0.110
宁夏	0.117	0.119	0.115	0.115	0.113	0.116	0.111	0.115	0.117	0.113	0.112	0.097	0.100	0.112
新疆	0.115	0.114	0.113	0.118	0.119	0.124	0.115	0.120	0.117	0.111	0.117	0.117	0.114	0.117
西部平均	0.098	0.095	0.090	0.093	0.094	0.102	0.096	0.102	0.106	0.102	0.101	0.094	0.099	0.098
辽宁	0.084	0.084	0.078	0.081	0.080	0.086	0.082	0.089	0.088	0.086	0.088	0.080	0.085	0.084
吉林	0.118	0.113	0.109	0.108	0.108	0.113	0.105	0.109	0.109	0.107	0.106	0.106	0.110	0.109
黑龙江	0.145	0.156	0.147	0.151	0.153	0.162	0.153	0.160	0.165	0.156	0.153	0.151	0.158	0.155
东北平均	0.116	0.118	0.112	0.113	0.114	0.120	0.114	0.119	0.120	0.116	0.116	0.112	0.103	0.116
全国平均	0.087	0.087	0.086	0.090	0.090	0.096	0.091	0.096	0.098	0.096	0.096	0.091	0.096	0.092

注：考虑到西藏的数据缺乏较严重，以及香港、澳门和台湾与其他省区市的不可比性，故将这4个地区排除在研究范围之内

从全国整体层面来看，我国农业绿色生产水平在2005～2017年处于波动上升阶段，从2005年的0.087逐渐增长至2017年的0.096。从农业绿色发展水平变动情况来看，主要可以分为两个阶段：一是2005～2013年的波动上升阶段，在2013年我国农业绿色发展水平达到了样本期内最高水平，为0.098；二是2014～2017年的稳定阶段，除2016年我国农业绿色发展水平值降为0.091外，其余年份则均保持在0.096的稳定水平。总的来说，随着我国对农业可持续发展、循环低碳农业

等绿色发展理念的重视程度不断加强，各省区市农业绿色生产水平均得到一定程度的提升。相较于传统粗放型的农业生产方式，农业绿色生产是一种在发展理念和生产方式上进行全新改革的生产方式，在这个过程中自然会出现一些问题，进而也就影响了绿色生产水平的持续提升，这也是今后农业绿色发展转型过程中需要格外重视的问题。

从四大区域的整体发展水平来看，各区域农业绿色生产水平与全国层面较为相似，表现出波动上升的趋势。东部地区的农业绿色发展平均水平从 2005 年的 0.069 增长至 2017 年的 0.085，中部地区的农业绿色发展平均水平从 2005 年 0.083 增长至 2017 年的 0.096，西部地区的农业绿色发展平均水平从 2005 年 0.098 增长至 2017 年的 0.099，而东北地区的农业绿色发展平均水平在 2005～2017 年则表现出了一定的下降趋势，从 2005 年的 0.116 下降到 2017 年的 0.103。尽管各区域（东北地区除外）在发展农业绿色生产方面均取得了一定的成效，但与全国农业绿色生产平均水平相比后发现，东部地区始终低于全国平均值，中部地区则从 2011 年开始，绿色生产水平提升至全国平均值及以上，西部及东北地区在 2005～2017 年一直高于全国平均水平，这也从另一个角度说明，东部地区在农业绿色生产方面处于劣势，中西部等经济欠发达地区在农业绿色生产方面反而发展得更好。

从四大区域的绝对发展水平和增长速度等方面来看，一方面，从绝对数来看，不同区域之间的差距较大，在 2005～2017 年东部地区农业绿色发展平均水平一直在[0.069，0.085]区间内变动，而中部地区、西部地区及东北地区在 2005～2017 年农业绿色发展平均水平则分别保持在[0.083，0.102]、[0.090，0.106]、[0.103，0.120]区间内变动。无论是最大值还是最小值，东部地区远远低于其他三个地区的平均发展水平，原因可能是，相较于其他三个区域，东部地区第二、三产业发达，农业在国民经济中的产值比重较低，耕地资源禀赋较为缺乏，种植过程中使用大量的化肥、农药、薄膜等非绿色生产要素，进而使得东部地区农业绿色生产平均水平要低于其他三个区域。另一方面，从增长速度来看，东部和中部地区的各省区市农业绿色生产水平增长速度明显快于其他两个区域，其中东部地区的年均增长速度达到了 1.70%，中部地区的年均增长速度达到了 2.06%。造成这一现象的原因可能是，东部地区在 2005 年绿色生产水平处于较低水平，东部地区受科研能力、经济水平的支撑，从而有较大的提升空间和提升潜力；而中部地区作为我国重要的粮食主产区，随着农业现代化的不断发展，现代种植方式和经营理念使得农业生产更加绿色可持续化。

从各个省区市的农业绿色生产水平来看，在平均得分排名前十位的分别是内蒙古、黑龙江、新疆、河北、宁夏、青海、吉林、安徽、天津及山东，其中属于东部地区的有 3 个，中部 1 个，西部 4 个，东北 2 个；在平均得分排名倒数十位的分别是湖北、云南、广西、四川、陕西、北京、广东、上海、福建及海南，其中属于东部地区的有 5 个，中部的有 1 个，西部的有 4 个。由此可以发现，东部地区农业绿色生产水平整体较差，有较多省区市处于全国倒数，中部和东北地区的各省区市农业绿色生产情况较好，而西部地区则表现出两极分化的现象。由于各省区市对农业绿色生产的重视程度存在差异，同时限于农业资源禀赋、经济发展环境等各方面约束条件，在 2005～2017 年，有部分省区市农业绿色生产的相对水平表现出下降趋势，主要包括北京、天津、内蒙古、甘肃、宁夏、新疆及吉林等 11 个省区市。与此对应的是，大多数省区市农业绿色生产水平均有一定幅度的上升，其中增长幅度达到 0.02 以上的省区市包括江苏、福建、湖北、广东、海南、安徽、广西共 7 个。

总的来说，在 2005～2017 年我国农业绿色生产水平处于良好上升的趋势，东部、中部、西部及东北四大区域总体上所表现出的增长趋势与全国基本相同。但同时，区域间存在差异且较为明显，东部地区各省区市农业绿色生产水平较低，中部地区次之，西部和东北地区最优；东部和中部地区所表现出的增长趋势和增长潜力，仍是一个非常乐观的结果。不同省区市之间的农业绿色生产水平同样存在差异，处于全国前十位的西部最多，处于后十位的东部最多，反映出一定的两极分化现象。

2. 农村绿色生活发展水平的测度及分析

基于前文分析，选取了改水工程受益人口比例、改厕工程受益人户数比例，人均太阳能使用面积、人均沼气产生量、人均可支配收入、万人养老机构数量、万人乡镇文化站数和人均生活用水量共八个指标，构成绿色生活评价指标体系。根据熵值法，计算出各指标权重，进而求得 2005～2017 年我国 30 个省区市农村绿色生活发展水平，具体结果见表 3-3。

表 3-3 2005～2017 年我国 30 省区市农村绿色生活发展水平

区域	2005 年	2006 年	2007 年	2008 年	2009 年	2010 年	2011 年	2012 年	2013 年	2014 年	2015 年	2016 年	2017 年	平均得分
北京	0.219	0.233	0.237	0.244	0.248	0.242	0.230	0.242	0.241	0.259	0.278	0.268	0.233	0.244
天津	0.121	0.132	0.144	0.138	0.140	0.140	0.135	0.144	0.154	0.145	0.129	0.125	0.115	0.136
河北	0.078	0.096	0.093	0.087	0.089	0.085	0.085	0.086	0.086	0.091	0.079	0.081	0.076	0.086
上海	0.271	0.292	0.296	0.301	0.300	0.293	0.285	0.295	0.307	0.312	0.283	0.279	0.248	0.289
江苏	0.077	0.088	0.102	0.104	0.112	0.125	0.127	0.138	0.148	-0.162	0.163	0.169	0.146	0.128
浙江	0.122	0.141	0.149	0.152	0.156	0.160	0.155	0.164	0.184	0.196	0.180	0.184	0.165	0.162
福建	0.085	0.101	0.104	0.105	0.107	0.104	0.113	0.123	0.137	0.122	0.117	0.113	0.099	0.110
山东	0.072	0.085	0.093	0.095	0.098	0.103	0.104	0.109	0.119	0.124	0.117	0.118	0.096	0.103

续表

区域	2005 年	2006 年	2007 年	2008 年	2009 年	2010 年	2011 年	2012 年	2013 年	2014 年	2015 年	2016 年	2017 年	平均得分
广东	0.079	0.108	0.115	0.110	0.107	0.112	0.109	0.116	0.114	0.117	0.112	0.111	0.093	0.108
海南	0.271	0.260	0.242	0.241	0.245	0.246	0.249	0.242	0.252	0.273	0.258	0.249	0.251	0.252
东部平均	0.139	0.154	0.158	0.158	0.160	0.161	0.159	0.166	0.174	0.180	0.172	0.170	0.152	0.162
山西	0.051	0.089	0.091	0.094	0.096	0.082	0.082	0.080	0.078	0.086	0.076	0.067	0.064	0.080
安徽	0.049	0.058	0.065	0.068	0.070	0.079	0.077	0.081	0.092	0.074	0.073	0.074	0.077	0.072
江西	0.090	0.097	0.105	0.103	0.106	0.106	0.110	0.116	0.131	0.142	0.133	0.138	0.117	0.115
河南	0.058	0.073	0.078	0.078	0.075	0.074	0.076	0.080	0.087	0.089	0.076	0.081	0.069	0.076
湖北	0.074	0.090	0.099	0.101	0.101	0.114	0.115	0.119	0.138	0.145	0.144	0.147	0.130	0.117
湖南	0.102	0.110	0.107	0.106	0.103	0.096	0.095	0.095	0.102	0.103	0.115	0.120	0.107	0.105
中部平均	0.071	0.086	0.091	0.092	0.092	0.092	0.092	0.095	0.105	0.106	0.103	0.104	0.094	0.094
内蒙古	0.071	0.064	0.062	0.070	0.075	0.073	0.080	0.079	0.082	0.089	0.082	0.089	0.084	0.077
广西	0.176	0.158	0.159	0.103	0.088	0.096	0.104	0.099	0.112	0.113	0.119	0.116	0.101	0.119
重庆	0.092	0.108	0.116	0.121	0.132	0.129	0.134	0.132	0.132	0.123	0.108	0.113	0.108	0.119
四川	0.095	0.096	0.098	0.100	0.104	0.109	0.117	0.123	0.136	0.154	0.166	0.159	0.143	0.123
贵州	0.070	0.076	0.072	0.073	0.056	0.053	0.053	0.051	0.061	0.050	0.070	0.072	0.075	0.064
云南	0.081	0.088	0.077	0.074	0.072	0.068	0.076	0.079	0.086	0.087	0.085	0.092	0.101	0.082
陕西	0.042	0.056	0.056	0.068	0.073	0.064	0.072	0.075	0.072	0.074	0.065	0.064	0.070	0.065
甘肃	0.045	0.057	0.059	0.063	0.074	0.074	0.077	0.075	0.081	0.083	0.074	0.072	0.074	0.070
青海	0.053	0.059	0.055	0.057	0.070	0.080	0.080	0.077	0.084	0.089	0.068	0.069	0.078	0.071
宁夏	0.055	0.069	0.072	0.065	0.063	0.065	0.067	0.068	0.066	0.068	0.076	0.084	0.097	0.070
新疆	0.050	0.061	0.056	0.063	0.064	0.057	0.068	0.071	0.074	0.086	0.069	0.052	0.055	0.064
西部平均	0.075	0.081	0.080	0.078	0.079	0.079	0.084	0.085	0.090	0.092	0.089	0.089	0.090	0.084
辽宁	0.093	0.097	0.101	0.100	0.099	0.098	0.082	0.098	0.107	0.110	0.103	0.097	0.083	0.098
吉林	0.058	0.070	0.075	0.076	0.077	0.080	0.078	0.078	0.087	0.093	0.085	0.092	0.073	0.079
黑龙江	0.055	0.066	0.071	0.074	0.073	0.070	0.074	0.073	0.077	0.083	0.059	0.058	0.048	0.068
东北平均	0.069	0.078	0.082	0.083	0.083	0.083	0.078	0.083	0.090	0.096	0.082	0.082	0.068	0.081
全国均值	0.095	0.106	0.108	0.108	0.109	0.109	0.110	0.114	0.121	0.125	0.119	0.118	0.109	0.111

注：由于《中国农村统计年鉴》自 2016 年以来未统计改水工程受益人口比例，因此在测算 2015～2017 年我国农村绿色生活水平时以其余七个指标进行反映。考虑到西藏的数据缺乏较严重，以及香港、澳门和台湾与其他省区市的不可比性，故将这 4 个地区排除在研究范围之内

从全国整体层面来看，我国农村居民绿色生活发展水平呈现出先稳定上升，后逐渐下降的趋势，从2005年的0.095逐渐增加至2014年的0.125，而后在2015～2017年却表现出小幅度下滑。此外，在整个样本期间，共发生了两次快速的增长期。第一次是2005年至2007年的快速增长期，增长幅度为0.013；第二次是从2010年至2014年这一阶段，增长幅度达到0.016。随着社会经济的快速发展，农村居民从最开始只求温饱，到现在开始追求更高品质的生活。与此同时，解决“三农”问题一直以来都是各级政府工作内容的重中之重，从关注农村经济建设到经济、文化、医疗、卫生等多维度的共同发展，加大对农村绿色发展的各项投入，进而显著提升了农村居民的生活品质。

从四大区域的整体发展水平来看，各区域的农村绿色生活发展水平与全国层面所表现出的趋势相一致，在2005～2017年均呈现出先稳定增长、后小幅下降的发展态势。具体而言，东部地区农村绿色生活发展水平从2005年的0.139上升至2017年的0.152，年均增长率达到了0.75%；中部地区农村绿色生活发展水平从2005年的0.071提升到2017年的0.094，年均增长率为2.37%；西部地区农村绿色生活发展水平从2005年的0.075提升至2017年的0.090，年均增长率为1.53%；东北地区农村绿色生活发展水平则表现出较小幅度下降，从2005年的0.069下降至2017年的0.068。尽管各区域大部分表现出一定的增长趋势，但从绝对发展水平上，仍能发现各区域之间存在较大的差距。

从各省区市农村绿色生活发展水平来看，部分省区市之间的差距相对较大，不同区域内的各个省区市所表现出的农村绿色生活发展水平具有较强的相似性。具体而言，根据各省区市在2005～2017年的绿色生活发展水平平均得分，排名前十位的分别是上海、海南、北京、浙江、天津、江苏、四川、重庆、广西及湖北，其中属于东部地区的有6个，中部地区的有1个，西部地区的有3个；排名后十位的分别是内蒙古、河南、安徽、青海、甘肃、宁夏、黑龙江、陕西、贵州及新疆，其中属于中部地区的有2个，西部地区的有7个，东北地区的1个。从具体水平值来看，排名靠前的上海、海南、北京等省区市的平均得分均大于0.2，而包括辽宁、河北等在内的后15个省区市的平均得分低于0.1，长期以来一直存在着较大的发展差距。此外，在年均增长速度方面，以江苏、浙江、湖北、甘肃等12个省区市的年均增长速度在 2%以上但部分省区市的绿色生活发展水平存在一定程度的下滑，黑龙江从2005年的0.055下降至2017年的0.048。同时也有部分省区市在个别年份存在绿色生活发展水平降低的现象，这为后续的发展敲响警钟，形成绿色生活方式是一项需要长期坚持的工作。

总的来说，在2005～2017年我国农村绿色生活发展水平呈现前稳定上升，后略有下降的趋势，东部、中部、西部及东北四大区域总体上所表现出的增长趋势与全国基本一致。同时，区域间发展水平存在差异且较为明显，尤以东部各省区市最为突出，中部和东北次之，西部地区最差。不同省区市之间的农村绿色生活发展水平同样存在差异，东部地区全部处于中上水平，而西部地区则表现出一定的两极分化现象。

3. 农村绿色生态建设水平的测度及分析

基于前文分析，选取了森林覆盖率、湿地面积占比、自然保护区建设、生态环境补水量、人均造林面积共五个指标，构建农村绿色生态建设水平的评价指标体系，并根据熵值法计算出各指标的权重，进而求得 2005～2017 年我国 30 省区市农村绿色生态建设水平值，具体结果见表 3-4。

表 3-4　2005～2017 年我国 30 省区市农村绿色生态建设水平

区域	2005 年	2006 年	2007 年	2008 年	2009 年	2010 年	2011 年	2012 年	2013 年	2014 年	2015 年	2016 年	2017 年	平均得分
北京	0.041	0.048	0.043	0.047	0.046	0.046	0.057	0.056	0.061	0.050	0.045	0.047	0.058	0.050
天津	0.057	0.061	0.063	0.071	0.055	0.054	0.068	0.054	0.064	0.065	0.067	0.065	0.072	0.063
河北	0.044	0.041	0.039	0.045	0.042	0.045	0.052	0.045	0.041	0.044	0.039	0.049	0.048	0.044
上海	0.117	0.124	0.124	0.135	0.117	0.121	0.137	0.126	0.142	0.142	0.150	0.146	0.156	0.134
江苏	0.045	0.047	0.043	0.047	0.047	0.049	0.059	0.051	0.066	0.066	0.071	0.066	0.073	0.056
浙江	0.051	0.058	0.059	0.059	0.058	0.060	0.069	0.063	0.060	0.060	0.064	0.062	0.067	0.061
山东	0.043	0.048	0.047	0.053	0.046	0.048	0.050	0.048	0.041	0.043	0.079	0.080	0.086	0.055
广东	0.057	0.052	0.063	0.068	0.062	0.069	0.062	0.066	0.065	0.066	0.047	0.041	0.043	0.059
海南	0.072	0.075	0.068	0.075	0.071	0.071	0.088	0.076	0.072	0.071	0.080	0.073	0.077	0.075
福建	0.055	0.059	0.063	0.068	0.059	0.060	0.090	0.068	0.067	0.063	0.073	0.069	0.075	0.067
东部平均	0.058	0.061	0.061	0.067	0.060	0.062	0.073	0.065	0.068	0.067	0.072	0.070	0.076	0.066
山西	0.042	0.075	0.054	0.057	0.052	0.050	0.061	0.053	0.044	0.050	0.043	0.046	0.053	0.052
安徽	0.030	0.031	0.037	0.042	0.036	0.036	0.044	0.037	0.042	0.043	0.043	0.041	0.046	0.039
江西	0.059	0.066	0.074	0.086	0.073	0.078	0.087	0.077	0.070	0.071	0.073	0.078	0.083	0.075
河南	0.028	0.032	0.027	0.036	0.036	0.033	0.028	0.031	0.031	0.034	0.029	0.028	0.028	0.031
湖北	0.046	0.043	0.046	0.052	0.046	0.050	0.067	0.054	0.059	0.062	0.062	0.061	0.074	0.056
湖南	0.051	0.057	0.053	0.058	0.054	0.060	0.080	0.071	0.067	0.073	0.067	0.069	0.076	0.064
中部平均	0.043	0.051	0.049	0.055	0.049	0.051	0.061	0.054	0.052	0.055	0.053	0.054	0.060	0.053
内蒙古	0.106	0.104	0.126	0.134	0.137	0.124	0.125	0.133	0.125	0.114	0.101	0.114	0.117	0.120
广西	0.058	0.055	0.053	0.056	0.056	0.059	0.065	0.063	0.062	0.060	0.062	0.061	0.065	0.060
重庆	0.050	0.048	0.058	0.064	0.052	0.071	0.084	0.068	0.071	0.073	0.069	0.072	0.077	0.066

续表

区域	2005年	2006年	2007年	2008年	2009年	2010年	2011年	2012年	2013年	2014年	2015年	2016年	2017年	平均得分
四川	0.066	0.065	0.074	0.083	0.070	0.069	0.079	0.064	0.063	0.063	0.070	0.076	0.084	0.071
贵州	0.035	0.047	0.053	0.057	0.051	0.051	0.061	0.045	0.060	0.065	0.059	0.066	0.081	0.056
云南	0.062	0.065	0.071	0.077	0.077	0.079	0.092	0.077	0.069	0.068	0.070	0.071	0.071	0.073
陕西	0.050	0.061	0.057	0.061	0.067	0.067	0.074	0.064	0.060	0.066	0.060	0.060	0.067	0.063
甘肃	0.076	0.076	0.068	0.060	0.055	0.059	0.066	0.056	0.055	0.062	0.073	0.080	0.084	0.067
青海	0.097	0.075	0.098	0.103	0.122	0.119	0.158	0.127	0.135	0.141	0.119	0.158	0.169	0.125
宁夏	0.101	0.080	0.069	0.080	0.066	0.072	0.085	0.074	0.069	0.072	0.056	0.068	0.065	0.073
新疆	0.050	0.051	0.045	0.054	0.054	0.048	0.046	0.049	0.040	0.043	0.048	0.053	0.055	0.049
西部平均	0.068	0.066	0.070	0.075	0.073	0.074	0.085	0.074	0.074	0.075	0.072	0.080	0.085	0.075
辽宁	0.071	0.069	0.068	0.071	0.070	0.078	0.090	0.085	0.081	0.086	0.090	0.076	0.082	0.078
吉林	0.062	0.069	0.066	0.072	0.053	0.069	0.063	0.064	0.067	0.069	0.074	0.075	0.080	0.068
黑龙江	0.069	0.070	0.081	0.089	0.085	0.091	0.087	0.087	0.081	0.082	0.087	0.085	0.093	0.084
东北平均	0.068	0.069	0.072	0.077	0.069	0.079	0.080	0.079	0.076	0.079	0.084	0.079	0.085	0.077
全国平均	0.060	0.062	0.063	0.069	0.064	0.066	0.076	0.068	0.068	0.069	0.069	0.071	0.077	0.068

注：考虑到西藏的数据缺乏较严重，以及香港、澳门和台湾与其他省区市的不可比性，故将这 4 个地区排除在研究范围之内

从全国层面来说，我国农村绿色生态建设水平总体上处于波动上升、小幅增长的阶段，从 2005 年的 0.060 增长至 2017 年的 0.077。在整个样本期内，我国农村绿色生态建设水平主要呈现出“锯齿状”变化特征。具体而言，从 2005 年至 2008 年有一定幅度的上升，在 2009 年绿色生态建设水平出现小幅度的下滑，但紧接着 2010～2011 年连续两年快速增长，随后在 2012 年至 2016 年，绿色生态建设延续前期小幅且稳定的增长趋势。之所以会出现上述情况，一方面，受限于经济发展的波动性，2008 年出现全球金融危机，我国各省区市的经济发展受到一定的影响，而生态建设是一种公共物品投资，无论是加大植树造林的力度，还是对自然保护区、湿地等生态功能区的建设和保护，都需要投入一定的资金，因此 2009 年绿色生态建设水平有一定程度下滑。另一方面，随着 2009 年哥本哈根世界气候大会的召开及党中央对绿色发展的重视程度不断加深，对环境治理、生态保护等方面投入更多的资金，进而直观表现在 2010 年之后绿色生态建设水平的稳定提高。与绿色生产和绿色生活不同，农村绿色生态的建设不仅需要从资金上进

行必要支撑，更关键的是对生态环境的认知和绿色理念的形成，这一过程相对来说会较为缓慢，因此也就使得农村绿色生态建设水平的增长较为缓慢。

从四大区域的整体发展水平来看，各区域的农村绿色生态建设水平均表现出一定幅度的增长，但仍存在些许波动现象。具体而言，东部地区农村绿色生态发展平均水平从 2005 年的 0.058 增长至 2017 年的 0.076，年均增长率为 2.28%；中部地区农村绿色生态发展平均水平从 2005 年的 0.043 增长至 2017 年的 0.060，年均增长率达到了 2.82%；西部地区农村绿色生态发展平均水平从 2005 年的 0.068 增长至 2017 年的 0.085，年均增长率仅为 1.88%；东北地区农村绿色生态发展平均水平从 2005 年的 0.068 增长至 2017 年的 0.085，年均增长率为 1.88%。进一步以全国平均水平作为参照标准来看，一方面，2005～2017 年，东部、中部地区农村绿色生态发展水平均低于全国平均水平值，而西部、东北地区始终保持在全国平均水平线之上，说明在农村绿色生态发展方面东部、中部地区处于劣势，西部及东北地区的绿色生态发展更优。另一方面，2005～2017 年，全国农村绿色生态发展水平的年均增长率为 2.10%，东部、中部地区的年均增长速度大于全国平均水平，而西部、东北地区的年均增长速度低于全国平均水平。之所以造成各区域在绝对发展水平和年均增长速度上的差异，可能的原因是，各区域所占有的自然资源禀赋相差较大，东部地区各省区市面积较小，而同时经济发展规模较大，土地是极为稀缺的要素，进而造成多数省区市在森林覆盖率、自然保护区占比等指标上处于劣势；中部地区作为我国粮食的主产区，农业发展占据了大量的土地资源。至于西部及东北地区，西部地区各省区市面积较大，加之生态环境较为脆弱，使得国家和地方政府对生态环境的保护更加重视及投入更多资金；东北地区拥有我国最大的林区，即东北林区，拥有较为优厚的天然条件。不同区域之间的自然资源禀赋差异，以及在资源开发程度、产业布局等方面的因素，共同造成了不同区域农村绿色生态发展水平之间的差异。

从各省区市农村绿色生态发展水平来看，不同省区市之间的差距相对较大。根据各省区市 2005～2017 年农村绿色生态发展的平均得分，排名前十位的省区市是上海、青海、内蒙古、黑龙江、辽宁、江西、海南、云南、宁夏及四川，其中属于东部地区的有 2 个，中部地区的有 1 个，西部地区的有 5 个，东北地区的有 2 个。而平均得分处于排名后十位的分别是北京、河北、江苏、山东、山西、安徽、河南、湖北、贵州及新疆，其中属于东部地区的有 4 个，中部地区的有 4 个，西部地区的有 2 个。单从平均得分的前十位和后十位中各区域的省区市数量可知，东部地区和中部地区多数省区市处于中下水平，但同时也可以发现，区域整体发展水平较低并不代表区域内所有省区市的农村绿色生态发展水平较低，典型的省市就包括上海和海南，上海在湿地面积占比、生态环境补水等指标上，均处于全国前列，进而直观表现在上海的农村绿色生态发展水平居全国第一，而海南则在各具体指标上均处于中上水平，在绿色生态建设过程中较为均衡。同时，即使在整体发展水平较高的西部地区，同样有部分省区市在2005～2017年农村绿色生态发展水平相对有所下滑，主要包括广东、河南、宁夏3个省区。在年均增长速度上，各省区市所表现出的情况也有较大的差异，年均增长速度达到4%以上的有江苏、山东、贵州、青海4个省，同时也存在年均增长速度不足1%的，主要是河北、海南、内蒙古等5个省区市。因此，为实现我国农村地区绿色生态的全面发展，需要各省区市共同做出努力，依托各地自然资源优势，稳步推进绿色生态的建设工作。

总的来说，在2005～2017年我国农村绿色生态发展水平处于一个稳步上升阶段。各区域间农村绿色生态发展水平存在一定差距，东北地区最优，西部地区次之，东部和中部地区仍需要进一步加大绿色生态建设的投入力度。同时，各区域内也存在部分省区市绿色生态发展较优的，如上海、内蒙古等省区市，可见区域的发展并不是影响各省区市绿色生态建设的关键，重点在于各省区市对自身拥有资源的合理利用开发程度。

4. 我国农村绿色发展的综合评价及分析

前文对我国农业绿色生产、居民绿色生活及绿色生态发展水平进行了单独评价及分析，并得到一定的结论。为对我国农村绿色发展水平进行全面系统的评价，将生产、生活、生态“三生合一”，测得2005～2017年我国各省区市农村绿色发展水平，具体结果见表3-5。

表3-5　2005～2017年我国各省区市农村绿色发展水平

区域	2005年	2006年	2007年	2008年	2009年	2010年	2011年	2012年	2013年	2014年	2015年	2016年	2017年	平均得分
北京	0.324	0.349	0.344	0.370	0.365	0.359	0.352	0.364	0.346	0.356	0.380	0.377	0.355	0.357
天津	0.290	0.306	0.319	0.319	0.297	0.294	0.297	0.295	0.304	0.300	0.290	0.280	0.283	0.298
河北	0.234	0.258	0.250	0.252	0.251	0.250	0.250	0.250	0.246	0.251	0.233	0.234	0.234	0.246
上海	0.439	0.464	0.470	0.495	0.474	0.476	0.479	0.484	0.509	0.515	0.498	0.486	0.471	0.482
江苏	0.194	0.209	0.227	0.237	0.245	0.269	0.278	0.286	0.312	0.329	0.338	0.337	0.327	0.276
浙江	0.241	0.272	0.285	0.293	0.298	0.312	0.310	0.319	0.333	0.347	0.339	0.339	0.329	0.309
福建	0.181	0.201	0.215	0.226	0.221	0.223	0.261	0.253	0.271	0.255	0.265	0.262	0.254	0.238
山东	0.203	0.226	0.236	0.245	0.240	0.250	0.248	0.255	0.260	0.269	0.266	0.256	0.243	0.246
广东	0.180	0.203	0.224	0.236	0.226	0.243	0.232	0.247	0.247	0.252	0.260	0.252	0.238	0.234
海南	0.384	0.375	0.356	0.370	0.373	0.377	0.394	0.380	0.386	0.406	0.391	0.387	0.398	0.383
东部平均	0.267	0.286	0.293	0.304	0.299	0.305	0.310	0.313	0.321	0.328	0.326	0.321	0.313	0.307

续表

区域	2005年	2006年	2007年	2008年	2009年	2010年	2011年	2012年	2013年	2014年	2015年	2016年	2017年	平均得分
山西	0.186	0.257	0.234	0.238	0.235	0.224	0.231	0.227	0.223	0.235	0.217	0.194	0.200	0.223
安徽	0.168	0.179	0.193	0.203	0.201	0.217	0.218	0.220	0.244	0.225	0.224	0.220	0.231	0.211
江西	0.229	0.247	0.263	0.279	0.274	0.287	0.296	0.301	0.303	0.311	0.305	0.303	0.292	0.284
河南	0.176	0.197	0.197	0.206	0.199	0.198	0.192	0.203	0.211	0.216	0.197	0.201	0.192	0.199
湖北	0.187	0.197	0.215	0.227	0.222	0.249	0.267	0.262	0.294	0.302	0.300	0.301	0.302	0.256
湖南	0.235	0.250	0.243	0.251	0.247	0.252	0.267	0.264	0.277	0.280	0.285	0.285	0.283	0.263
中部平均	0.197	0.221	0.224	0.234	0.229	0.238	0.245	0.246	0.259	0.262	0.255	0.251	0.250	0.239
内蒙古	0.332	0.327	0.343	0.366	0.374	0.368	0.364	0.374	0.368	0.355	0.333	0.349	0.354	0.354
广西	0.311	0.284	0.280	0.228	0.213	0.232	0.245	0.244	0.263	0.258	0.265	0.258	0.252	0.256
重庆	0.235	0.238	0.251	0.263	0.264	0.291	0.305	0.295	0.306	0.295	0.275	0.275	0.283	0.275
四川	0.238	0.235	0.241	0.255	0.247	0.261	0.275	0.275	0.294	0.309	0.325	0.315	0.317	0.276
贵州	0.190	0.202	0.197	0.205	0.185	0.197	0.202	0.193	0.226	0.216	0.228	0.223	0.249	0.209
云南	0.226	0.230	0.220	0.223	0.225	0.228	0.246	0.242	0.250	0.245	0.243	0.245	0.259	0.237
陕西	0.171	0.192	0.186	0.202	0.209	0.206	0.218	0.212	0.207	0.219	0.203	0.204	0.218	0.203
甘肃	0.210	0.221	0.205	0.207	0.214	0.224	0.226	0.219	0.229	0.234	0.236	0.225	0.242	0.223
青海	0.258	0.240	0.250	0.269	0.303	0.318	0.350	0.325	0.336	0.342	0.297	0.326	0.354	0.305
宁夏	0.273	0.268	0.256	0.260	0.242	0.252	0.262	0.256	0.252	0.253	0.243	0.249	0.262	0.256
新疆	0.215	0.226	0.215	0.235	0.237	0.229	0.230	0.240	0.231	0.240	0.235	0.223	0.225	0.229
西部平均	0.242	0.242	0.240	0.246	0.247	0.255	0.266	0.261	0.269	0.270	0.262	0.263	0.274	0.257
辽宁	0.248	0.251	0.247	0.252	0.248	0.262	0.254	0.272	0.275	0.283	0.281	0.253	0.251	0.260
吉林	0.238	0.252	0.251	0.256	0.238	0.262	0.247	0.250	0.262	0.269	0.265	0.272	0.263	0.256
黑龙江	0.269	0.292	0.300	0.313	0.311	0.323	0.314	0.320	0.323	0.321	0.299	0.294	0.299	0.306
东北平均	0.252	0.265	0.266	0.274	0.266	0.282	0.271	0.281	0.287	0.291	0.282	0.273	0.271	0.274
全国平均	0.242	0.255	0.257	0.266	0.263	0.271	0.277	0.278	0.286	0.290	0.284	0.281	0.282	0.272

注：考虑到西藏的数据缺乏较严重，以及香港、澳门和台湾与其他省区市的不可比性，故将这 4 个地区排除在研究范围之内

从全国整体层面来看，在 2005～2017 年我国农村绿色发展水平呈现出稳定增长趋势，从 2005 年的 0.242 逐渐提高到 2014 年的 0.290，年均增长幅度达到了 2.03%。与农业绿色生产、绿色生活及绿色生态三个方面的增长变化情况相似，前

期农村绿色发展水平的增长情况表现得更为稳定，在 2009 年有一个小幅度的下滑，2014 年之后也存在一定幅度的下降，但下降幅度较小，且均稳定在 0.280 以上。这说明我国各省区市的农村绿色发展均处于一个稳步开展、循序渐进的过程，农村绿色发展是生产、生活、生态“三生”视角下农村综合发展的体现，而每个省区市在不同方面的资源禀赋不同，重点发展方向也存在差异，因此在具体分析生产、生活、生态某一方面的发展水平时，在不同方面各省区市所表现出截然不同的发展情况。

从各区域农村绿色发展平均水平来看，各区域均表现出一定幅度的增长，但相互之间也存在一定差距。一方面，从各区域在 2005～2017 年农村绿色发展平均水平值的变化来看，东部地区从 2005 年的 0.267 增长至 2017 年的 0.313，相对增长了 0.046，年均增长率则达到了 1.33%；中部地区从 2005 年的 0.197 增长至 2017 年的 0.250，相对增长了 0.053，年均增长率则达到了 2.01%；西部地区从 2005 年的 0.242 增长至 2017 年的 0.274，相对增长了 0.032，年均增长率则达到了 1.04%；东北地区从 2005 年的 0.252 增长至 2017 年的 0.271，相对增长了 0.019，年均增长率则为 0.61%。不同区域的农村绿色发展平均水平均有了一定程度的上升，这说明在 2005～2017 年各地区在推行农村绿色发展过程中均取得了不错的成效。另一方面，通过对各区域的平均发展水平进行相互比较后发现，东部地区的农村绿色发展平均水平一直处于全国领先地位，东北地区次之，再接着是西部地区，最后是中部地区。相互间的倍数关系变化更加直接反映出区域间差距增大的情况，在 2005 年东部地区农村绿色发展的平均水平是中部、西部及东北地区的 1.35 倍、1.10 倍、1.06 倍，而到了 2017 年东部地区农村绿色发展平均水平是中部、西部及东北地区的 1.25 倍、1.14 倍、1.15 倍，其中东部与中部地区之间的相对差距有所缩小，而东部与西部、东部与东北地区之间的相对差距反而有所扩大。

具体从各省区市农村绿色发展水平来看，不同省区市之间存在一定的差距。根据 2005～2017 年各省区市农村绿色发展的综合水平来看，排名前十位的分别是上海、海南、北京、内蒙古、浙江、黑龙江、青海、天津、江西及江苏，其中属于东部地区的有 6 个，中部地区的有 1 个，西部地区的有 2 个，东北地区的有 1 个。排名后十位的分别是福建、云南、广东、新疆、山西、甘肃、安徽、贵州、陕西及河南，其中属于东部地区的有 2 个，中部地区的有 3 个，西部地区的有 5 个。由此可知，东部地区各省区市农村绿色发展水平主要处于全国中上水平，而西部地区虽存在部分省区市农村绿色发展水平处于全国前列，但也有大半数省区市的农村绿色发展水平处于全国中下水平。进一步，从每个区域内各省区市之间的差距来看，东部地区内农村绿色发展水平最高的是上海，平均得分为 0.482，而最低的是广东，综合水平仅为 0.234；中部地区内农村绿色发展水平最高和最低的分别是江西和河南，平均得分则分别为 0.284 和 0.199；西部地区内农村绿色发展水平最高和最低的分别是内蒙古和陕西，平均得分分别为 0.354 和 0.203；东北地区内农村绿色发展水平最高和最低的分别是黑龙江和吉林，平均得分分别是 0.306 和 0.256。可见，东部地区内部的绿色发展水平存在的差距最大，其次是西部地区，最后是东北和中部地区，说明各区域内的不同省区市之间同样存在着较大的发展差距。面临不同的约束条件及在农村绿色发展理念上的差异，不同省区市所表现出的年均增长速度也存在较大差异，其中最高的江苏，达到了 4.46%，其次是湖北和福建，分别为 4.09%和 2.86%，其余更多省区市的年均增长速度仍处于较低水平，这在接下来的农村绿色发展过程中需要重视，积极总结前期发展经验，尽快形成适合各地区的农村绿色发展路径。

总的来说，2005～2017 年我国 30 省区市农村绿色发展水平稳步上升，各区域的农村绿色发展水平变动趋势与全国基本保持一致，但区域间存在较大的差距。在农村绿色发展水平的绝对值上，东部地区优于东北、西部、中部地区，但在年均增长速度上，中部地区最大，其次是东部和东北，西部最小。此外，不同区域农村绿色发展水平差距相对较大，各区域内省区市之间也存在较大差距。

二、农村绿色发展水平的区域差异特征分析

农村绿色发展水平值反映的是全国及各省区市农村绿色发展实际水平，水平值的大小差异在一定程度上可以反映出不同省区市及不同区域之间的发展差异，但对于不同区域间的差异大小和差异来源却无法进一步准确识别。因此，本书运用 Dagum 基尼系数，在了解全国及各个区域的农村绿色发展水平差异大小的基础上，进一步了解不同区域间农村绿色发展水平的差异情况，并挖掘造成全国农村绿色发展水平存在差距的主要来源。

（一）区域差异分析方法介绍

基尼系数是由 Gini（1912）提出，最初目的是考察居民内部收入分配的差异情况，现在广泛应用于分析地区综合发展水平及公平性研究。经过 Dagum（1997）的发展，提出了分解的基尼系数，既可以分析区域内（间）发展水平的差异性，又可以分析区域内（间）的超变因素对总体差距的影响。基于此，本书采用 Dagum 基尼系数对我国农村绿色发展水平的区域差异进行测算，在分析省域间农村绿色发展差距大小的同时，深入探讨农村绿色发展差异的形成原因。根据 Dagum 基尼系数，将农村绿色发展水平基尼系数定义为 G_1［式（3-1）］。其中，$\bar{Y}$ 为全国各省区市农村绿色发展水平的平均值，$Y_i\,(Y_r)$为省区市农村绿色发展水平的实际值，n 为省区市个数，本书中 $n=30$。

$$G_1 = \frac{1}{2Y}\sum_{i=1}^{n}\sum_{r=1}^{n}|Y_i - Y_r|/n^2 \tag{3-1}$$

分解的基尼系数需要对全国省区市进行区域划分，依据农村地区整体发展水平的差异，划分为东部地区（北京、天津、河北、山东、江苏、上海、浙江、福建、广东和海南）、中部地区（山西、河南、安徽、湖北、湖南和江西）、西部地区（内蒙古、云南、新疆、宁夏、陕西、重庆、甘肃、四川、青海、贵州和广西）及东北地区（黑龙江、吉林和辽宁）。在划分区域后，根据式（3-2）计算我国农村绿色发展水平的总基尼系数 G_2。其中，$k=4$，表示划分为东部、中部、西部及东北四大区域，$n_j(n_h)$ 为 $j(h)$ 区域内省区市的个数，$y_{ji}(y_{hr})$ 为 $j(h)$ 区域内各省区市的农村绿色发展水平，$\bar{y}$ 为全国农村绿色发展水平的均值。

$$G_2 = \sum_{j=1}^{k}\sum_{h=1}^{k}\sum_{i=1}^{n_j}\sum_{r=1}^{n_h}|y_{ji} - y_{hr}|/2n^2\bar{y} \tag{3-2}$$

根据 Dagum 分解的基尼系数，可将总基尼系数分解为区域内、区域间及超变密度三个部分。区域内农村绿色发展水平的基尼系数 G_{jj} 及对应的贡献 G_w 可分别由式（3-3）和式（3-4）计算得到。需要注意的是，在计算区域间基尼系数时需要按照各区域农村绿色发展平均水平进行排序，如 $\bar{Y}_1 \leqslant \bar{Y}_2 \leqslant \cdots \leqslant \bar{Y}_h \leqslant \bar{Y}_k$。区域间农村绿色发展水平的基尼系数 G_{jh} 和净差距贡献 G_{nb} 分别由式（3-5）和式（3-6）计算得到。超变密度贡献 G_t 可用式（3-7）计算得到。

$$G_{jj} = \frac{1}{2\bar{Y}_j}\sum_{i=1}^{n_j}\sum_{r=1}^{n_j}|y_{ji} - y_{jr}|/n_j^2 \tag{3-3}$$

$$G_w = \sum_{i=1}^{n_j} G_{jj} p_j s_j \tag{3-4}$$

$$G_{jh} = \sum_{i=1}^{n_j}\sum_{r=1}^{n_j}|y_{ji} - y_{jr}|/n_j n_h(\bar{Y}_j + \bar{Y}_h) \tag{3-5}$$

$$G_{nb} = \sum_{j=2}^{k}\sum_{h=1}^{j-1} G_{jh}(p_j s_h + p_h s_j) D_{jh} \tag{3-6}$$

$$G_t = \sum_{j=2}^{k}\sum_{h=1}^{j-1} G_{jh}(p_j s_h + p_h s_j)(1 - D_{jh}) \tag{3-7}$$

区域间农村绿色发展水平基尼系数的 G_{gb} 由净差距贡献 G_{nb} 和超变密度贡献 G_t 相加得到，因此由等式 $G_2 = G_w + G_{gb} = G_w + G_{nb} + G_t$ 可进一步求出区域内（间）基尼系数对总基尼系数的贡献率。在式（3-4）～式（3-7）中 $p_j = n_j / n$，$s_j = n_j\bar{Y}_j / n\bar{Y}$。$D_{jh}$ 为区域间农村绿色发展水平的相对差距，$1 - D_{jh}$ 则为超变强度，D_{jh} 由式（3-8）计算可得。其中，$d_{jh} - p_{jh}$ 为区域间农村绿色发展水平的净差距，$d_{jh} + p_{jh}$ 为区域间农村绿色发展水平的平均差距。

$$D_{jh}=\frac{d_{jh}-p_{jh}}{d_{jh}+p_{jh}} \tag{3-8}$$

式（3-8）中 d_{jh} 和 p_{jh} 的计算过程如式（3-9）和式（3-10）所示，$F_h(F_j)$ 为 $h(j)$ 地区的累积分布函数，d_{jh} 表示当 $y_{ji}>y_{hr}$ 时，区域间农村绿色发展水平的差距，p_{jh} 表示当 $y_{ji}<y_{hr}$ 时，区域间农村绿色发展水平的超变一阶矩。

$$d_{jh}=\int_0^{\infty}\mathrm{d}F_j(y)\int_0^{y}(y-x)\mathrm{d}F_h(x) \tag{3-9}$$

$$p_{jh}=\int_0^{\infty}\mathrm{d}F_h(y)\int_0^{y}(y-x)\mathrm{d}F_j(x) \tag{3-10}$$

（二）农村绿色发展水平的区域差异测算及分析

基于前文测算出 2005～2017 年我国 30 省区市农村绿色发展水平值，并根据 Dagum 基尼系数进行分解，测算出我国农村绿色发展水平总体差异、区域内差距、区域间差距，进一步测算出相应差距的贡献率。具体测算结果及分析如下。

1. 农村绿色发展水平总基尼系数及变动趋势

结合 2005～2017 年我国农村绿色发展基尼系数值及相应的趋势变化图，可以清楚地发现在 2005～2017 年，我国农村绿色发展水平的总体差距呈现出缓慢缩小的趋势，从 2005 年的 0.138 逐渐降低为 2017 年的 0.114，年均缩小幅度达到了 1.58%。这说明随着时间的推移，我国各省区市农村绿色发展水平差距在不断缩小，各地农村居民享受到的农村绿色发展福利的公平性逐渐一致（表 3-6）。

表 3-6　2005～2017 年我国农村绿色发展基尼系数及变动趋势

项目	2005 年	2006 年	2007 年	2008 年	2009 年	2010 年	2011 年
基尼系数	0.138	0.121	0.118	0.117	0.121	0.117	0.115
变动趋势	—	−12.32%	−2.48%	−0.85%	3.42%	−3.31%	−1.71%
项目	2012 年	2013 年	2014 年	2015 年	2016 年	2017 年	
基尼系数	0.115	0.110	0.114	0.115	0.120	0.114	
变动趋势	0	−4.35%	3.64%	0.88%	4.35%	−5.00%	

从各年农村绿色发展基尼系数值来看（表 3-6），2005 年为 0.138，是样本期内的最高值，发展不均衡现象较为凸显。在 2006 年基尼系数存在较为明显的下降，仅为 0.121，相较于 2005 年基尼系数值降低了 12.32%，农村绿色发展水平不均衡现象有较大程度的缓解。这与新农村建设有着密切关系。2005 年召开的十六届五中全会上第一次提出“建设社会主义新农村”的设想，建设美丽乡村成为各省区市为解决“三农”问题总抓手，在发展农村经济的同时兼顾到新农村的建设，从

而在某种程度上会缩小各省区市间的农村绿色发展差距。党的十七大报告指出，要统筹城乡发展，推进社会主义新农村建设①。在十七大会议精神的指导下，各地区积极开展农村绿色发展的相关工作，各地农村绿色发展处于一个良好的发展状态，相互间发展差距在不断缩小。

我国农村绿色发展水平总体差距趋势如图 3-1 所示。以基尼系数出现增大的年份为界限，将 2005～2017 年划分为三个阶段：第一阶段是 2005～2008 年，基尼系数的变动趋势整体上是在不断缩小的，从最初的–12.32%缩小至–0.85%，但各省区市农村绿色发展的差距缩小的趋势逐渐减缓。尽管存在相关政策和理念的支持及指导，但绿色发展不仅是发展方式，更是发展理念上的转变，在这一过程中势必会遇到一些瓶颈，尤其是各方面资源优势不足的省区市。第二阶段是 2009～2013 年，基尼系数整体变化趋势同第一阶段类似，但其变动趋势则更加复杂和不稳定，在 2010～2012 年同样表现出总基尼系数缩小趋势减缓，而到 2013 年则有一个质的突破，在 2012 年基础上进一步缩小了 4.35%。第三阶段是 2014～2017 年，在这一阶段全国农村绿色发展水平总体差距又呈现出一定的反弹趋势。原因可能是，农村绿色发展作为一项涉及经济、社会、环境等多方面的系统工程，不仅依赖于外部资金、人才的投入，也取决于各地所拥有的各种资源条件，尽管通过前期高度重视和投入，各地农村绿色发展水平均得到了显著的提升，相互之间发展差距有所缩小，但发展到一定阶段后，资源禀赋、社会环境、生产结构等方面所形成的发展瓶颈，会导致各地在农村绿色发展速度上出现分化，从而表现出农村绿色发展差距扩大的现象。

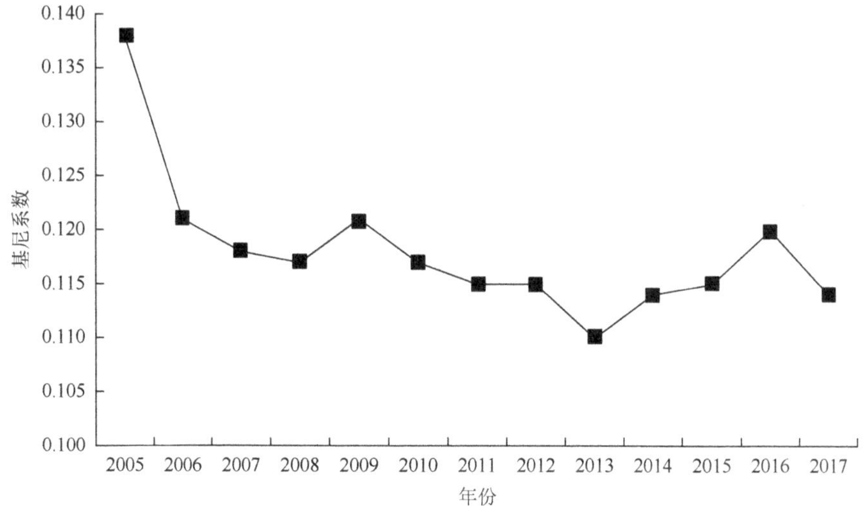

图 3-1　我国农村绿色发展水平总体差距趋势图

① 胡锦涛在党的十七大上的报告，http://www.scio.gov.cn/tp/Document/332591/332591_4.htm[2021-11-25]。

2. 区域内农村绿色发展水平差距及变动趋势

农村绿色发展水平的区域内基尼系数反映的是各区域内不同省区市之间农村绿色发展水平的差距大小。根据表 3-7 可知，在不同区域内农村绿色发展水平的变动趋势、基尼系数均值、最小值出现年份等方面均存在较大差异。区域内各省区市之间农村绿色发展水平的差距，是不同省区市在资源环境、经济发展等多方面因素差异的综合体现。

表 3-7　2005～2017 年区域内农村绿色发展水平差距

区域	2005 年	2006 年	2007 年	2008 年	2009 年	2010 年	2011 年
东部	0.175	0.158	0.140	0.141	0.138	0.130	0.126
中部	0.070	0.076	0.063	0.063	0.064	0.068	0.080
西部	0.108	0.080	0.094	0.090	0.104	0.103	0.104
东北	0.027	0.034	0.044	0.049	0.061	0.048	0.055
区域	2012 年	2013 年	2014 年	2015 年	2016 年	2017 年	
东部	0.122	0.123	0.129	0.127	0.128	0.130	
中部	0.074	0.076	0.080	0.093	0.101	0.098	
西部	0.105	0.099	0.094	0.083	0.096	0.091	
东北	0.055	0.047	0.040	0.026	0.033	0.040	

在变动趋势方面，东部、西部地区农村绿色发展水平差距均呈缓慢缩小趋势，其中，东部地区从 2005 年的 0.175 下降至 2017 年的 0.130，年均降幅为 2.45%，西部地区则从 2005 年的 0.108 下降至 2017 年的 0.091，年均降幅为 1.42%；而中部、东北地区农村绿色发展水平的差距则表现出波动上升趋势，其中，中部地区从 2005 年的 0.070 上升至 2017 年的 0.098，年均增幅为 2.84%，东北地区则从 2005 年的 0.027 上升至 2017 年的 0.040，年均增幅为 3.33%。单从变动趋势的大小来说，除东北地区存在一个较大的年均变化率外，其余三个地区均处于一个较为接近的水平，在一定程度上反映出各区域内的省区市在农村绿色发展过程中基本处于同步状态，相互间的发展水平差距，无论是扩大还是缩小，均表现出一个较缓慢的变动趋势。

从各区域内基尼系数均值来看，东部、中部、西部及东北四大区域的区域内基尼系数均值分别为 0.136、0.077、0.096 和 0.043。东部地区区域内基尼系数远远大于其他三个区域，这说明东部地区内各省区市之间在农村绿色发展水平上的巨大差异和不均衡性，其次为西部和中部地区，东北地区各省区市的农村绿色发展水平差距最小。原因可能是，东部地区内各省区市在地理位置、资源禀赋、经济条件等各方面之间的差距较大，进而使得各省区市在对农村绿色发展各方面的投入和重视程度存在差异。而东北地区省区市数量较少，各省区市在农业种植结构、自然资源禀赋、经济发展水平等方面相似性较高，在农村绿色发展水平上也就更为相近。

从区域内基尼系数最小值出现年份来看，东部地区在2012年处于全样本期间的最低水平，仅为0.122；中部地区在2007年和2008年处于最低水平，均为0.063；西部地区在2006年处于最低水平，为0.080；东北地区则是在2005年处于最低水平，仅为0.027。通过计算各区域出现最小值时的区域内基尼系数与2017年的区域内基尼系数的差值后得到，东部、中部、西部及东北地区的差值分别为0.008、0.035、0.011、0.013，相对增长了6.56%、55.56%、13.75%、48.15%。四大区域内发展差距均有所扩大，其中中部地区农村绿色发展水平的区域内基尼系数的绝对变动幅度最大，相对增长率也最大。由于我国幅员辽阔，各省区市在农村绿色发展条件上存在较大差异，因此，需格外重视如何实现各区域、各省区市之间的均衡发展，缩小农村绿色发展差距。

3. 区域间农村绿色发展水平差距及变动趋势

基于上述区域划分，区域间农村绿色发展水平的基尼系数共有六组，分别是东部—中部、东部—西部、东部—东北、中部—西部、中部—东北及西部—东北。不同区域间农村绿色发展水平的基尼系数存在较大的差异，但在变化趋势上表现出相似性，2005～2017年基本处于缓慢缩小的趋势，具体见表3-8。

表3-8 2005～2017年区域间农村绿色发展水平差距

区域	2005年	2006年	2007年	2008年	2009年	2010年	2011年
东部—中部	0.178	0.161	0.150	0.148	0.148	0.141	0.139
东部—西部	0.154	0.143	0.142	0.145	0.144	0.138	0.131
东部—东北	0.137	0.125	0.114	0.115	0.117	0.105	0.108
中部—西部	0.126	0.090	0.085	0.080	0.090	0.092	0.100
中部—东北	0.123	0.092	0.092	0.090	0.089	0.096	0.085
西部—东北	0.083	0.079	0.088	0.092	0.096	0.098	0.089
区域	2012年	2013年	2014年	2015年	2016年	2017年	
东部—中部	0.139	0.133	0.141	0.152	0.158	0.149	
东部—西部	0.134	0.132	0.136	0.139	0.139	0.124	
东部—东北	0.102	0.102	0.106	0.108	0.113	0.113	
中部—西部	0.096	0.092	0.091	0.095	0.108	0.108	
中部—东北	0.088	0.079	0.080	0.081	0.089	0.086	
西部—东北	0.093	0.088	0.087	0.074	0.080	0.073	

从区域间基尼系数变动趋势来看，2005～2017年，六组区域组合的基尼系数

均表现出缩小趋势。其中缩小趋势最为明显的是中部—东北组合，从 2005 年的 0.123 缩小至 2017 年的 0.086，年均降幅达到 2.94%；其次为东部—西部组合，从 2005 年的 0.154 缩小至 2017 年的 0.124，年均降幅达到 1.79%；紧接着是东部—中部组合，从 2005 年的 0.178 缩小至 2017 年的 0.149，年均降幅为 1.47%；东部—东北组合的变动幅度居第四位，从 2005 年的 0.137 缩小至 2017 年的 0.113，年均降幅为 1.59%；中部—西部组合的变动幅度居第五位，从 2005 年的 0.126 缩小至 2017 年的 0.108，年均降幅为 1.28%；西部—东北组合的缩小幅度最小，从 2005 年的 0.083 缩小至 2017 年的 0.073，年均降幅为 1.06%。可以发现，东部、中部、西部与东北地区之间的农村绿色发展水平差距均有不同程度的缩小，逐渐呈现出一个平衡发展的良好趋势。

从区域间基尼系数均值来看，东部—中部基尼系数均值为 0.149，东部—西部基尼系数均值为 0.139，东部—东北基尼系数均值为 0.113，从一个侧面反映出东部地区农村绿色发展水平与其他区域之间的差距相对较大。其他区域组合的基尼系数均值较小且较为接近，其中中部—西部的为 0.096，中部—东北的为 0.090，西部—东北的为 0.086，这也说明中部、西部及东北三个区域的农村绿色发展整体上处于同一水平，相互间存在一定差距，但差距相对较小。无论是经济发展还是生态建设，区域间存在差距的现象是必然存在的，但若出现某一区域领先其他区域且相互间差距达到一定程度时，各类资源有可能会向发展较好区域集中，从而抑制其他区域的发展。在我国农村绿色发展过程中，东部地区农村绿色发展水平远高于其他区域，在快速推进各区域农村绿色发展的同时，需要重视东部地区与其他区域之间的发展差距，既可以进行经验借鉴，又可以通过国家宏观调控，优化农村绿色发展的各项资源配置，实现各区域农村绿色发展过程中的公平性和均衡性。

从区域间基尼系数最小值出现年份来看，不同区域组合出现农村绿色发展水平差距最小的年份各不相同。其中，东部—中部、东部—东北及中部—东北三个区域组合的基尼系数最小值出现在 2013 年，分别为 0.133、0.102 和 0.079；东部—西部区域组合的基尼系数最小值在 2017 年，为 0.124；中部—西部区域组合的则在 2008 年，为 0.080；西部—东北区域组合的基尼系数最小值是在 2017 年，为 0.073。各区域的农村绿色发展水平受到多方面因素的影响，在较长的发展过程中势必会出现一定波动，但整体上仍表现出缩小的趋势。

4. 区域农村绿色发展水平的差距贡献率分析

根据分解的基尼系数，求出区域内差距贡献率、区域间净差距贡献率及区域间超变密度贡献率，具体测算结果如表 3-9 及图 3-2 所示。可以发现，2005～2017 年，区域内差距贡献值除在 2005 年处于较高水平，为 0.038，其余年份基本在 0.032 上下波动；区域间净差距贡献值则基本是在 0.050 上下波动，而区域间超变密度贡献值与区域内差距处于同一水平，主要围绕0.030上下波动。结合贡献率来看，区域内差距贡献率基本在27%左右，区域间净差距贡献率则在45%左右，区域间超变密度贡献率则在28%左右。三者不仅在贡献值上趋于稳定，在相应的贡献率上也基本保持不变，由此可以得出一个结论，在样本期内各区域内及各区域间的基尼系数并未发生实质变化，对全国农村绿色发展水平的总体差距的影响并未发生明显改变。

表3-9　2005～2017年区域农村绿色发展水平的差距贡献率情况

年份	全国	区域内差距		区域间净差距		区域间超变密度		区域间总贡献率
		贡献值	贡献率	贡献值	贡献率	贡献值	贡献率	
2005	0.138	0.038	27.89%	0.054	39.21%	0.045	32.89%	72.11%
2006	0.121	0.033	27.27%	0.054	44.37%	0.034	28.36%	72.73%
2007	0.118	0.032	27.37%	0.058	49.07%	0.028	23.56%	72.63%
2008	0.117	0.032	27.12%	0.058	49.59%	0.027	23.29%	72.88%
2009	0.121	0.033	27.74%	0.057	46.92%	0.031	25.34%	72.26%
2010	0.117	0.032	27.63%	0.054	45.96%	0.031	26.41%	72.37%
2011	0.115	0.033	28.29%	0.048	41.82%	0.034	29.89%	71.71%
2012	0.115	0.032	27.73%	0.052	45.33%	0.031	26.94%	72.27%
2013	0.110	0.031	28.34%	0.048	43.66%	0.032	29.23%	72.90%
2014	0.114	0.031	27.46%	0.051	44.70%	0.032	27.83%	72.54%
2015	0.115	0.030	26.09%	0.056	48.70%	0.029	25.21%	73.91%
2016	0.120	0.032	26.67%	0.054	45.00%	0.034	28.33%	73.33%
2017	0.114	0.032	28.07%	0.045	39.47%	0.037	32.46%	71.93%

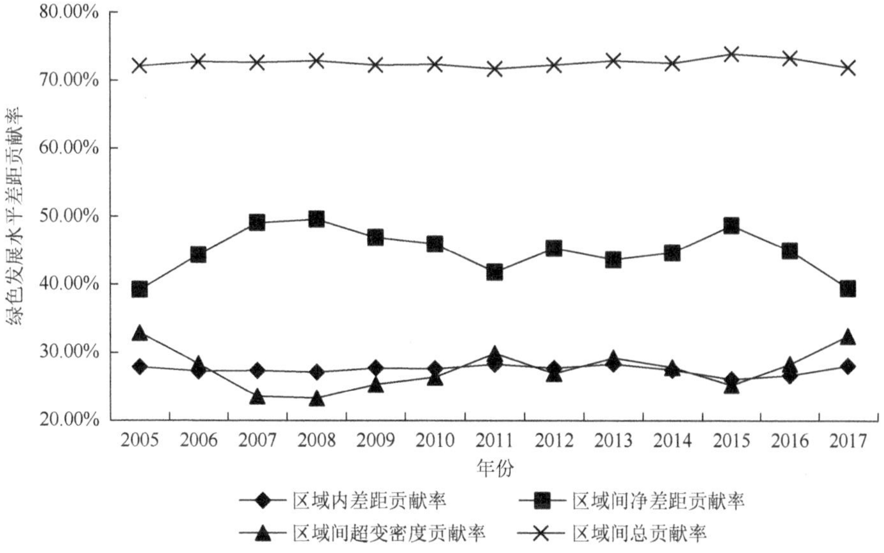

图3-2　全国农村绿色发展水平差距贡献率的变动趋势

第四节 农村绿色发展水平的空间分布特征

尽管全国各省区市在地理空间上存在一定距离，但在一个不完全封闭的社会环境下，诸多信息、资源等生产要素在不同省区市之间相互流动，进而造成相邻地区空间上的某一社会经济现象存在相关性。因此，在揭示各地区某一社会经济现象之间的相互联系时，可以重点考虑各地区在空间位置上的相互关系，并以此为基础进行空间分布关系特征分析。正因如此，空间统计学逐渐成为统计学发展的一个新兴领域，相关的研究方法不断被研发出来并广泛应用于多个学科。

一、空间自相关方法介绍

空间自相关是基于空间地理层面的一种统计方法，各地区在地理空间上存在一定关系，导致某一社会经济现象在空间上具有相关性，而空间自相关正是用于检验一个地区的某种社会经济现象与相邻地区同一现象的相关程度。一般来说，相关关系包括正相关和负相关两种，空间自相关同样如此。本书将在利用熵值法测算出我国农村绿色发展水平的基础上，采用空间自相关分析我国各地区农村绿色发展水平的空间关联及其差异程度，重点利用全局空间自相关分析方法对我国农村绿色发展水平的整体空间分异特征进行探索。

本书选择 Moran’s I 来揭示我国农村绿色发展水平的空间关联程度，计算公式如下：

$$I=\frac{n\sum_{i=1}^{n}\sum_{j\neq 1}^{n}W_{ij}(x_i-\overline{x})(x_j-\overline{x})}{\sum_{i=1}^{n}\sum_{j\neq 1}^{n}W_{ij}\sum_{i=1}^{n}(x_i-\overline{x})^2} \tag{3-11}$$

其中，x_i 和 x_j 分别为相邻配对地区上农村绿色发展水平值，$\overline{x}$ 为农村绿色发展水平值的平均值，W_{ij} 为相邻权重（若 i 和 j 相邻，$W_{ij}=1$，否则 $W_{ij}=0$），n 为空间点总数。Moran’s I 取值在−1 到 1 之间，其中［−1，0）表示相邻地区农村绿色发展水平呈现空间负相关关系，0 则表示相邻地区农村绿色发展水平呈现空间不相关关系，（0，1］则表示相邻地区农村绿色发展水平呈现空间正相关关系。

然后，通过构造标准化统计量 Z 对 Moran’s I 指数值的显著水平进行检验，其中，Z 统计量的计算公式为

$$Z=\frac{I-E(I)}{\sqrt{\mathrm{VAR}(I)}} \tag{3-12}$$

其中，$E(I)$ 与 $VAR(I)$ 分别为 Moran's I 的期望值与方差。通常，当 $|Z|>1.96$ 时（即显著性 $\alpha=0.05$ 的水平），表明在 5%的置信水平下可以拒绝原假设，即相邻地区农村绿色发展水平存在显著的空间自相关性。

二、农村绿色发展水平空间自相关分析

基于前文测算出的 2005～2017 年全国各省区市的农村绿色发展水平值，综合运用 Aicgis-Geoda 空间数据分析软件，计算出 2005～2017 年全国农村绿色发展水平的 Moran's I 指数，其中选取空间权重时以 Queen 一阶邻接矩阵为准，并利用 Z 统计量对各年 Moran's I 指数进行显著性检验（表 3-10）。

表 3-10　2005～2017 年我国农村绿色发展水平 Moran's I 指数

项目	2005 年	2006 年	2007 年	2008 年	2009 年	2010 年	2011 年
Moran's I	0.074	0.130	0.136	0.131	0.124	0.131	0.077
Z 统计量	0.969	1.596	1.492	1.625	1.525	1.503	1.064
P 值	0.157	0.066	0.076	0.057	0.071	0.064	0.134
项目	2012 年	2013 年	2014 年	2015 年	2016 年	2017 年	
Moran's I	0.115	0.141	0.165	0.193	0.166	0.138	
Z 统计量	1.433	1.646	1.857	1.991	1.799	1.535	
P 值	0.087	0.054	0.037	0.034	0.044	0.076	

由表 3-10 可知，除 2005 年和 2011 年 Moran's I 指数未通过显著性检验，其余所有年份均至少在 10%统计水平下显著，这说明我国农村绿色发展水平有显著的全局空间集聚效应，即农村绿色发展水平较高的省区市普遍集中于东部地区，而农村绿色发展水平较低的则集中于中部、西部地区，从计量角度上进一步验证了各省区市的农村绿色发展水平存在地理空间上的集聚现象。

具体到各年 Moran's I 指数值的大小，通过显著性检验的年份基本处在 0.115～0.193 区间范围内。2005 年 Moran's I 指数为 0.074，未能通过显著性检验，表明在样本期初我国农村绿色发展水平的空间集聚效应并不明显。21 世纪初，全国各地的发展理念仍是以经济建设为重点，缺乏绿色发展观念，无论是城市经济还是农村经济，以牺牲环境换取经济增长的现象较为普遍。而随着对绿色发展认识的逐渐深入，新型农村建设、美丽乡村建设等理念相继提出，改变了原先较为落后的发展理念，各省区市相继采取行动，利用地区自然资源优势，开展农村绿色发展工作。当有目的性地开展某一类工作后，地区各方面因素的差异极易造成地理空间上的集聚现象，2006～2010 年的 Moran's I 指数验证了这一观点。通过观察

这一阶段内 Moran's I 指数值的大小变化趋势，发现在 2007 年出现最高值，为 0.136，随后出现下降趋势，说明到了 2007 年我国农村绿色发展水平的空间集聚效应最为明显，而在接下来几年有一个波动变化。

进一步观察 2012～2015 年 Moran's I 指数的变化情况后发现，我国农村绿色发展水平的空间集聚现象有加剧的趋势，从 2012 年的 0.115 大幅增加至 2015 年的 0.193。这说明随着各地对农村绿色发展的重视程度不断提高，结合各地资源条件、经济水平等外部因素，不同区域在各种要素禀赋和发展侧重点之间存在差异，虽都同时在农村生产、居民生活、生态保护等方面加大投入，但绿色发展水平存在差异，相邻区域存在一定的相关性，农村绿色发展过程中所需要的科学技术、生产资料、绿色发展理念等因素会在相邻省区市之间相互溢出和影响，从而出现了区域绿色发展的集聚现象。2016 年之后 Moran's I 指数存在一个较为明显的下降，尤其是 2017 年 Moran's I 指数仅为 0.138，与 2007 年水平较为相近。这也说明，2016 年之后我国农村绿色发展的空间集聚现象有所缓解。

总之，2005～2017 年我国农村绿色发展水平呈现出一定的空间集聚效应，尤其是 2015 年的集聚效应最为明显。但从 2016 年开始，Moran's I 指数存在一定幅度的下降，农村绿色发展水平的空间集聚现象存在被打破的趋势，这表明不仅仅在东部地区存在较高的绿色发展水平，其他区域的部分省区市逐渐找到了合适的发展道路，充分利用各地资源条件，显著提升了农村绿色发展水平。

第五节　农村绿色发展水平的收敛性特征

农村绿色发展水平不仅会在地理空间上表现出相关性，其在空间范围上是否存在趋同或发散现象也需要进一步关注。绿色发展理念不仅追求实现农村地区的绿色生产生活方式转型，也需要重视发展过程中的均衡性和公平性。通过对我国各地区农村绿色发展水平的收敛性特征分析，辨析各省区市农村绿色发展水平是否存在趋同现象，进而检视现有农村绿色发展政策和资源配置是否存在改进空间，为进一步促进我国各省区市农村绿色发展提供经验证据。

一、收敛性基本方法介绍

常见分析收敛性问题的方法主要包括 σ 收敛和 β 收敛，同样作为分析收敛性问题的模型，但所关注的侧重点有所不同。σ 收敛常用观测指标的标准差 σ 来衡量，反映的是在某一时间节点上（截面数据）观测指标之间的变异程度，通过连续测算各年的 σ 值，观察其是否存在变小的趋势，进而判断所观测指标在样本期间是否存在收敛的趋势。而 β 收敛则有所不同，注重观测指标在时间维度上的变化程度。绝对β收敛方法是通过样本期末所观测指标的变化率与样本期初观测指标情况的关系来考察该指标在样本期内的时间序列变化趋势。σ收敛和绝对β收敛的具体测算步骤如下。

（1）采用变异系数法进行σ收敛的检验与分析，具体计算步骤为

$$\mathrm{cv}=\frac{s}{x} \tag{3-13}$$

$$s=\sqrt{\frac{\sum_{i}^{N}(X_i-\bar{X})^2}{N}} \tag{3-14}$$

其中，cv 为变异系数；s为样本标准差；x为样本平均值；N为省区市（区域）数量；X_i为i地区的农村绿色发展水平；$\bar{X}$为各地区农村绿色发展水平值的平均值。

$$Y_{it}=\ln y_{it} \tag{3-15}$$

$$E(Y_{it})=1/N\sum_{i=1}^{N}Y_{it} \tag{3-16}$$

$$\sigma=\sqrt{1/(N-1)\sum_{i=1}^{N}(Y_{it}-E(Y_{it}))} \tag{3-17}$$

其中，$i=1,2,\cdots,N$为省份（区域）；$t=1,2,\cdots,T$；Y_{it}为研究年份为t年i地区的农村绿色发展水平，Y_{it}为y_{it}的对数形式，$E(Y_{it})$为Y_{it}的期望值。

（2）绝对β收敛模型为

$$[\ln y_{i,t}-\ln y_{i,0}]/t=\alpha+\beta\ln y_{i,0}+u_{it} \tag{3-18}$$

其中，i、t和y_{it}的意义同σ收敛模型中的定义，需要特别指出的是，式中u_{it}的平均方差为零，且与$\ln y_{i,t-1}$滞后扰动无关。

二、农村绿色发展水平的收敛性分析

基于前文测算所得的 2005～2017 年我国 30 省区市农村绿色发展水平值，综合运用σ收敛和绝对β收敛模型计算出相应系数值，2005～2017 年我国农村绿色发展水平的收敛性特征如下。

（一）σ收敛检验分析

结合 2005～2017 年我国农村绿色发展水平的σ值的基本情况及变化趋势图，由表 3-11 可知，不同地区之间的农村绿色发展水平存在一定差异。从σ值的绝对大小情况来看，2005～2017 年，全国农村绿色发展水平的σ值基本维持在 0.21～

0.27 区间范围内，且整体变化趋势相对稳定，这说明全国层面上各省区市之间的农村绿色发展水平仍存在一定差异。从不同地区来看，σ 值最高的是东部地区，其次为西部地区和中部地区，最小的是东北地区。这一结果表明，从区域角度来看，东部地区各省区市之间农村绿色发展水平差异较大，西部和中部地区次之，东北地区内的差距相对较小。

表 3-11　2005～2017 年我国各区域农村绿色发展水平 σ 值的基本情况

区域	2005 年	2006 年	2007 年	2008 年	2009 年	2010 年	2011 年
东部	0.337	0.305	0.277	0.283	0.274	0.257	0.251
中部	0.143	0.154	0.122	0.124	0.125	0.133	0.156
西部	0.203	0.158	0.185	0.188	0.213	0.202	0.200
东北	0.063	0.088	0.111	0.125	0.149	0.125	0.135
全国	0.266	0.240	0.236	0.242	0.243	0.228	0.224
区域	2012 年	2013 年	2014 年	2015 年	2016 年	2017 年	
东部	0.245	0.250	0.256	0.247	0.248	0.251	
中部	0.147	0.147	0.158	0.186	0.204	0.194	
西部	0.203	0.188	0.179	0.158	0.182	0.174	
东北	0.127	0.112	0.093	0.059	0.074	0.094	
全国	0.224	0.218	0.223	0.222	0.228	0.217	

由图 3-3 可知，不同区域之间所呈现出的变化特征存在差异。2005～2017 年，东部地区农村绿色发展水平的 σ 值主要呈现出波动下降的趋势。其中，波动下降阶段主要为 2005～2012 年，从 0.337 逐渐下降至 0.245，说明在这一阶段东部地区各省区市农村绿色发展水平表现出收敛的趋势。在 2013～2017 年，东部地区农村绿色发展水平的 σ 值主要围绕 0.250 上下波动，这表明在经过几年的发展，各地区农村绿色发展速度相对稳定，不同省区市之间农村绿色发展水平趋于一个相对平衡的状态，即相互之间差距既无扩大趋势，也无收敛趋势。

中部地区在 2005～2017 年则表现出不同变动特征，整个样本期间大致可以划分为两阶段：第一阶段为 2005～2013 年的波动期，在这一阶段中部地区各省区市农村绿色发展水平之间的差距并无显著变化；第二阶段为 2014～2017 年的波动上升期，从 2014 年的 0.158 逐渐上升至 2017 年的 0.194，增长幅度较大，在这一阶段中部地区各省区市之间的农村绿色发展水平表现出分散趋势，两极差距逐渐拉大，各省区市之间农村绿色发展不平衡现象更加明显。

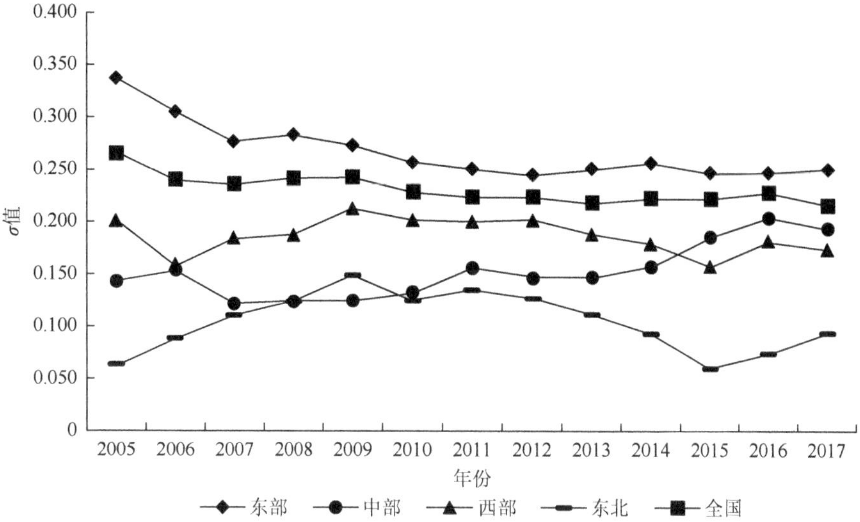

图 3-3　2005～2017 年我国各区域农村绿色发展水平 σ 值的变化趋势

西部地区农村绿色发展水平的 σ 值变动趋势与中部地区的变动趋势存在一定相似性，但波动期与增长期所发生的时间段正好相反。除 2005 年 σ 值处在一个高位水平外，2006～2009 年 σ 值有明显的增加，表明在这一阶段西部地区各省区市的农村绿色发展水平存在发散的趋势；而 2010～2017 年 σ 值基本保持在该阶段期初水平，并在该阶段后期存在小幅度下降，反映出从 2010 年开始西部地区各省区市之间农村绿色发展水平的差距基本保持现状，并逐渐呈现出差距缩小的趋势。

东北地区在 2005～2017 年，农村绿色发展水平的 σ 值则表现出明显的上下波动情况，具有典型的倒“U”形结构，从 2005 年的 0.063 快速上升至 2009 年的 0.149，上涨幅度超过一倍；后半段又从 2010 年的 0.125 逐渐减小至 2017 年的 0.094。相较于其他区域，东北地区存在较为明显的上升和下降分界线，在某种程度上可以说东北地区的农村绿色发展水平已表现出较为显著的收敛特征。

（二）绝对 β 收敛检验分析

绝对 β 收敛重点关注各个区域内不同省区市之间农村绿色发展水平向相同的稳定值趋同，即检验分析农村绿色发展水平较低省区市是否存在向农村绿色发展水平较高省区市追赶的趋势。结合各区域绝对 β 收敛性检验结果（表 3-12），我们可以发现，在全国层面上农村绿色发展水平的绝对 β 收敛检验结果为 $\beta<0$，且通过 5%置信水平下的检验，表明在 2005～2017 年我国农村绿色发展水平整体上存在十分明显的收敛趋势，收敛速度为 3.29%。这表明全国范围内农村绿色发展水

平较低的省区市通过转变农业生产方式、引导农村居民绿色生活、加大农村生态环境保护与建设等措施，与农村绿色发展水平较高省区市之间的差距在不断缩小。

表 3-12　各区域绝对 β 收敛性检验结果

项目	全国	东部	中部	西部	东北
β 系数值	−0.494**	−0.152***	−0.011	−0.003	0.020
常数项	−0.058**	−0.173***	−0.003	−0.002	0.030
R^2	0.57	0.19	0.00	0.01	0.00
λ	3.29%	−1.27%	−0.09%	−0.03%	0.15%
F 值	117.38	26.11	0.10	0.67	0.14

、*分别表示在 5%、1%的水平下显著

将全国划分为四大区域后，不同区域所表现出的特征存在差异。东部地区农村绿色发展水平的绝对 β 检验结果同样为 $\beta<0$，并通过了 1%执行水平下的检验，收敛速度为 1.27%。这说明东部地区内各省区市农村绿色发展水平存在趋同于某一稳定值的趋势。中部和西部地区农村绿色发展水平的绝对 β 检验结果虽同样为 $\beta<0$，但并未通过显著性检验。其中可能的原因是，相较于中部、西部地区，东部地区各省区市在经济发展水平、基础设施建设、财政支持等方面均有更大的优势，相邻省区市之间的技术、经济溢出效应更为明显，从而使东部地区内农村绿色发展水平相对较低的省区市有更快的发展速度，向发展水平较高的省区市快速追赶，而中部、西部地区则由于多方面外部原因限制，虽同样表现出趋同现象，但农村绿色发展水平较为落后的省区市追赶速度相对较慢。东北地区农村绿色发展水平的绝对 β 检验结果为 $\beta>0$，但未通过显著性检验，表明东北地区各省区市农村绿色发展水平差距存在进一步扩大的趋势，这种趋势在统计水平上并不显著。

第四章 中国农村绿色发展的实现路径研究

随着我国工业化、城镇化水平的不断推进，资源承载能力、生态环境容量对农村经济社会发展的阻碍逐渐显化，绿色经济与绿色发展得到空前关注。然而，要解决长期以来国民经济高速增长所带来的深层次问题并非一日之功，需要回答推进农村绿色发展的若干重大问题，如在各地经济发展条件存在较大差异的前提下如何优化农村不同产业绿色化发展的空间布局？技术创新在促进农村绿色发展中的作用是否明显？怎样促进农村绿色技术创新？如何发挥市场在农村绿色发展中的导向作用？政府在农村绿色发展中的作用及角色定位如何？目前，在全球经济由传统经济模式向可持续发展模式、绿色发展模式转变的大背景下，我国的资源经济、环境经济及生态经济研究不断升温，针对不同层面、不同地域尺度的生态环境、资源环境与经济社会协调发展、可持续发展研究成为经济学、地理学及生态学等有关学科领域的研究热点话题。但对于农村绿色发展的产业结构调整与布局优化，构建农村绿色发展的技术创新路径，梳理农村绿色发展的市场运行与政府调控机理，尚缺乏具体的研究，而这些恰恰是科学确定农村绿色发展机制、制度创新等相关保障体系的基石。

第一节 农村绿色发展水平的影响因素分析

经济的高速发展给人们生产方式带来了极大的便利，生活水平和生活质量也得到大幅度提高。但与此同时，我们要警惕经济发展背后的弊端，即资源浪费严重和环境污染加剧，尤其在农村，生产生活垃圾随意丢弃、化肥农药超标使用等现象屡见不鲜，这不仅影响居民日常生活，还对我国经济发展尤其是绿色可持续发展也造成了极大阻碍。

2015年，《中共中央　国务院关于加快推进生态文明建设的意见》将绿色发展纳入国家发展战略。国家“十三五”规划纲要更是提出了“创新、协调、绿色、开放、共享”五大发展理念。绿色发展作为我国今后发展的重要目标，对其影响因素的探讨有助于对症下药，加快农村绿色化转型。前文通过构建评价指标已经测算出了我国农村绿色发展水平状况，本部分利用面板数据，采用多元回归方法对我国各个地区农村绿色发展水平的影响因素进行实证分析，并提出相应的对策建议，以期为相关部门的决策提供参考，从而提高我国农村绿色发展水平。

一、影响因素选取

农村的绿色发展是一个相对宽泛与系统的概念，包含农村绿色生产、生活和生态发展的各个方面，因此影响农村绿色发展水平的因素也是多方面、多维度的。本部分借鉴已有学者的研究成果，并在考虑数据的可得性的基础上，从宏观层面，选取农业经济发展、种植业产品生产价格指数、农村农户固定资产投资、城镇化率、社会救助与林业投资等指标，对我国农村绿色发展水平的影响展开理论与实证分析。

（一）农业经济发展

经济发展水平是社会发展的基础，农村经济的发展程度直接影响着农村整体的绿色发展水平。本书用农业总产值在 GDP 中所占比重表示各个地区农业经济发展地位。郭迷（2011）认为农业发展水平与农民的生产及生活水平息息相关。农业绿色发展能够促进农村居民生活水平的提高，但只有较高的农业发展水平才能让农业农村绿色发展的推广落到实际。我国农业经济的发展并不是一帆风顺的，而是一个曲折的过程，绝大多数年份农业生产增速不及工业增速，城乡二元经济结构并没有缩小城乡差距，反而使两极分化更加严重。传统农业生产结构不合理导致生产效率低下，农产品缺乏市场竞争力，农民收入普遍不高，而长期注重工业发展、牺牲农业使得农村经济更为脆弱。在经济发展过程中，农民应该得到实际利益，来保障农民基本生存权利。每年政府都会出台大量支农惠农的政策法规，通过多种途径推动农业结构转型，实现农民增产增收，促进农业经济可持续发展，中央一号文件一直致力于解决我国“三农”问题，然而结果并未达到理想预期。农村污染依旧存在，不合理的生产方式仍在继续，这也是从农业经济角度选取影响因素指标的原因，经济发展状况往往直接影响人的行为，农村绿色发展与农业经济发展状况密不可分。

（二）种植业产品生产价格指数

种植业产品生产价格指数是一段时间范围内，种植业中农产品的市场价格水平变动趋势及幅度的相对数，在本书中则为具体的农产品价格指数。通过该指标可以了解全国农产品生产价格水平和结构变动基本情况与未来发展趋势。关于农产品价格指数及其相关内容，国内外学者已经展开了大量研究，Ivanic 和 Martin（2008）实证研究了农产品价格上涨与国民经济增长的相关关系；Fafchamps（1992）通过市场供需理论，研究发现农产品价格的波动和其市场产量具有直接关联；

Trostle（2008）基于全球农产品市场数据分析，指出国际农产品市场价格存在短期波动与长期增长的趋势。国内学者进行了相关的实证分析，并也得到类似结论（杨波，2004；卢锋和谢亚，2008；罗永恒，2012）。农业生产的不确定性和市场供求关系主体间的博弈，使得农产品价格在短期内波动很大。农产品价格波动影响着农户的生产积极性和社会的安全稳定，当农产品价格过低时，农民生产积极性会削弱，不利于保障我国粮食安全；而如果农产品价格过高，物价水平也会引起居民生活恐慌，不利于社会稳定。因此农产品价格指数对研究我国农村绿色发展水平具有重要意义，尤其是我国目前仍处于社会主义初级阶段，稳定的粮食价格无疑是经济社会发展的保障。在计划经济时期，农产品价格波动对经济发展的影响没有引起公众的重视。到改革开放以后，尤其我国加入世界贸易组织后，政府和学者聚焦农产品价格、农产品定价机制和农产品价格波动对经济社会的影响并展开丰富的实证与理论研究。在经济全球化背景下，中国同世界经济联系越来越紧密，政府的关注点也逐步聚焦于农产品价格波动状况。农产品价格波动对整体国民经济的健康运行有重要影响。

（三）农村农户固定资产投资

农村农户固定资产投资规模是农业绿色发展和实现农业现代化的有力保障。关于农村农户固定资产投资，薛君（2012）研究表明农村农户生产性固定资产投资能促进农业经济增长；黄景章（2005）研究农村固定资产增加对农村基础设施、居民生活条件等多方面具有积极的促进作用。在农业经济发展起步阶段，农户固定资产投资快速增长。通常农户固定资产投资能占农业生产性总投资的30%，农户固定资产投资反映农业整体固定资产投资的稳定性，是农业资本积累的一部分，影响农业生产效率。我国农户固定资产投资呈现下降趋势，一旦农户固定资产投资不足，农户应对自然灾害的能力将会大打折扣，也会影响农业的长期稳定发展（姚耀军和和丕禅，2004）。农业具有特殊性，政府通常会加强对农业生产的投入，通过出台相关优惠政策鼓励农户进行固定资产投资，典型的有农机补贴政策等并结合税收政策、信贷政策等，目的是提高农业生产的稳定性，保障农业经济稳定增长。农村绿色发展水平离不开对农业的大力投资，仅依靠政府投资不能保证持续性，政府要兼顾整个国民经济的发展而不是单独投资农业，因而农业投资需要农户增加投入，提高农户固定资产投资比例。

（四）城镇化率

城镇化率对农村绿色发展具有积极的影响。王兵等（2014）运用截断回归模型实证分析了城镇化与绿色发展效率的关系，发现城镇化对绿色发展效率有显著的正向影响；吕驰伟（2015）研究指出城镇化水平的提高能够促进产业结构调整，进而带动区域经济的可持续发展。不仅如此，城镇化的发展，能在一定区域空间内对各种资源产生集聚效应（余威震等，2018）。城镇化水平可以反映地区经济发展状况，在农村地区，城镇化进程的影响主要体现在地区生态环境和农村居民消费两个方面。在生态环境方面，城镇化可以缓解农村人多地少的矛盾，减轻环境负荷。有些地区为了经济发展，对土地进行毁灭性利用，严重破坏地区生态环境。通过城镇化可以转变经济发展方式，拓展生存空间，并通过工业化减轻土地压力。另外，可以通过城镇化转移农村人口，促进传统小农经营转向规模化的集约经营，提高土地资源利用效率。农村人口转移也可以缓解资源浪费状况，有利于促进农村绿色发展。通过合理规划，城镇用地能够更加集中，城镇居民可以共享污水、垃圾处理等基础设施，集中进行绿化和环境治理，节约了社会资源。

城镇化对引导居民理性消费有积极促进作用。城镇化不仅是人、财、物的集聚过程，同时也是生产和生活方式转变的过程。首先，城镇化能促进居民增收。城镇化进程为大量农村剩余劳动力创造了就业机会，使其能够通过非农就业提高家庭收入，拓展了收入来源。相较于从事传统的农业生产，从事非农工作会大大提高劳动生产率，工资性收入远远超过农业生产收入，使得收入更加稳定。其次，城镇化能改变居民消费结构。农村居民消费主要集中在食品方面，恩格尔系数偏高，城镇化扩大了商品的有效供给，居民消费选择余地更宽广，当收入增加时，就可能增加对娱乐休闲的消费需求，使一部分农村居民改变消费习惯，促进农民居民消费多元化。此外，城镇化可以改善农村居民的消费环境。在城镇化进程中，农村基础设施不断完善，相应的消费配套设施更加健全，居民出行更加方便，甚至可以足不出户享购海外产品。消费更加便捷的同时消费成本也在降低，且多渠道的信息了解也使得农村居民消费更加理性。

（五）社会救助

社会救助有利于促进社会弱势群体的能力发展，对于实现农村可持续发展十分有必要。我国农村地区自然灾害、贫困问题都需要社会救助来解决，从而维护地区安全稳定，缩小城乡收入差距。加强对社会救助的投入，不仅是实现正义公平，让居民共享改革发展成果的需要，也是构建社会主义和谐社会的内在要求，这对我国农村绿色发展意义深远。崔双禹（2014）提出社会救助是居民生活的保护网，不仅关系居民生活幸福指数，更可以解决地区发展的后顾之忧。由于城乡差距不断扩大，我国农村社会保障制度一直满足不了现实需求，尤其在社会救助方面，这显然不利于提高农村绿色发展水平（陶敏，2004）。伴随经济高速发展的同时，社会矛盾凸显，如收入分配不均、两极分化严重、城乡差距扩大，经济发展并没有实现社会和谐。为了促进社会和谐，更好实现农村绿色发展，必须构建完备的社会救助体系，加大社会救助投入。

加强农村社会救助的实施力度也是解决“三农”问题的有效途径，保障农村弱势群体的基本生活权利，有助于社会的和谐与稳定，只有把农村基本问题解决好，农业绿色发展基础才牢固。具体来看：首先，农村社会救助是“稳定器”。社会安全稳定影响改革能否顺利进行，同样影响国民经济和社会的发展。加强国家财政对农村社会救助的支持，缩小城乡社会保障体系的差距，让居民共享经济社会发展成果，对维护社会安全稳定具有积极作用。其次，农村社会救助是“减震器”。社会救助也是国家通过宏观调控实现经济社会公平发展的手段。建立相关救助基金可以调节地区收入差距，缩小两极分化，保证经济社会市场稳定。而且农村社会救助不仅可以保障居民基本生活，还可以实现再分配提高家庭收入，扩大农村居民消费需求，调节市场供需实现经济平衡。最后，农村社会救助是“调节器”。由于社会弱势群体没有对应的资源禀赋要素，他们参与社会政治、经济、文化各个方面的机会要更小，在市场博弈中总是处于不利地位，如果放任社会各个阶层群体自由竞争，那结果肯定不利于弱势群体，他们的利益会受到更大的损害。社会救助通过政策法规为弱势群体构建安全可靠的保障网，保障他们基本生活的权利，让他们更好参与到农村绿色发展中来。

（六）林业投资

林业在农村绿色发展中占据重要位置，森林覆盖率等指标是衡量农村绿色发展水平的重要组成部分。林业投资对林业发展及生态建设具有积极的促进作用。完善基础设施、扩大森林覆盖面积、有序推进退耕还林工程和天然林资源保护工程对我国经济社会可持续发展至关重要。一部分学者的研究指出，林业建设可以发挥调整产业结构、转移农村剩余劳动力、提高农民收入等作用。乔荣锋等（2006）从湖北、四川和重庆天保工程区的实证研究中发现，尽管农户的林业收入较少，但可以促进家庭总收入的提升。同时林业的发展关系着我国农村绿色发展状况，林业是地区生态环境的重要保障（王沛，2013）。

近些年，政府大力支持林业开展多项生态建设，提高森林植被覆盖率，林业实现突破式发展。林业投资的主要意义体现在两个方面：一是林业投资带来了生态环境效益，为地区绿色发展奠定生态基础；二是林业投资有利于林业产业结构调整，促进农业可持续发展。近年来政府持续增加对林业的投资，为林业提供有效生态供给做出了巨大贡献，这不仅可以满足人们生态需求，还可以实现巨大的生态经济效益。21 世纪初，我国林业得到了稳定发展，政府投资创下历史新高，生态工程建设、林业惠民工程成效显著。如果政府能够合理引导林业发展方向，适应时代发展需求，林业将会产生更大的生态、经济、社会效益，对于我国生态文明建设将具有较大现实意义。

二、模型回归分析

（一）模型设定

由以上分析可知农业经济发展、种植业产品生产价格指数、农村农户固定资产投资、城镇化率、社会救助与林业投资会影响我国农村绿色发展水平，接下来通过查阅相关的宏观数据从实证分析的角度探讨各个因素指标对我国农村绿色发展水平的影响程度及作用方向。构建如下多元回归模型：

$$\begin{aligned}\ln G_{it} = \alpha_{it} + \beta_1 \ln \mathrm{ecod}_{it} + \beta_2 \ln \mathrm{agripi}_{it} + \beta_3 \ln \mathrm{farmgi}_{it} + \beta_4 \ln \mathrm{urbanr}_{it} \\ + \beta_5 \ln \mathrm{socialfa}_{it} + \beta_6 \ln \mathrm{forestryi}_{it} + \mu_{it}\end{aligned} \tag{4-1}$$

其中，i（$i=1,2,3,\cdots,30$）和t（$t=2005,2006,\cdots,2014$）分别为第i省区市第t年的数据情况；α_{it}为模型的截距项；μ_{it}则为模型的随机干扰项；β_i为各个自变量对因变量的回归系数。式（4-1）中其他变量选取及其说明如下。

G_{it}：农村绿色发展水平。作为模型的因变量，衡量农村的生产、生活和生态三个角度的绿色发展综合能力，具体的数据由本书的第二章、第三章得出。

ecod_{it}：农业经济发展，地区农业生产总值与地区 GDP 的比值。

agripi_{it}：种植业产品生产价格指数，由《中国农村统计年鉴》获取数值。

farmgi_{it}：农村农户固定资产投资，由《中国农村统计年鉴》获取数值。

urbanr_{it}：城镇化率，区域内非农人口占地区总人口的比重。

$\mathrm{socialfa}_{it}$：社会救助，由《中国农村统计年鉴》获取数值。

$\mathrm{forestryi}_{it}$：林业投资，由《中国农村统计年鉴》获取数值。

以上数据来源于《中国农村统计年鉴》（2006～2015 年）。需要说明的是，由于《中国农村统计年鉴》（2016～2018 年）仅公布各地区最低生活保障支出费用，而农村社会救济费应包括农村低保、其他农村社会救济和农村医疗救助费用，最低生活保障支出费用不能完全反映整体社会救济情况，因此在本节分析时以2005～2014 年的样本数据展开实证研究。

（二）实证结果分析

农村绿色发展水平影响因素的回归结果如表 4-1 所示。

表 4-1 农村绿色发展水平影响因素的回归结果

变量	全国	东部	中部	西部	东北
$ecod_{it}$	0.0210***	0.0137	0.0532***	−0.0019	0.1015***
	(4.2531)	(1.3836)	(3.5229)	(−0.1474)	(5.6001)
$agripi_{it}$	0.0496	0.0873*	0.0855	−0.0041	0.0181
	(1.6103)	(1.9795)	(1.5113)	(−0.1025)	(0.3774)
$farmgi_{it}$	−0.0271***	−0.0567***	−0.0279*	−0.0041	0.0757***
	(−9.6359)	(−12.771)	(−1.8954)	(−0.6878)	(5.0958)
$urbanr_{it}$	0.1562***	0.0175	0.1046*	0.1367***	0.0838
	(14.326)	(0.5276)	(1.9093)	(9.6701)	(1.4924)
$socialfa_{it}$	0.00110	0.0124***	0.0015	0.0083***	0.0075
	(0.5379)	(3.4658)	(−0.1628)	(−3.6186)	(−1.6522)
$forestryi_{it}$	0.0139***	0.0154***	0.0257***	0.0154***	−0.0035
	(6.8335)	(4.9389)	(3.2027)	(3.4118)	(−0.6829)
常数项	0.1264	−0.1229	−0.1431	0.2999	0.1145
	(0.8584)	(−0.5737)	(−0.4766)	(1.5249)	(0.5227)
R^2	0.7098	0.8523	0.5216	0.6736	0.8315
调整 R^2	0.7038	0.8428	0.4675	0.6546	0.7876
Prob（F 值）	0.0000	0.0000	0.0000	0.0000	0.0000
DW 值	0.2623	0.5373	0.4993	0.4261	1.4496

注：括号内数字为各系数的 t 统计量值

*、***分别表示 10%和 1%置信水平下的显著性情况

从全国来看，有 4 项指标通过了显著性检验，分别是农业经济发展、农村农户固定资产投资、城镇化率、林业投资，而种植业产品生产价格指数与财政社会救助没有通过显著性检验。农业经济发展对我国农村绿色发展水平具有显著正向影响，这与预期假设相符，说明农业经济发展与农村绿色发展水平密切相关，农业经济每增加 1%，我国农村绿色发展水平上升 2.1%；农村农户固定资产投资显著负向影响我国农村绿色发展水平，这说明从全国整体来看，农村农户过高的固定资产投资不利于提升农村绿色发展水平，且当农村农户固定资产投资每增加 1%，我国农村绿色发展水平下降 2.71%，这可能是我国前期农村非农建设投资导致的；城镇化率通过了正向显著性检验，符合预期假设，说明城镇化率越高，越能促进农村绿色发展水平的提升，城镇化率每增加 1%，我国农村绿色发展水平上升 15.62%；林业投资通过正向显著性检验，符合预期假设，说明加强对林业的投资能够提高我国农村绿色发展水平，林业投资每增加 1%，我国农村绿色

发展水平上升 1.39%。由于我国地区农业发展水平与经济社会发展状况差异较大，从整体来看种植业产品生产价格指数与财政社会救助对我国农村绿色发展水平影响不明显。

从东部地区（北京、天津、河北、上海、江苏、浙江、福建、山东、广东、海南）来看，也有 4 项指标通过了显著性检验，分别是种植业产品生产价格指数、农村农户固定资产投资、社会救助与林业投资。种植业产品生产价格指数对东部农村绿色发展水平具有显著正向影响，说明东部地区农产价格波动有助于该地区农村绿色发展水平的提高，种植业产品生产价格指数每上升 1%，农村绿色发展水平提高 8.73%，东部地区农产品价格上升，农民家庭收入越高，从而有利于农村绿色发展水平的提升；东部地区农村农户固定资产投资显著负向影响农村绿色发展水平，这说明要提升东部地区农村绿色发展水平需要控制农村农户固定资产投资额，且农村农户固定资产投资每下降 1%，农村绿色发展水平提高 5.67%，东部地区农村农户对农业机械化投资较少，资产投资多用于其他非农行业，因而作用方向为负；社会救助通过了显著性检验，且方向为正，说明加强东部地区的财政社会救助能够提高当地农村绿色发展水平，财政社会救助每增加 1%，农村绿色发展水平提高 1.24%；林业投资通过正向显著性检验，说明加强对林业的投资是提高东部农村绿色发展水平的有效途径，林业投资每增加 1%，农村绿色发展水平提高 1.54%。东部地区经济发展水平相对于其他地区来说较高，地区能够通过投资减少地区贫困人口、加强林业生态建设，促进地区社会稳定、经济可持续发展。农业经济发展与城镇化率没有通过显著性检验，这可能是因为东部地区农业经济发展在地区 GDP 中比重较小，农村地区经济发展主要依靠非农产业，所以农业经济发展对农村绿色发展水平影响不明显。东部地区城镇化率本来就比较高，继续提高城镇化率对农村绿色发展的促进作用并不明显，甚至可能阻碍农村绿色发展，例如，城市扩张使大量农用地被改为建设用地，不利于当地农村绿色发展。

从中部地区（山西、安徽、江西、河南、湖北、湖南）来看，有 4 项指标通过了显著性检验，分别是农业经济发展、农村农户固定资产投资、城镇化率、林业投资。种植业产品生产价格指数与财政社会救助没有通过显著性检验。农业经济发展对中部地区农村绿色发展水平具有正向显著影响，说明加快中部地区农业经济发展，能有效提高中部地区农村绿色发展水平，农业经济每增长 1%，农村绿色发展水平提高 5.32%，中部地区大多是粮食生产大省，农业在农村经济发展中占据重要地位，农业经济的发展能够促进农村绿色发展；中部地区农村农户固定资产投资通过了负向显著性检验，说明中部地区过高的农村农户固定资产投资不利于当地农村绿色发展水平的提高，固定资产投资每降低 1%，农村绿色发展水平提高 2.79%，中部地区农户固定投资用于改善居民生活，因而对农业机械的投资份额会减少；城镇化率通过了正向显著性检验，说明中部地区城镇化率越高，越能促进中部地区农村绿色发展水平的提升，并且城镇化率每提高1%，农村绿色发展水平提高10.46%，中部地区城镇化率的提升还能够转移农村剩余劳动力，减少农村人口压力，有利于农业绿色发展水平的提高；林业投资通过正向显著性检验，说明加强对中部各地区林业的投资能够提高农村绿色发展水平，林业投资每增加1%，农村绿色发展水平提高2.57%，中部地区林业发展具有一定规模，加强对林业的投资，生态效益显著。

从西部地区（内蒙古、广西、重庆、四川、贵州、云南、陕西、甘肃、青海、宁夏、新疆）来看，只有3项指标通过了显著性检验，分别是城镇化率、社会救助和林业投资。城镇化率通过了正向显著性检验，说明西部地区城镇化率和农村绿色发展水平密切相关，城镇化率越高，农村绿色发展水平也相应越高，具体来说城镇化率每提高1%，农村绿色发展水平提高13.67%，西部地区城镇化率相对较低，加快城镇化步伐对农村地区的利好影响大于弊端，农村经济发展和农村居民能够得到实惠；社会救助通过显著性检验，且方向为正，说明加强西部地区的财政社会救助能够提高当地农村绿色发展水平，西部地区农村居民生活现状整体不如其他地区，社会救助对维持贫困居民生活意义重大，而且财政社会救助每增加1%，农村绿色发展水平提高0.83%；林业投资通过正向显著性检验，符合预期假设，说明加强对西部地区各省区市林业的投资能够提高农村绿色发展水平。林业投资每增加1%，农村绿色发展水平提高1.54%，西部地区生态环境脆弱，需要国家加强对林业的投资，改善地区生态环境，为农村绿色发展提供环境基础。

从东北地区（辽宁、吉林、黑龙江）来看，只有2项指标通过了显著性检验，分别是农业经济发展和农村农户固定资产投资。种植业产品生产价格指数、城镇化率、社会救助、林业投资没有通过显著性检验。农业经济发展对东北农村绿色发展水平具有显著正向影响，说明促进东北三省农业经济发展是提高地区农村绿色发展水平的重要途径，农业经济发展每提高1%，农村绿色发展水平提高10.15%，东北地区是我国粮仓，农业发展举足轻重，通过发展壮大农业经济是促进农村绿色发展的有效途径；东北地区农村农户固定资产投资通过了显著性检验，方向为正，说明东北地区农村农户固定资产投资能够提高农村绿色发展水平，固定资产投资每增加1%，农村绿色发展水平提高7.57%，这可能是由于东北地区农户固定资产投资以厂房机械为主，而大规模的机械化操作能够有效提高东北地区农村绿色发展水平。

由于我国不同区域农村绿色发展水平影响因素不同，因而在提高地区农村绿色发展水平时不能“一刀切”，应根据各个地区实际情况，制定各自的发展战略。对东部地区来说，应该加强农产品价格预警，合理利用价格波动趋势保障农民利益；促进城乡一体化，增加对贫困群体的社会救助；加强对林业投资的财政倾斜。对中部地区来说，需要着力提高农业经济发展水平，提高农业总产值在 GDP 中的比重；引导居民减少固定投资；稳步推进城镇化水平；加强对林业的保护，并增加对林业的投资。对西部地区来说，应该充分利用城镇化的带动作用，缩小城乡差距；完善社会救助体系，加强社会保障；稳步推进林业的发展，扩大林业投资规模。对东北三省来说，需要巩固农业的基础地位，保证农业经济稳定增长；加强对农机补贴，引导居民固定投资以提升农业生产效率和可持续发展能力。

第二节　中国农村绿色发展的结构调整与布局优化研究

优质高效的产业结构及布局是农村绿色发展的必备条件。本节首先系统梳理近年来全国各省区市经济发展的数据，深入分析当前农村产业布局的现状、结构特点及存在的问题。其次，借鉴刘鹤等（2012）的研究对产业环境商（industry environment quotient，IEQ）和 REQ 的概念进行定义和测算，并基于测算结果对农村产业结构进行优化。最后，提出我国农村绿色发展及其优化的可能方向。

一、中国农村产业发展状况分析

（一）中国农村的产业布局及结构特征

从产业结构来看，农业产业布局是自然、社会、经济发展水平和技术条件综合影响下的产物，可理解为农业产业结构的空间投影和区位选择。从区域来看，农业产业结构一般可分为三个层次：一级结构是指种植业、林业、畜牧业和渔业的产业结构。二级结构则是指具体的行业结构。例如，种植业可分为粮食作物、经济作物和其他农作物，林业可被划分为木材林和经济林。三级结构是指对二级结构内各种行业的进一步划分。例如，畜牧业的产品可分为养猪、养牛、养羊、养鸡等。合理的各级农业产业结构对农业生产健康持续发展有重要作用。因此，优化农业产业结构不仅要注意一级结构的合理化，还要注意二级和三级结构的合理化。

“十二五”期间，农业发展的形势良好，在国家的一系列政策保障下，到 2015 年我国粮食生产实现“十二连增”，农业生产能力获得了较大提升，形成稳定农业产量“两丰一平一歉”的规律，主要大宗农产品供给充足，市场运行平稳，为国民经济的持续稳定健康发展打下了坚实的基础。从我国农业总产值的时间趋势来看

（图 4-1），从 2006 年到 2017 年，我国的农业总产值稳步上升，总产值从 2006 年的 40 810.83 亿元上升到 2017 年的 109 331.72 亿元，虽然在 2009 年增长率有所下降，但 2010 年迅速恢复到正常的增长水平，2012 年以后，农业增长率有所下降，我国的宏观经济遭遇换档期，农业结构进入调整期。

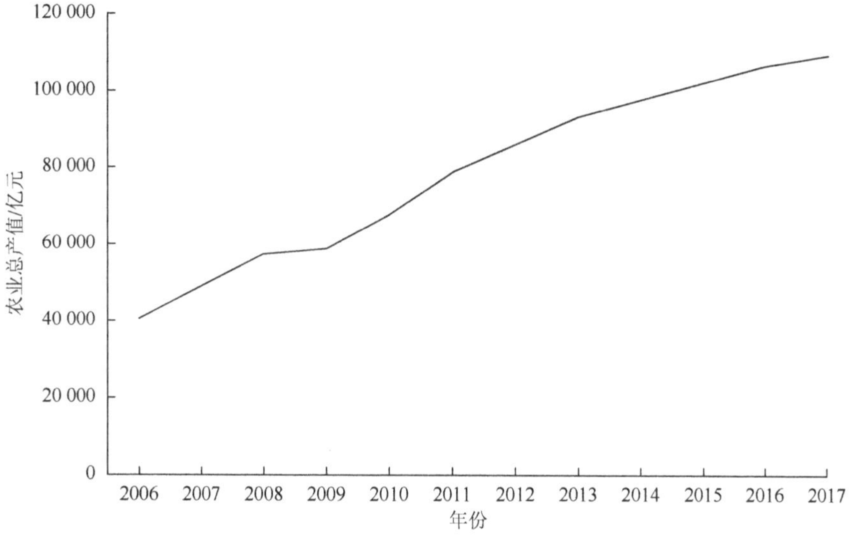

图 4-1　我国农业总产值

从农业总产值占 GDP 比例来看（图 4-2），2006 年到 2017 年，我国的农业总产值占 GDP 的比例不断下降，由 2006 年的 18.6%下降至 2017 年的 13.3%，农业总产值对 GDP 的贡献率总体呈下降趋势。当然农业生产总值比例的下降是我国实体经济总体快速发展的必然结果，这并不意味着农业生产地位不重要。农业担负着为人类提供食品和为其他产业提供各种工业原料的基本功能，农业发展滞后可能导致供应短缺。可见，农业的基本地位不能动摇。但是，我国部分地区的农业发展水平仍然较低，水利、交通等基础设施老化，农田用水“靠天”，农产品运输“靠牛”的情况依然存在。

具体到各个行业中，从图 4-3 可以看出，2006 年到 2017 年，种植业产值的占比最大，总产值逐年攀升，从 2006 年的 21 522.28 亿元上升到 2017 年的 58 059.76 亿元；林业的占比最小，产值涨幅较平稳，总产值从 2006 年的 1610.81 亿元上升到 2017 年的 4980.55 亿元；受甲型 H1N1 流行性感冒病毒影响，2009 年的养殖业产值有所下滑，但总体来说呈上升趋势，从 2006 年的 12 083.86 亿元上升至 2017 年的 29 361.19 亿元；水产业产值逐年提升，总产值从 2006 年的 3970.52 亿元上升到 2017 年的 11 577.09 亿元。

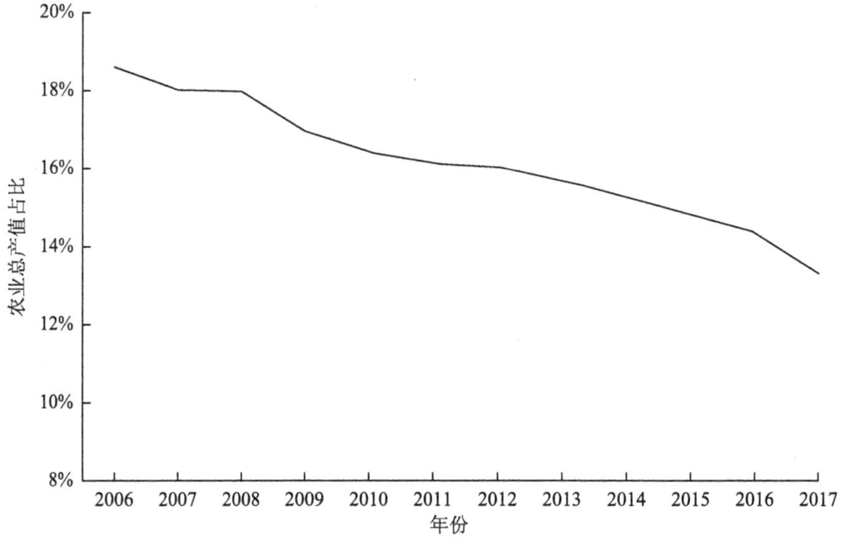

图 4-2　农业总产值占 GDP 比例

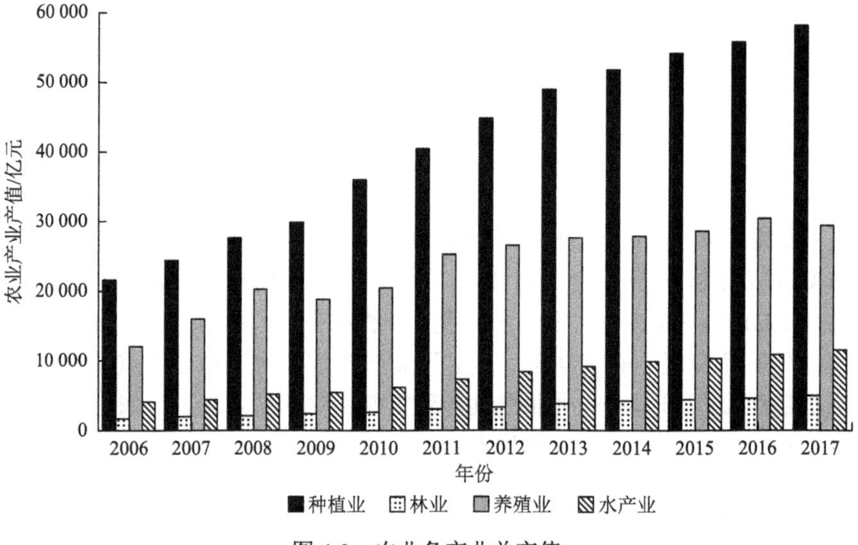

图 4-3　农业各产业总产值

从中国农业产业内部结构来看（图 4-4），在农业产业化构成中，种植业和养殖业占 80%以上，林业和水产业占不到 20%。具体来说，2008～2017 年，种植业比重整体呈上升趋势，最低值从 2008 年的 50.09%上升到 2017 年的 55.84%。养殖业的比重最高由 2008 年的 36.77%下降至 2017 年的 28.24%，林业产值占比在此期间有增有减，但整体波动稳定在 4%左右。水产业产值的占比是先下降后上升，从 2006 年的 10.13%下降到 2008 年的 9.29%，然后逐步上升到 2017 年的 11.13%。

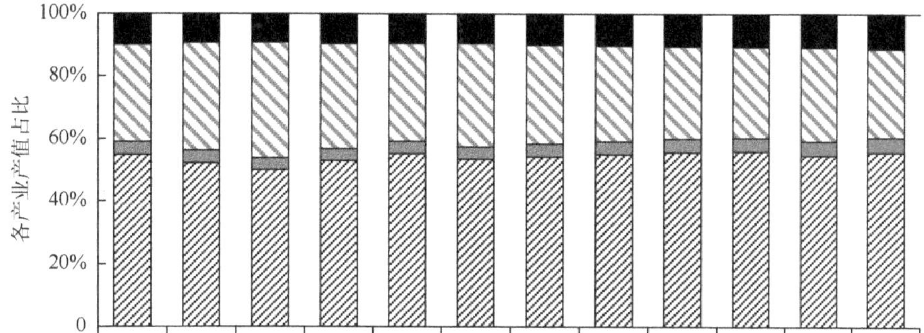

	2006	2007	2008	2009	2010	2011	2012	2013	2014	2015	2016	2017
■水产业	10.13%	9.47%	9.29%	9.69%	9.62%	9.65%	10.09%	10.31%	10.51%	10.59%	10.72%	11.13%
▧养殖业	30.84%	34.23%	36.77%	33.53%	31.18%	32.85%	31.51%	30.42%	29.45%	28.99%	29.96%	28.24%
■林业	4.11%	3.95%	3.85%	3.78%	3.89%	3.98%	4.00%	4.17%	4.33%	4.32%	4.56%	4.79%
▨种植业	54.92%	52.35%	50.09%	53.00%	55.31%	53.52%	54.40%	55.10%	55.71%	56.10%	54.76%	55.84%

年份

图 4-4　农业各个产业所占比例

我国农业区域划分大概可以划分出四大区域和七大区域两种形式。四大区域即东北、东部、中部、西部，其中东北三省包括黑龙江、吉林、辽宁，东部十省市包括北京、河北、天津、浙江、江苏、上海、山东、福建、广东、海南，中部六省包括山西、河南、安徽、湖北、湖南、江西，西部十二省区市包括内蒙古、西藏、四川、重庆、贵州、云南、新疆、甘肃、宁夏、陕西、青海、广西。七大区域即东北、西北、西南、华北、华南、华东、华中，东北三省包括黑龙江、吉林、辽宁，西北五省区包括新疆、宁夏、陕西、甘肃、青海，西南五省区市包括西藏、四川、重庆、贵州、云南，华北五省区市包括内蒙古、北京、河北、山西、天津，华南三省区包括广东、海南、广西，华东五省市包括福建、浙江、江苏、上海、山东，华中五省包括河南、安徽、湖南、湖北、江西。种植业、林业、畜牧业在各个区域都有分布，而水产业主要分布在华北、东北、华中、华南、华东五个区域。我国的农业区域发展中，变化不仅体现在总量方面，而且体现在各个产业甚至是各个产品层面上。不同的产业有不同的变化趋势，其中种植业、林业、畜牧业在区域差异上有扩大的趋势，而水产业在区域差异上有缩小的趋势。

从表 4-2 中可以看出，2017 年全国农业总产值中，东部地区所占的比例最大，大约占了全国总产值的三分之一，然后是西部地区、中部地区和东北地区。东部地区的农业发展水平较高，种植业、林业产值均排在全国前列，与东部地区的经济发展较快、农业的产业化程度较高有关。水产业占比为 62.74%，主要是因为我国东部沿海地区水产资源较丰富，适合发展水产业。中部地区农林牧渔的发展较为均衡，没有明显突出或者落后的产业。西部地区的畜牧业发展形势较好，在全国各地区中占比最高，而水产业发展态势较弱。这和它位处内陆地区较适合发展畜牧业，而淡水湖泊资源较少，不适合发展水产业有关。

表 4-2　2017 年全国四大区域农业及四部门产值占全国比重

项目	地区	农业	种植业	林业	畜牧业	水产业
产值	全国/亿元	109 331.74	58 059.73	4 980.54	29 361.18	11 577.07
	东北地区/亿元	11 502.54	5 987.57	384.92	3 973.25	731.96
	东部地区/亿元	37 157.20	18 136.84	1 522.21	8 234.80	7 263.27
	中部地区/亿元	27 991.41	14 705.4	1 380.38	7 743.01	2 526.89
	西部地区/亿元	32 680.59	19 229.92	1 693.03	9 410.12	1 054.95
占比	全国	100.00%	100.00%	100.00%	100.00%	100.00%
	东北地区	10.52%	10.31%	7.73%	13.53%	6.32%
	东部地区	33.99%	31.24%	30.56%	28.05%	62.74%
	中部地区	25.60%	25.33%	27.72%	26.37%	21.83%
	西部地区	29.89%	33.12%	33.99%	32.05%	9.11%

资料来源：《中国统计年鉴 2018》

从表 4-3 中可以看出，2017 年全国农业总产值中，华中地区所占的比例最大，达到了全国总产值的 24.30%，其次是华东地区，而西北地区的发展较为薄弱，仅占全国总产值 8.09%。华中地区的各个产业发展较为均衡，其中种植业、林业、畜牧业均占全国的首位；华东地区的种植业、林业、畜牧业发展也较为均衡；西北地区因气候恶劣、资源匮乏，各个产业占比均低于全国平均水平；受“生态农业”“退耕还林”等政策的影响，西南地区的林业和畜牧养殖业发展较好。

表 4-3　2017 年全国七大区域农业及四部门产值占全国比重

项目	地区	农业	种植业	林业	畜牧业	水产业
产值	全国/亿元	109 331.74	58 059.73	4 980.54	29 361.18	11 577.07
	东北地区/亿元	11 502.54	5 987.57	384.92	3 973.25	731.96
	西北地区/亿元	8 845.37	5 948.48	201.44	2 091.38	74.83
	西南地区/亿元	16 322.97	9 307.84	1 045.25	4 989.61	477.85
	华北地区/亿元	10 296.04	5 500.22	440.91	3 504.55	314.27
	华南地区/亿元	12 157.44	6 136.26	810.28	2 575.92	2 119.85
	华东地区/亿元	23 634.7	11 335.85	815.02	4 842.3	5 339.11
	华中地区/亿元	26 572.68	13 843.51	1 282.72	7 384.17	2 519.20

续表

项目	地区	农业	种植业	林业	畜牧业	水产业
占比	全国	100%	100%	100%	100%	100%
	东北地区	10.52%	10.31%	7.73%	13.53%	6.32%
	西北地区	8.09%	10.25%	4.04%	7.12%	0.65%
	西南地区	14.93%	16.03%	20.99%	16.99%	4.13%
	华北地区	9.42%	9.47%	8.85%	11.94%	2.71%
	华南地区	11.12%	10.57%	16.27%	8.77%	18.31%
	华东地区	21.62%	19.52%	16.36%	16.49%	46.12%
	华中地区	24.30%	23.84%	25.75%	25.15%	21.76%

资料来源：《中国统计年鉴 2018》

（二）中国农村产业发展存在的主要问题

虽然中国的农业产业结构经过多次调整，取得了一系列积极成果，但仍然存在许多问题。具体表现如下：一是农产品结构不合理。农产品结构不合理主要表现在农作物比例高，林业、畜牧业和渔业产品比重较低；农产品总量很多，但新产品和特色产品却很少。农业生产市场信息不对称，农产品难以适应国际市场的动态变化。二是农业区域布局与产业结构不合理。农业区域布局和资源禀赋不匹配，粮食作物、经济作物与饲料作物的结构不合理，农产品生产、加工、销售脱节，绿色优质农产品供给不足。三是农业产业链结构不合理。中国目前的农业产业化经营水平较低，区域间产业链结构相似，农业产业链条短而窄，产业链之间的协调度不高，效率低下，缺乏有效的监督和控制。

从世界各国的角度来看，农业产业结构有两种主要类型：一种是以种植业为主，其中又以大宗粮食作物生产为重。另一种是以畜牧业或农牧业为主，经济发达的欧洲国家大多是这种类型。中国农业产业结构经过长期演变，部分地区以种植业为主，部分地区以林业与畜牧业为主。当前，在农业现代化发展的进程中，要按照稳定粮食、提高质量、推动创新的要求，积极适应经济发展的新常态，探索新的农业产业结构模式，走商品化农业发展道路，加快中国农业现代化进程。与过去适应性农业产业结构的调整不同，中国现阶段的战略性农业产业结构调整不仅要解决农业效率和农民增收问题，在调整农业产业结构的过程中，有必要遵循农村经济质量发展战略，促进农业产业结构的广度和深度发展，推进传统农业向现代农业与绿色农业转变（刘凌霄，2015）。从内容上看，农业产业结构调整不仅要从微观层面调整农产品结构，还要从宏观角度调整产业链和区域布局结构。

二、中国农村发展的环境效率评价

改革开放以来，中国农业发展取得了粮食总量和生产效率不断提升的巨大成就，农民增收与农业经济增长问题得到充分关注。然而，随着资源约束作用的不断突显，学者和政府为我国农业可持续发展问题敲响警钟，粗放式农业生产方式带来农业经济快速增长的同时，也造成较为严重的面源污染问题（田伟等，2014），已经对农业经济的长期增长产生了巨大的负面影响，协调农村农业经济发展与资源利用、生态环境保护之间的矛盾极其迫切。

从现有文献资料来看，学者聚焦于资源约束与环境污染的非预期产出视角，对我国农业全要素生产率问题展开积极探讨。学者从不同省域层面（王兵等，2010；李静等，2012）和不同产业层面（涂正革和刘磊珂，2011），对农业全要素生产率的测算和分解、区域差异、空间收敛性及其驱动因素进行全面的解析。研究结论一致表明，在不考虑生态环境时，农业全要素生产率会被高估，基于环境约束的绿色农业全要素生产率测算要更加科学合理，中国农业全要素生产率的增长仅靠农业技术创新推动，环境效率的作用并不显著（李谷成等，2011）。甚至有部分学者指出，过度的资源开发利用与污染排放在一定程度上导致我国绿色全要素生产率逐渐下降（杨俊，2011；潘丹和应瑞瑶，2013）。

（一）研究方法与数据来源

传统的产业发展理论认为，区域间在各自的生产要素、资源禀赋、市场产业结构、地理区位与基础设施基础上，会呈现出不同的产业集聚优势。通常使用某一地区或整个国家某一行业和整个行业的产值（或员工人数）比例来表征该地区该行业的生产力水平，从而通过区位比较优势来决定该地区的产业功能定位及其未来发展方向。然而，以往该指标的测算忽视了产业发展的环境承载能力，过多依赖资源禀赋和生产要素的占有量。随着环保发展理念不断被强化，绿色经济增长方式的推崇使得环境保护成为产业可持续发展的重要衡量维度，应重点关注环境友好型产业发展，根据不同区域的环境承载力规划部署相应的产业。因此，本节将结合环境—经济增长两个维度，构建农业环境商和 REQ 两个指标，用于反映特定地区某一行业环境利用的效率水平（刘鹤等，2012）。

IEQ 是通过该地区某产业的环境经济增长效率与全产业整体的环境经济增长效率的比值得到，反映了某行业环境效率相对于整个行业水平的高低。可被表示为

$$IEQ = \frac{a_1 / n_1}{a_0 / n_0} \tag{4-2}$$

其中，n_1 为全国范围内该产业发展过程中污染物的排放总量；a_1 为该产业的总产值；n_0 为全国农业污染物的总排放量；a_0 为全国农业总产值。IEQ 可以直观反映出该地区某产业的环境效率相对水平，数值越大，其每增加 1 单位产出所排放的污染越少，环境效率越高。

REQ 是通过该地区产业环境经济增长效率与全国产业环境经济增长效率的比值得到，表明该区域环境经济增长在全国范围内的相对水平，该值能反映出区域环境与产业经济增长的协调性。可被表示为

$$REQ = \frac{a_1 / n_1}{A_0 / N_0} \tag{4-3}$$

其中，n_1 为该省区市产业发展的污染排放总量；a_1 为各个省区市农业总产值；N_0 为全国农业污染物的排放量；A_0 为全国农业总产值。REQ 反映了各省区市环境效率的相对水平，其值大于 1，表明该省区市农业产值污染物排放水平低于全国平均水平，其数值越大，表明该省区市的环境经济增长效率水平越高。

研究数据主要从《中国统计年鉴》和《中国环境年鉴》31 个省区市的年度统计数据中获取。由于本书仅以 2014 年我国农业发展的截面数据为例进行实证研究，其中各个省区市的农业及各个产业的总产值数据来源于《中国统计年鉴》，各个省区市农林牧渔业的产业排污数据主要来自《中国环境年鉴》，结合中国发展的实际情况与数据的可获得性，本书将农业面源污染确定为化肥施用、畜禽养殖、农田固体废弃物和农村生活 4 个污染单元，农业污染物的排放量主要选取了化学需氧量（chemical oxygen demand，COD）、总氮（total nitrogen，TN）、总磷（total phosphorus，TP）3 个指标（李谷成等，2011）。

（二）农村各 IEQ 值测算

对 2014 年全国农业生产总值及其污染物排放的数据统计得到的结果如表 4-4 所示。

表 4-4　全国农业各产业农业总产值与污染排放量

产业	总产值/亿元	COD/吨	TN/吨	TP/吨
种植业	54 771.55	—	1 590 564	107 922
畜牧业	28 956.29	10 491 100	2 890 427	410 599
水产业	10 334.26	532 805	80 376	15 737
合计	94 062.10	11 023 905	4 561 367	534 258

虽然种植业经济总产值远高于畜牧业，但从 COD、TN 和 TP 三种污染物的排放情况来看，畜牧业的排污程度都是最高的。为了进一步分析农业各产业的产值与污染物的总体情况，本书基于全国农业各产业与污染排放量和农业总产值数据，利用 IEQ 的计算公式，测算出各产业的 IEQ（表 4-5）。

表 4-5 全国农业各产业的 IEQ

产业	IEQ（COD）	IEQ（TN）	IEQ（TP）
种植业	—	1.670	2.883
畜牧业	0.323	0.486	0.401
水产业	2.273	6.235	3.730

从农业各产业的 IEQ 值来看，水产业的污染物排放效率是最好的。基于 COD 测算的环境商中，水产业大于畜牧业；基于 TN 测算的环境商中，水产业大于种植业，种植业大于畜牧业；基于 TP 测算的环境商中，水产业大于种植业，种植业大于畜牧业。总的来说，农业各 IEQ 值表现为：水产业大于种植业，种植业大于畜牧业。水产业相较种植业和畜牧业更加"绿色"，在相同产值条件下，水产业排污最少，畜牧业排污最严重。

（三）各省区市的农村 REQ 值测算

基于各省区市农业污染排放量和农业总产值数据（表 4-6），针对不同污染物排放物，分别测算出各省区市的 REQ（表 4-7）。

表 4-6 各省区市农业污染排放量和农业总产值

地区	总产值/亿元	COD/万吨	TN/万吨	TP/万吨
北京	321.0	7.2	3.7	0.5
天津	427.8	10.5	3.7	0.5
河北	5 596.4	87.1	38.5	4.7
山西	1 348.4	16.9	9.2	1.0
内蒙古	2 643.2	59.3	18.9	2.2
辽宁	4 151.4	83.8	20.8	2.9
吉林	2 577.7	48.4	12.8	1.6
黑龙江	4 604.5	103.1	27.6	2.8
上海	301.9	3.0	1.5	0.2
江苏	5 972.2	36.4	17.4	1.9

续表

地区	总产值/亿元	COD/万吨	TN/万吨	TP/万吨
浙江	2 637.6	19.2	9.6	1.2
安徽	3 761.0	36.5	18.6	2.0
福建	3 077.7	20.5	9.3	1.3
江西	2 359.6	22.8	11.2	1.5
山东	8 665.8	126.1	57.4	6.4
河南	7 102.3	76.7	42.7	5.1
湖北	5 033.5	44.8	19.3	2.4
湖南	4 726.8	55.0	22.3	2.7
广东	4 770.9	55.8	18.8	2.8
广西	3 494.4	20.5	11.4	1.4
海南	1 106.5	10.0	4.1	0.5
重庆	1 519.2	12.0	5.4	0.7
四川	5 589.8	51.9	22.5	2.6
贵州	1 938.2	5.9	4.7	0.5
云南	2 860.2	7.1	7.7	0.8
西藏	132.8	0.5	0.6	0.0
陕西	2 538.9	18.9	10.0	1.0
甘肃	1 445.5	13.9	5.1	0.5
青海	315.6	2.2	0.8	0.1
宁夏	415.7	10.1	3.1	0.3
新疆	2 625.9	36.2	17.3	1.4
合计	94 062.4	1 102.3	456	53.5

表 4-7　各省区市农业 REQ

地区	COD		TN		TP	
	REQ	排名	REQ	排名	REQ	排名
北京	0.52	28	0.80	24	0.87	26
天津	0.48	31	1.17	7	0.87	26
河北	0.75	24	0.94	14	0.96	17
山西	0.94	21	0.76	26	1.08	9
内蒙古	0.52	29	1.30	5	1.01	13
辽宁	0.58	26	1.67	1	0.84	28

续表

地区	COD		TN		TP	
	REQ	排名	REQ	排名	REQ	排名
吉林	0.62	25	1.56	2	0.94	20
黑龙江	0.52	27	1.55	3	1.16	5
上海	1.18	17	0.83	22	0.88	24
江苏	1.92	5	0.87	19	1.07	10
浙江	1.61	8	0.83	21	0.94	20
安徽	1.21	16	0.81	23	1.09	8
福建	1.76	6	0.91	16	0.84	29
江西	1.21	15	0.84	20	0.88	25
山东	0.81	23	0.91	17	1.05	11
河南	1.09	18	0.74	28	0.98	14
湖北	1.32	11	0.96	12	0.94	19
湖南	1.01	19	1.02	10	0.97	15
广东	1.00	20	1.23	6	0.79	30
广西	2.00	4	0.74	27	0.96	18
海南	1.30	12	1.01	11	0.96	16
重庆	1.48	10	0.92	15	0.91	23
四川	1.26	13	0.95	13	1.02	12
贵州	3.85	2	0.52	29	1.10	7
云南	4.72	1	0.38	30	1.13	6
西藏	3.11	3	0.34	31	—	—
陕西	1.57	9	0.78	25	1.17	4
甘肃	1.22	14	1.13	9	1.20	3
青海	1.68	7	1.14	8	0.94	20
宁夏	0.48	30	1.35	4	1.21	2
新疆	0.85	22	0.87	18	1.45	1

注：西藏 TP 排放量为 0，故无法计算 REQ

如表 4-7 所示，在 COD 的测算结果中，环境商值排在前五位的依次为云南、贵州、西藏、广西和江苏，而排在后三位依次为内蒙古、宁夏和天津；在 TN 的测算结果中，环境商值排在前五位的依次为辽宁、吉林、黑龙江、宁夏和内蒙古，而排在后三位依次为贵州、云南和西藏；在 TP 的测算结果中，环境商值排在前五位的依次为新疆、宁夏、甘肃、陕西和黑龙江，而排在后三位依次为辽宁、福建和广东。总的来说，从 COD、TN 和 TP 三个角度测算的结果存在一定差异。

把全国 31 个省区市划分成四大区域，以区域内各省区市的农业区域环境商均值作为该区域的值分别测算出四大区域的农业 REQ（表 4-8）。

表 4-8　四大区域的农业 REQ

地区	REQ（COD）	REQ（TN）	REQ（TP）
东北地区	0.57	1.59	0.98
东部地区	1.13	0.95	0.95
中部地区	1.13	0.86	0.99
西部地区	1.90	0.87	1.10

如表 4-8 所示，在 COD 方面，REQ 值的排序为西部地区＞中部地区 = 东部地区＞东北地区；在 TN 方面，REQ 值的排序为东北地区＞东部地区＞西部地区＞中部地区；在 TP 方面，REQ 值的排序为西部地区＞中部地区＞东北地区＞东部地区。

（四）小结

从 IEQ 来看，农业各 IEQ 值表现为：水产业大于种植业，种植业大于畜牧业。水产业相较种植业和畜牧业更加“绿色”，在相同产值条件下，水产业排污最少，畜牧业排污最严重。水产业的各项 IEQ 均大于平均水平，说明其发展带来的经济社会效益大于环境消耗带来的经济损失；而畜牧业的各项 IEQ 均低于平均水平，说明我国的畜牧业在发展中对环境的消耗较大，因此在畜牧业发展中应大力开展绿色技术的推广和应用。

三、中国农村绿色发展的产业区域优化

（一）我国农业可持续发展规划的政策分析

可持续农业发展是社会经济可持续发展的重要基础。可持续农业发展的内涵体现在可持续性、公平性、多元性和高效性四个方面（高鹏和刘燕妮，2012），可持续性是其最主要的特征。可持续性是指农业发展的过程中要有长期发展目标，而不是追求当前的快速发展来牺牲未来的发展空间。高消耗和高污染产业发展将被遏制，包容性发展模式将取代对高产量的简单追求。在农业的可持续发展中，

公平的内涵包括代际公平和代内公平。代内公平意味着不同地区或国家在同一时期应具有相同的发展机会，一代人内部的公平是一种横向公平。代际公平意味着后代应该拥有与当代人相同的生存和发展机会。要实现代际公平，就要保证环境不退化和维持一定的资源存量。农业可持续发展的多元性是指农业发展过程中的多个目标，保持环境、生态和资源的稳定就是农业可持续发展的多重目标。农业可持续的高效率发展则是指农业发展过程中追求高品质、高效率、高质量、低成本的集约化农业增长。

2004～2015 年，中国的粮食生产实现了“十二连增”，创造了中国和世界粮食史上的奇迹。然而，中国的人均资源稀缺，人均土地持有量和水资源仅为世界平均水平的 1/3 和 1/4。在农业生产过程中使用大量化学肥料、农药、塑料薄膜等，不仅导致土壤质量下降、环境污染，还带来食品安全问题。自然资源部的统计数据显示，我国 10%以上的耕地面积受到重金属污染。如果农业生产仍然以高消耗、低产出和高污染的方式进行，必将导致生态环境进一步恶化。农业的不可再生资源将加速枯竭，农业生态系统将濒临崩溃，会严重制约社会经济的发展（辛岭和胡志全，2015）。党的十八大报告指出，把全面协调可持续作为深入贯彻落实科学发展观的基本要求，全面落实经济建设、政治建设、文化建设、社会建设、生态建设五位一体总体布局①。因此，有必要对我国的农业应该怎样实现可持续发展做必要的政策环境分析，以转变农业的发展方式，使中国的农业实现良性循环发展。为助力实现我国农村绿色发展，应该重点关注以下几个方面。

一是强化普查规划。加强普查的目的是尽快查明农业面源污染和土壤退化的类型、程度和原因，建立产区国家级点源污染和重金属污染数据库，及时了解农业资源的环境条件和动态趋势。以便于科学规划和分类指导、制订国家和地方农业环境污染控制计划，在协调现有计划的基础上，进一步突出和明确“十四五”农业资源和环境管理的方向及政策导向。

二是强化监督管理。建立全过程监管制度和体系，加强中央和地方政府、流域上下游的整体协调，加快形成功能明确、分工合理、协调配合、监督有力的监管体系和制度。加强基层队伍和管理服务体系的基础能力建设，实现监督执法和综合治理的网络化及一体化。要加强农业资源与环境的全局动态监测网络建设，实现对农业生产源地、生产加工、产品运输和销售的全过程监督，逐步实现农产品的可追溯体系建设。

三是加强绿色发展的法治建设。不断完善环境保护的立法工作，尽量避免制度漏洞与缺失带来的困扰。针对农业面源污染排放、绿色农产品市场流通、农业资源开发与利用、生态治理等方面，要构建全面的制度网络体系，严惩环境破坏

① 中国共产党第十八次全国代表大会，http://cpc.people.com.cn/n/2012/1118/c64094_19612151.html[2021-11-26]。

者，在政策激励与政策管制的双重维度下，共同引导和规范农村的绿色发展，促进农业发展方式的顺利转型。要加大环境污染处罚力度，抑制和杜绝农业环境中的非法活动。

四是促进传统体制机制改革。加强中央政府、省政府与地方乡镇政府的绿色发展推进协调度，加强农业部门、林业部门、资源与环境部门及相关执法部门的有效沟通合作，共同促进资源环境与农业经济增长。充分调动社会资源（高校、研究所、企业等）参与绿色技术研发、推广与应用，实现产学研一体化，为农村绿色发展提供强有力的理论与技术支撑。此外，要创新农业生产经营方式，培育绿色农业生产主体，组建专业的绿色技术社会化服务组织，提升绿色农业生产效率与效益。

五是强化绿色科技支撑。改变传统粗放式经济增长的关键是技术的革新，在现有资源约束背景下，绿色、环保与低能耗等成为技术研发及推广应用的关键目标。在绿色农业生产方面，化肥农药的减量增效、农业废弃物的资源化利用及农产品质量安全等现实突出问题都需要技术突破。同时，绿色生活方式的转变与农村生态环境的治理工作都离不开对科学技术的运用。由绿色技术导向引致的诱致性变迁将进一步促进农村的绿色发展转型。

六是加强政府激励与扶持政策制定。从绿色农业生态补偿、农业生产要素（生物农药、有机肥）补贴等方面着手，弥补市场经济的缺陷，解决农业绿色发展存在的正外部性问题。加强绿色农业技术的推广，形成示范效应，扩大绿色发展政策的影响力，呼吁广大民众参与到农村绿色发展中来（沈熙等，2016），通过政府宣传与政策普及等手段来实现传统农民绿色发展理念与价值观的转变。

（二）典型省域农村绿色产业发展——以湖北省为例

近年来，湖北省以推进农业强省建设为目标，转变粗放型农业发展模式，积极推进全省农业绿色生产转型，为实现农村绿色发展与农民增收做出较大努力，并取得十分显著的成效。总的来看主要体现在以下几个方面。

一是产业结构调整成果显著。湖北省坚持发掘市场拓展、提高质量、加工增值和品牌效率的潜力。通过发展品牌与特色农业、休闲与观光农业、“互联网+”农业等模式，在农业产业链条拓展与三产融合方面取得显著效果。二是农业生产标准化程度逐渐提升。农业标准化生产示范效应不断扩大。根据“三个产品，一个标准”原则，积极开展有机肥替代化肥试点、高标准农田、美丽农村建设等示范区建设工作。此外，发展水产养殖系统，生产无公害水产品，积极开展畜产品标准化育种社区建设，扩大生猪、家禽的规模化生产效应，引导农民建立各种标准化农场，提高畜禽标准化育种比例。通过推进农业标准化生产，可以实现稳步提高农产品质量安全的目标。三是农业资源利用水平逐步提高，实现绿色农业科技的快速推广。提高了大型灌区、中型灌区和小型灌区的灌溉水利用系数，提高用水效率，促进粮食生产。根据各地情况推广和应用各种农业主导品种及主推技术。扩大推广示范面积，依靠科技实现增收目标，使得农业科技贡献率进一步提升。四是坚持发展"生态立省"的执政原则，湖北省《国民经济和社会发展第十三个五年规划纲要》明确指出"全面推进绿色发展……实施'生态立省'战略……努力在绿色发展上走在全国前列"，积极实施《党政领导干部生态环境损害责任追究办法（试行）》方案，落实绿色发展岗位责任制，为湖北省绿色化发展提供强有力的制度保障。

此外，湖北省积极探索实施"双水双绿"发展战略，在潜江、宜昌、荆州和监利等地相继开展"虾稻共作"示范工作，围绕"生态稻"种植、小龙虾养殖技术开展研发与推广工作，实现了湖北省社会、生态与经济效益的稳步提升。特别值得一提的是湖北省在农村大气污染监管与生活垃圾治理等方面也取得优异成绩。农村大气污染监管体系不断升级，通过"互联网+"、"蓝天卫士"和无人机等监管技术实现农作物秸秆焚烧与农村工业废气排放的全时段监控，2017 年对湖北省 17 个市州累计巡查面积就达 59 690 平方公里。在农村生活垃圾整治方面，2014 年就已经实施"美丽家园、清洁乡村"湖北省行动计划，农村生活垃圾与污水处理率已经达到 81.3%。

第三节　中国农村绿色发展的技术创新分析

一、科技创新与农业经济发展

（一）科技创新与农业科技投入

美国奥地利经济学家熊彼特在《经济发展理论》[①]一书中首次提出了"创新理论"，引导学术界对"创新"进行理论研究。创新指开发新的产品、提高生产品质或效率及提供新服务的过程。农业科技创新是某一地区的资金、人员和政策等农业科技创新要素的积累，并通过一定的技术开发、科学技术推广和科技成果转化等手段，实现促进区域农业经济增长、农业生产调节和农业可持续发展的目标。农业科技创新包括农业技术研发、农业技术示范和农业技术推广应用三个阶段（林伯德，2010）。现代农业科技创新体系不同于传统的农业技术创新研究体系，它是一个开放的系统，一般包括创新主体和创新环境两大类要素（相广芳，2011）。

① 熊彼特 J. 1911. 经济发展理论. 王永胜译. 上海：立信会计出版社.

科技创新投入是促进科技创新成果转化的基础。农业科技创新投入主要是指农业科研开发、农业技术成果转化、农业技术示范和推广应用及技术管理过程的投入，直接体现为政府投入的技术研发经费总额（李洪文和黎东升，2013）。其经费来源主要是中央与地方政府对农业院校、研究所和企业等机构进行的财政拨款，来自政府以外的公益基金和私募企业的农业技术研发投资占比呈逐年增加的趋势。衡量科技创新投资最常用的指标是科学研究和实验发展资金，包括劳动力成本、原材料费、固定资产购置和建设费、管理费和其他费用。它真实地反映了一个国家或地区的技术创新活动的核心内容。

（二）科技创新与绿色发展的关系

绿色是科技创新的方向，科技创新是绿色发展的动力（黄娟，2017；李兆亮等，2016）。科技创新与绿色发展是新时期我国提出的两大发展理念。技术创新是经济发展的源泉，绿色则是可持续发展的必然要求。资源环境保护与传统粗放型经济发展模式的矛盾日益突出，实现社会经济发展的绿色转型是解决现实矛盾的关键。我国绿色发展的实现离不开理论、制度、文化，特别是技术创新起到的基础支撑性作用，科技创新是生产、生活、生态朝着绿色发展方向前进的动力源泉。

在绿色生产方面：正如习近平总书记指出，我们既要绿水青山，也要金山银山。宁要绿水青山，不要金山银山，而且绿水青山就是金山银山[①]。具体来讲就是要改造传统的生产方式和传统的产业结构，积极发展绿色经济、生态经济和低碳循环经济，构建新的绿色循环产业体系来实现社会经济的可持续发展。特别是一些循环利用技术、废弃物资源化、高效率提升和清洁生产技术等，这些绿色生产技术对资源环境的破坏非常小，让有限的资源发挥出最大化的经济和社会效益。一方面，科技创新加快产业的优胜劣汰进程，让一些高污染、低效率的落后企业在市场和政策压力下进行停业整治甚至被淘汰掉；另一方面，科技创新也推动新型绿色产业的发展，如生态有机农业和节能环保产业的兴起与发展。此外，科技创新推动了清洁能源技术的开发和利用，如电能、天然气对石油进行替代，核能发电技术的创新等。

在绿色生活方面：生活方式指日常生活中人类生存和活动的各种需求所涉及的各种行为，包含人类的衣、食、住、行等。绿色消费是绿色生活最主要的内容。非绿色消费行为往往指以生态环境为代价来满足人类需求或者是非理性消费的一种生活方式，如一次性碗筷、白色污染、铺张浪费行为等。绿色生活方式是以节

① 绿水青山就是金山银山，http://www.xinhuanet.com//politics/2016-05/09/c_128969837.htm[2021-11-26]。

约资源和保护环境为主旨，崇尚勤俭节约、节能环保的人类行为活动。例如，在绿色出行方面，我们可以倡导公共交通和轨道交通、电动或自行车等出行方式及利用天然气能源技术；在绿色居住方面，我们可以鼓励使用节能建材及太阳能屋顶、雨水收集处理再利用、能源转换设备等技术。这些技术在现阶段都不够成熟，推广的强度也不够，进一步的绿色技术研发和技术转化将显得更加重要。

在生态保护方面：节约资源在某种意义上来说就是保护生态的间接体现，自然资源的合理高效使用能减少污染物的排放，减少资源耗损。例如，用于节约用水的滴灌和喷灌技术，用于节约耕地的套种和复种技术，用于节约劳动力的农业机械和免耕技术等。在使用效益不降低的情况下还要达到节能环保的要求，传统技术无法实现这一目标，必然要求创新。我国目前的环境污染问题不断呈现，开展污染治理将是接下来比较繁重的一项绿色发展任务。如何治理雾霾？如何让湖泊更加清澈？如何消除农作物残留重金属的危害？这些都还需要我们进行不断的研究和探索，需要科技创新的推动。

同时，科技创新对于社会经济发展来说是一把双刃剑，要好好利用。科技发展的方向不能仅仅是追求高产、高效、高价值，也该更多地将关注点放在绿色环保方向，朝着可持续发展的目标前进。在未来的科技创新评价中，绿色维度也需要纳入评价体系。

（三）我国农业科技创新发展投入状况

从各国 R&D 经费的比较来看（图 4-5），2005 年至 2016 年各国 R&D 经费占 GDP 的比重中，日本全社会 R&D 经费支出占 GDP 比重最大，年均值为 3.37%；

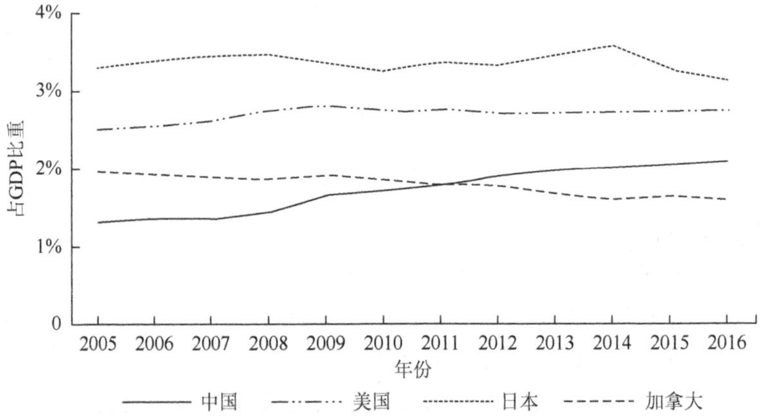

图 4-5　2005～2016 年各国 R&D 经费占 GDP 比重

资料来源：《中国科技统计年鉴 2018》

我国全社会 R&D 经费占 GDP 比重均值仅为 1.73%，处在美国、日本和加拿大之后；但从变化的趋势来看，我国全社会 R&D 经费占 GDP 比重却在不断稳定上升，从 2005 年的 1.32%提升到 2016 年的 2.11%。说明我国现阶段对科学研究与试验发展的重视程度越来越高，科技创新给全社会带来的经济效益越来越显著。

R&D 经费来源渠道主要有政府资金、企业资金和其他资金等。2017 年政府来源 R&D 占国家总经费比重数据如图 4-6 所示，我国的政府来源 R&D 占国家总经费比重为 19.8%，低于韩国的 22.7%、加拿大的 33.0%、美国的 25.1%、德国的 28.5%，仅高于日本的 15.0%。从科技创新投入的市场化角度来讲，政府以外的公益组织来源资金所占的比重越大，说明全社会的科技创新对政府的依赖越弱，企业的科技创新动力比较足。政府财政投入占比越大，科技创新的资金越稳定。当然，企业市场资金的介入对于整个技术创新市场来说，无疑是很好的补充，有利于形成万众创新的良好环境。

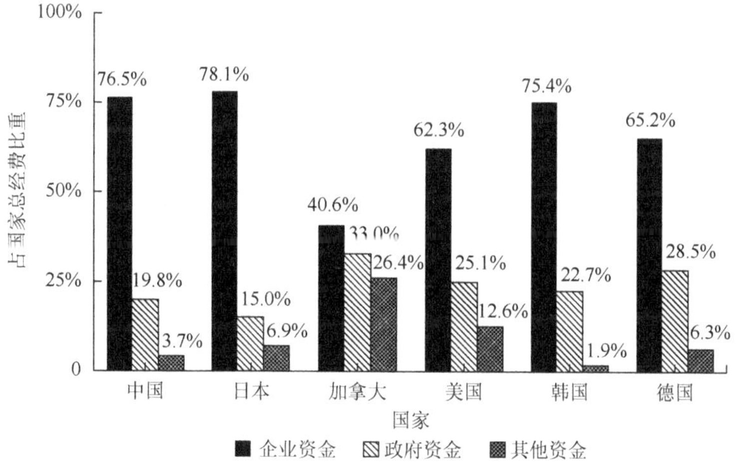

图 4-6 2017 年各国 R&D 经费的来源

资料来源：《中国科技统计年鉴 2018》

如图 4-7 所示，我国对科技创新投入的总经费支出呈现大幅度上升趋势，其中从 1995 年至 2005 年为缓慢稳定上升，而 2005 年至 2016 年则出现急剧上升。截至 2016 年我国的全社会 R&D 经费支出总额高达 15 677 亿元，相对 1995 年增长了 44.92 倍。同时，我国的 R&D 经费占 GDP 的比重也一直在上升，从 1995 年的 0.57%上涨到 2016 年的 2.11%。

从我国 R&D 经费投资的区域分布来看，2017 年我国各省区市研究与开发机构的 R&D 经费内部支出呈现不均衡分布状态。其中广东以总额 420 260 万元排在第一位，其后依次为江苏、北京、上海、山东等。而青海研究与开发机构

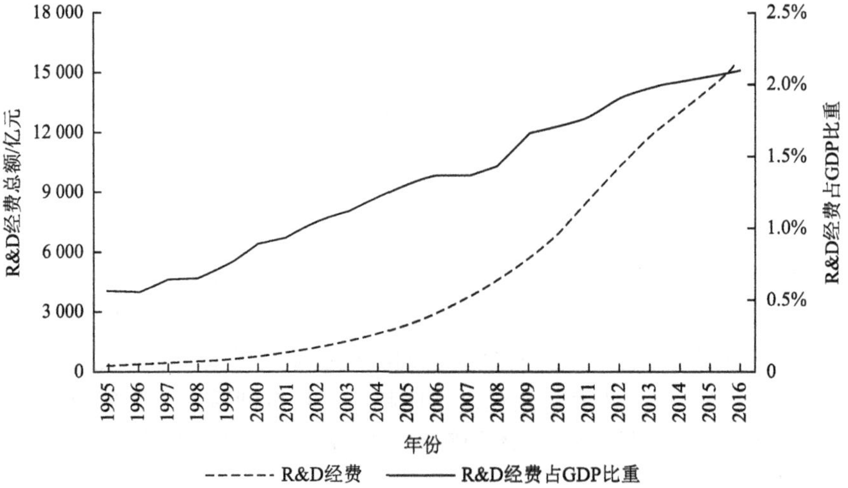

图 4-7　我国历年的 R&D 经费投入情况

资料来源：《中国科技统计年鉴 2018》

R&D 经费内部支出排在最后，仅为 8222 万元，与广东省相差甚远（图 4-8）。此外，从图 4-9 中可以看出，我国农业 R&D 人员投入情况至 2000 年以后呈现指数增长，国家内部从事农业科技创新的人数大幅度增加。

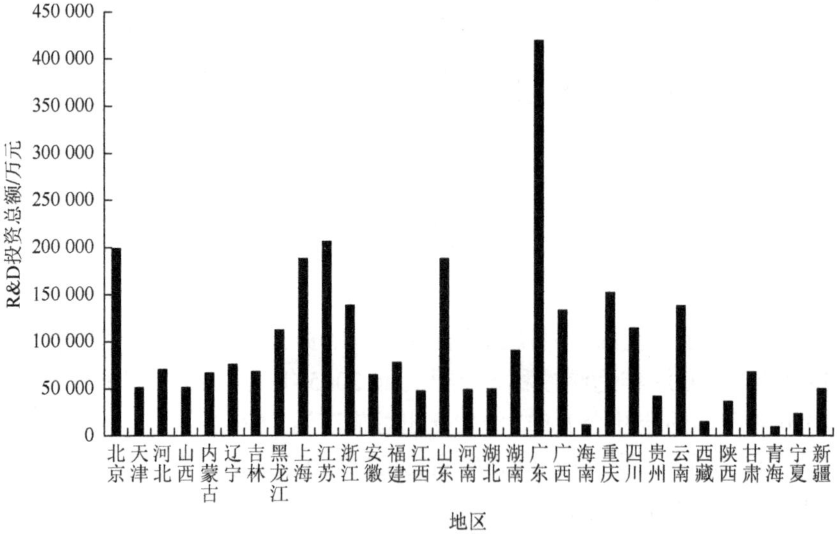

图 4-8　2017 年地方部门属研究与开发机构的 R&D 经费内部支出情况

资料来源：《中国科技统计年鉴 2018》

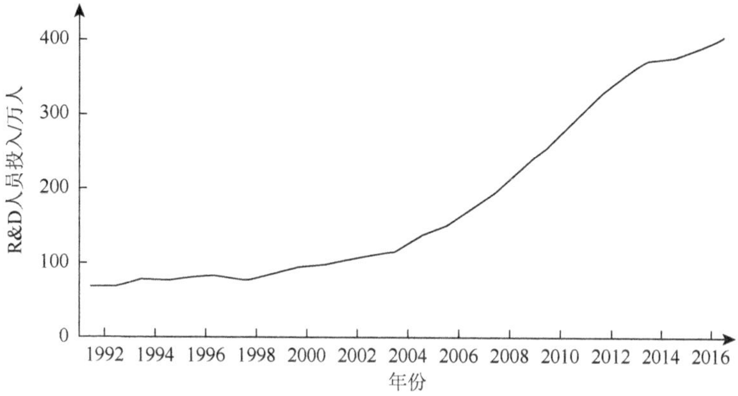

图 4-9　我国农业 R&D 人员投入情况

资料来源：《中国科技统计年鉴 2018》

科技进步对我国经济的发展无疑做出了巨大贡献。从表 4-9 统计结果可知，我国科技进步贡献率从 2001 年以来不断提升，2001～2006 年平均科技进步贡献率为 44.3%，2012～2017 年平均科技进步贡献率则达到 57.8%，增长幅度达到 30.5%。

表 4-9　我国科技进步贡献率

项目	2001～2006 年	2005～2010 年	2007～2012 年	2009～2014 年	2011～2016 年	2012～2017 年
平均科技进步贡献率	44.3%	50.9%	52.2%	54.2%	56.4%	57.8%

二、科技投入对中国农村绿色发展水平的影响

（一）理论基础、模型设定和数据来源

由以上我国农业科技创新投入的状况分析，我们可以清楚地看到，科技创新在经济社会发展过程中发挥着重要作用。那么，绿色科技对我国农村绿色发展水平的提升有没有影响，影响多大。本节将利用宏观数据从实证的角度探讨科技创新对农村绿色发展水平的影响程度，构建面板数据分析模型验证科技创新投入的各个指标对绿色发展水平的差异化影响。

从现有的文献来看，研究结论都较为一致，认为农业 R&D 经费的投入能直接促进农业经济发展水平。例如，申红芳等（2006）利用 1986 年至 2003 年的农业科研投入经费与农业总产值数据进行协整检验，发现农业科技资金、人员投入

与农业经济快速增长有着直接关联；吴林海和彭宇文（2013）则利用向量自回归（vector autoregression，VAR）模型对我国1986～2011年的农业科技投入与农业经济增长做相关性研究，发现增加农业科技投入能在一定限度内提升农业经济增长水平。学者对科技创新投入统计口径的认识存在一定差异，一种学术观点认为农业科技投入包括用于科技研究与技术推广的两个部分总费用支出。也有学者认为农业科技投入就是科技创新的所有资源要素，包含财力、人力和物力等各方面的投入（丁学东，2002）。此外，部分学者认为，农业科研的投入直接影响着农业经济增长的方式。张跃强和陈池波（2015）的研究指出，财政的农业科技投入经费在短期内会更显著影响农业科技创新绩效，科技创新的绩效会进一步影响农业的经济发展。

基于以上文献研究内容背景，本节将从科技创新的投入端和产出端出发，兼顾投入水平、投入强度和投入效率三个方面的内容，选择R&D经费总额、R&D的人员投入数量、R&D经费的投入强度、有效专利申请数量四个指标，构建我国农村绿色发展水平影响因素的多元回归模型。由于我国农村绿色发展涵盖农村的生产、生活和生态三个角度，因此也包括社会R&D投入情况，而不是仅仅只有农业的R&D经费支出。具体的多元回归模型如下：

$$\begin{aligned}\ln G_{it} = \alpha_{it} + \beta_1 \ln \mathrm{ATE}_{it} + \beta_2 \ln \mathrm{ST}_{it} + \beta_3 \ln \mathrm{INP}_{it} \\ + \beta_4 \ln \mathrm{VP}_{it} + \mu_{it}\end{aligned} \tag{4-4}$$

其中，i（$i=1,2,3,\cdots,30$）和t（$t=2005,2006,\cdots,2016$）分别表示第i省区市的第t年的数据情况；α_{it}为模型的截距项；μ_{it}则为模型的随机干扰项；β为各个自变量对因变量的影响弹性系数。式中其他变量选取及其说明如下。

G_{it}：农村绿色发展水平。农村绿色发展水平作为模型的因变量，衡量农村的生产、生活和生态三个角度的绿色发展综合能力。

ATE_{it}：R&D经费总额。科技总投入最常见的表现形式就是货币形式的经费支出（陈娟，2010），科学研究与试验发展经费的投入资金是科技创新的前提，具体的机构科研工作没有经费的支撑是很难维持下去的，而且科技经费投入也会显著促进农业经济发展（申红芳等，2006）。

ST_{it}：R&D的人员投入数量。科研机构的人员数量是除经费以外，测度科技投入水平的最重要指标之一（马梅芸等，2010），科技创新研发、示范和推广阶段的人力投入是相当大的，特别是技术的推广阶段，是实现科技转化成生产力的媒介。

INP_{it}：R&D经费的投入强度。其为该区域的R&D经费占区域GDP比重，R&D经费的投入强度也可以反映区域科技投入水平。R&D经费总额度能在绝对数量上对科技投入进行测度，但是我国各地区经济发展水平程度的不同，导致科技的投资能力和结构都会存在差异。因此，有必要选取一个相对指标来考察科技投入水平对农村绿色发展的影响。

VP_{it}：有效专利申请数量。在一定程度上反映该区域科技产出水平，是科技投入的效率评价的重要指标，而且技术创新效率可以充分反映区域科技产出能力（孙磊等，2016）。因此本书选取该指标，以期能够正确反映科技产出对我国农村绿色发展水平的影响。

数据来源：因变量的测算来自本书前面一部分内容，而文中所涉及的各项科技投入和产出数据，如R&D经费内部支出总额、R&D经费的投入强度、R&D机构的职员数量及有效专利申请数量均来源于2006～2016年的《中国科技统计年鉴》，数据内容未包含西藏、香港、澳门和台湾地区。

（二）实证分析

基于以上理论和模型的构建，本节将采用EViews8.0软件对相关的数据进行面板数据回归。首先，对数据进行取对数和标准化处理，再依次对模型设定进行整体回归的*F*值检验，根据相关的结果判定截距模型的适用性。其次，对模型进行Hausman检验，判定模型为固定效应或随机效应。最后，通过最小二乘法进行模型估计。表4-10是科技创新对农村绿色发展水平的影响的面板数据回归结果，具体的实证结果与分析讨论如下。

表4-10　科技创新对农村绿色发展水平的影响

变量	全国	东部地区	中部地区	西部地区	东北地区
C	0.232** （15.690）	0.362 （6.746）	0.198* （4.248）	0.211* （9.294）	0.224 （6.467）
ln(ATE)	−0.008 （−1.464）	−0.039* （−1.825）	−0.003 （−0.160）	0.018* （1.703）	−0.004 （−0.337）
ln(INP)	0.017*** （2.667）	0.043*** （7.210）	−0.019 （−0.839）	−0.026 （−1.297）	0.020 （0.887）
ln(ST)	0.003 （0.984）	−0.051** （−2.506）	0.008 （1.196）	−0.010 （−1.506）	0.003 （0.414）
ln(VP)	0.016*** （5.157）	0.051*** （4.533）	0.019** （2.226）	0.005 （0.912）	0.014** （2.277）
样本量	300	100	60	110	30
Prob （*F*统计量）	0.000	0.000	0.000	0.000	0.000
R^2	0.944	0.453	0.858	0.232	0.928

注：括号内数字为各系数的*t*-Statistic值

*、**、***分别表示10%、5%和1%置信水平下的显著性情况

从全国层面来看，R&D经费的投入强度和有效专利申请数量通过了显著性为1%的检验，而R&D经费总额和R&D的人员投入数量均未通过显著性检验，说

明 R&D 经费的投入强度和有效专利申请数量与我国农村绿色发展水平呈现高度正相关关系。根据影响弹性系数判断，R&D 经费的投入强度每增加 1.7%，我国农村绿色发展水平上升 1%；有效专利申请数量每增加 1.6%，我国农村绿色发展水平上升 1%。同时 R&D 经费总额和 R&D 的人员投入数量都不显著，即我国目前的 R&D 总量投入更应该关注科技投入的强度和投入的效率问题，应根据各地区的经济发展水平能力，适度提高 R&D 经费的投入强度。再者要加强科研资金的管理水平，提高科技创新资金的使用效率，尽可能地提高 R&D 经费的投入产出效率。

从区域层面来看，我国东部地区、中部地区、西部地区和东北地区的科技创新对农村绿色发展水平的影响存在较大差异。我国东部地区的 R&D 经费总额、R&D 的人员投入数量、R&D 经费的投入强度和有效专利申请数量分别依次通过 10%、5%、1%、1%的显著性检验。其中 R&D 经费总额、R&D 的人员投入数量与农村绿色发展水平呈现负相关关系，而 R&D 经费的投入强度和有效专利申请数量则与农村绿色发展水平表现出正向相关影响，影响弹性系数为–0.039、–0.051、0.043 和 0.051。东部地区经济发展水平较高，其 R&D 经费投入总量（经费总额和人员投入数量）在一定程度上也处于较高水平，但相同研究也表明，我国东部地区的 R&D 资源使用可能存在浪费和低效率现象（王银梅和刘丹丹，2015），使得 R&D 经费总额、R&D 的人员投入数量与农村绿色发展水平呈现负相关关系。此外，也有可能是东部地区的科研产出过高，科研产出率远远高于科研技术转化率，使得技术的推广适用程度不够而无法转化为实际的生产服务（邵明灿等，2013）。

我国中部地区的科技创新因素中仅有有效专利申请数量通过了 5%的显著性检验。有效专利申请数量与农村绿色发展水平呈现显著正向相关关系，有效专利申请数量每增加 1.9%则农村绿色发展水平上升 1%。相较于东部地区而言，中部地区的经济发展水平较低，但其科研投入和机构设置使得科技创新的产出能力并不弱于东部地区。中部地区的科研高校众多，其科技创新的服务能力对外部具有一定的辐射效应，但科技成果转化方面似乎也存在一定的低效率问题。有效专利申请数量是科研技术创造价值的可量化指标，提高中部地区的有效产出率是提升农村绿色发展水平的有力手段。

我国西部地区的科技创新因素中仅有 R&D 经费总额通过了 10%的显著性检验。R&D 经费总额与农村绿色发展水平呈现显著正相关关系，R&D 经费总额每增加 1.8%则农村绿色发展水平上升 1%。我国西部地区经济发展相对落后，社会基础建设投入也相对落后。科技创新投入的 R&D 经费甚至有供不应求的现象，再加上其他地区的科技创新辐射优势和科技投入产出资源的区域转移，使得西部地区的科技创新对外部具有一定的依赖性。但目前总体的表现依然为 R&D 经费总额对农村绿色发展水平具有显著正向影响。西部地区提升农村绿色发展水平的科技创新投入依然是以增加 R&D 经费为重点。

我国东北地区的科技创新因素中有效专利申请数量通过了5%的显著性检验。有效专利申请数量与农村绿色发展水平呈现显著正相关关系，有效专利申请数量每增加1.4%则农村绿色发展水平上升1%。东北地区是我国的粮仓，地域辽阔、物产丰富，规模化和机械化已经达到较高水平，农业技术需求在一定程度上要区别于我国其他区域。东部地区的规模化生产机械和育种管理技术大部分都是可以从外部引进，其对本区域科技创新投入的依赖程度并不高。一般来讲，外部引进的效率更高，而无法从外部引进自身非常需要的技术时就必须自己进行研发。有效专利作为科技产出成果，其大部分都是地方经济社会发展所急需、可以较快发挥作用的技术，这样的技术可以有效推动农村绿色发展。

（三）小结

对于我国现阶段而言，相较科技创新R&D经费总额和人员投入数量，我国更应该关注科技投入的强度和投入的产出效率问题。根据各地区的经济发展水平能力，适度增加R&D经费的投入强度；此外，要加强科研资金的管理水平，提高科技创新资金的使用效率。

我国东部地区、中部地区、西部地区和东北地区的科技创新因素对各区域农村绿色发展水平的影响存在较大差异。总体而言，随着经济发展程度逐渐降低，科技创新的R&D经费总额与人员投入数量对农村绿色发展水平的正向作用越来越强；有效专利申请数量即科技投出产出效率则是所有区域都要关注的重中之重。利用差异化的政策提升各地的科技创新能力，让科技创新能更好地服务于我国农村绿色发展。

三、农业绿色技术创新投入与市场需求的关系

（一）理论基础、研究方法和数据来源

科学技术更新的步伐越来越快，给我们的生产、生活带来巨大的改变，极大地推动了社会经济发展。与此同时，市场需求对社会经济发展的作用也越来越明显。本节内容主要阐述绿色技术创新投入与市场需求两者间的关系。首先，从理论意义上梳理两者间的关系；其次，运用格兰杰因果检验的方法，基于2000～2017年我国农村绿色能源消费相关数据，验证我国农业绿色技术创新投入与农村市场需求的相互关系。

从现有关于科技创新与市场需求的研究文献来看，绝大多数研究均表明市场需求与科技创新两者间存在高度相关性。

首先，市场需求是科技创新的推动力。相关研究指出，发达国家科技创新取得的伟大成就的根本原因有五个，依次为技术推动、市场推动、竞争、群体创造和政府推动。范子祺和王桓文（2001）以美国和英国为例验证市场对科技创新的推动力远远高于技术本身的推动力强度。同时，在企业的生存发展和科技创新过程中也必须以市场需求为导向，充分考虑资金、技术和资源的拥有情况进行合理的市场开发。现阶段的供给侧结构性改革发展政策，就是更多地关注需求，准确定位市场来提升资源和技术创新的有效性。

其次，科技创新能创造更多新的市场需求。我国现阶段科技创新模式大多是基于价值链的创新扩散（彭春燕，2013），其研发的最终都是为了大规模的市场应用。科技创新的全球竞争也越来越激烈，领先市场就会占领先机，能准确地预测或者引导未来的市场需求就可以为科技创新创造更多的超额利润。张超（2011）就以结构向量自回归（structural vector autoregression，SVAR）模型验证产品创新与需求的内在互动关系，发现新产品的市场需求能够显著促进科技创新，同时新产品投入开发对新产品的销售收入的贡献率高达 44.6%，即科技创新与市场需求间存在高度相关关系。

本书通过格兰杰因果检验来实证分析技术创新与市场需求之间的因果关系。根据格兰杰因果检验的指导思想：若市场需求（X）是技术开发经费支出（Y）的格兰杰原因，则表明包含了产品市场需求（X）和技术开发经费支出（Y）的过去信息对技术开发经费支出（Y）的预测效果要优于只单独由技术开发经费支出（Y）的过去信息对技术开发经费支出（Y）进行的预测效果，即产品市场需求（X）有助于解释技术开发经费支出（Y）的将来变化；反之亦然。格兰杰因果检验的主要步骤如下（以两变量的格兰杰因果检验为例）。

步骤 1：建立一个以 X 和 Y 变量的滞后项为自变量，Y 变量为因变量的方程：

$$Y_t = \sum_{i=1}^{k} \alpha_i \times X_{t-1} + \sum_{i=1}^{k} \beta_i \times Y_{t-1} + \mu_{t-1} \qquad (4\text{-}5)$$

由式可计算得到残差平方和 SSE_u。

这是一个无约束的方程，计算该方程的残差平方和 SSE_u。

步骤 2：建立一个以除 X 之外的变量及其滞后项为自变量（如果仅检验 X、Y 两个变量的格兰杰关系，则此时的变量只有 Y 的滞后项），以 Y 为因变量的方程：

$$Y_t = \sum_{i=1}^{k} \beta_i \times Y_{t-1} + \mu_{t-1} \qquad (4\text{-}6)$$

式（4-6）相当于在式（4-5）基础上施加了约束 $\alpha_1 = \alpha_2 = \alpha_3 = \cdots = 0$，计算式（4-6）的残差平方和 SSE_r。

步骤 3：要检验 X 是否对于 Y 有预测力，就是要检验假设（H_0）$\alpha_1 = \alpha_2 =$

$\alpha_3 = \cdots = 0$是否成立。使用F检验，统计量F符合自由度为k和$T-2k$的F分布，其中T为样本容量，k为最大滞后阶数。

$$F = \frac{(\text{SSE}_r - \text{SSE}_u)/k}{\text{SSE}_u/(T-2k)} \sim F(k, T-2k) \tag{4-7}$$

查阅F分布的临界值表，就可以得到接受或拒绝原假设的结论，也就检验出了X与Y之间的格兰杰因果关系。

数据来源：考虑到数据来源可得性，本节中选取2001～2018年《中国农村统计年鉴》和《中国农业统计资料》中关于农村绿色能源的经费投入与使用量的数据，来验证技术创新投入与市场需求间的联系。其中，农村绿色能源的使用量以《中国农村统计年鉴》“各地区农村可再生资源利用情况”中“沼气池产气总量”和“太阳能热水器”两种可再生能源的使用量衡量，农村能源的经费投入则以《中国农业统计资料》中“农村能源”部分“各地区农村能源经费投入情况”指标表征。具体的数据内容如表4-11所示。

表4-11　2000～2017年我国农村绿色能源经费投入与使用量统计数据

年份	政府农村能源经费投入/万元	沼气池产气总量/万米^3	太阳能热水器/万米^3
2000	52 347.76	225 136	934.36
2001	83 397	298 172.49	1 319.37
2002	114 128.3	369 878.1	1 621.7
2003	138 926	457 975.2	2 464.8
2004	173 581	556 819	2 846
2005	302 731.1	705 893	3 206
2006	452 493.4	818 733.2	3 941.01
2007	481 288	1 017 485.7	4 286.4
2008	1 361 824	1 184 340	4 758.7
2009	972 238	1 307 748.3	4 997.1
2010	795 929	1 396 620.3	5 498.3
2011	770 168	1 528 059.3	6 231.9
2012	560 205	1 576 147	6 801.8
2013	604 697	1 577 652.2	7 294.6
2014	604 220	1 550 395.4	7 782.9
2015	531 896	1 539 353.3	8 232.6
2016	—	1 448 575.7	8 623.7
2017	—	1 237 518.8	8 723.5

注：政府农村能源经费投入的2016年和2017年数据在年鉴中未统计

（二）实证分析

利用农村沼气与太阳能利用量反映农村的绿色能源市场需求，利用农村能源经费投入反映农业的科技创新，构建格兰杰因果检验模型验证两者间的因果关系。研究我国农村绿色能源消费与农业科技创新投入两者间的格兰杰因果关系前，需要说明的是沼气池产气总量和太阳能热水器是两种不同类型的能源，统计单位不一样，不能直接累加。因此，本书将参照《综合能耗计算通则》（GB/T 2589—2008）中的“能量等价”原则换算成标准煤量，以进行进一步的实证研究。先对时间序列数据进行平稳性检验，以避免出现伪回归的现象。在平稳性检验前对绿色能源消费和政府能源经费投入数据进行取对数处理，以排除经济变量间存在的异方差问题。本书使用 EViews8.0 软件采用 ADF（augmented Dickey-Fuller）检验方法分别对绿色能源消费和政府能源经费投入进行单位根检验，政府能源经费投入为 EI，绿色能源消费为 GEC（green energy consumption），检验结果如表 4-12 所示。

表 4-12　绿色能源政府经费投入和能源消费量数据 ADF 检验结果

序列	ADF 检验值	置信度	临界值	结论
政府能源经费投入（EI）零阶差分	1.080	1%	−2.976	非平稳
		5%	−2.772	非平稳
		10%	−2.517	非平稳
政府能源经费投入（EI）一阶差分	−3.925	1%	−2.983	平稳，一阶单整
		5%	−2.664	平稳，一阶单整
		10%	−2.421	平稳，一阶单整
绿色能源消费（GEC）零阶差分	0.988	1%	−3.059	非平稳
		5%	−2.885	非平稳
		10%	−2.625	非平稳
绿色能源消费（GEC）一阶差分	−4.060	1%	−3.700	平稳，一阶单整
		5%	−3.452	平稳，一阶单整
		10%	−2.659	平稳，一阶单整

由 ADF 单位根检验的结果可知，绿色能源消费（GEC）和政府能源经费投入（EI）时间序列数据在零阶差分基础上都表现为非平稳的时间序列数据。但对两者进行一阶差分后，其结果显示，两者都表现为平稳的时间序列数据，故绿色能源消费和政府能源经费投入数据属于一阶单整时间序列数据。因此有必要对数据进

行进一步的协整检验。协整检验的方法一般有两种，一种是基于协整回归残差的ADF检验的EG（Engle-Granger）两步法，另一种是基于向量自回归模型的多重协整检验的Johansen检验方法。由于Johansen检验方法主要用于多变量间的协整检验，故本书采用经常验证两变量间协整关系的EG两步法。使用EViews8.0软件，用最小二乘法（ordinary least square，OLS）估计对其进行回归，得到方程：

$$\ln \text{GEC} = -20.230 + 3.548 \ln \text{EI} \quad (4\text{-}8)$$

$$(-44.172) \qquad (32.561)$$

$$\text{Adjusted } R^2 = 0.980 \qquad \text{D.W.} = 0.158 \qquad F\text{值} = 542.882$$

由残差计算公式$e_t = Y_t - \hat{Y}_t$，对残差进行平稳性检验可知：在1%置信水平下临界值为–2.826，在5%置信水平下临界值为–2.013，在10%置信水平下临界值为–1.559，而残差项e_t的ADF值为–1.920，通过5%的显著性水平检验，表明残差项为平稳的时间序列，即绿色能源消费和政府能源经费投入之间存在协整关系。

在验证绿色能源消费（GEC）和政府能源经费投入（EI）时间序列的平稳性之后，我们就可以对数据进行格兰杰因果检验，实证结果如表4-13所示。

表4-13　格兰杰因果检验结果

项目	原假设 H_0	F值	P值	结论
滞后1期	政府能源经费投入不是绿色能源消费的格兰杰原因	5.682	0.005	拒绝 H_0
	绿色能源消费不是政府能源经费投入的格兰杰原因	1.093	0.880	接受 H_0
滞后2期	政府能源经费投入不是绿色能源消费的格兰杰原因	3.586	0.026	拒绝 H_0
	绿色能源消费不是政府能源经费投入的格兰杰原因	1.265	0.105	接受 H_0
滞后3期	政府能源经费投入不是绿色能源消费的格兰杰原因	3.259	0.062	拒绝 H_0
	绿色能源消费不是政府能源经费投入的格兰杰原因	0.258	0.985	接受 H_0
滞后4期	政府能源经费投入不是绿色能源消费的格兰杰原因	1.235	0.586	接受 H_0
	绿色能源消费不是政府能源经费投入的格兰杰原因	0.569	0.256	接受 H_0
滞后5期	政府能源经费投入不是绿色能源消费的格兰杰原因	0.958	0.586	接受 H_0
	绿色能源消费不是政府能源经费投入的格兰杰原因	0.556	0.955	接受 H_0
滞后6期	政府能源经费投入不是绿色能源消费的格兰杰原因	0.259	0.582	接受 H_0
	绿色能源消费不是政府能源经费投入的格兰杰原因	0.144	0.793	接受 H_0

绿色能源消费和政府能源经费投入分别滞后1～6期得到格兰杰因果检验，由检验结果可知：在滞后1～3期，都显著表明政府能源经费投入是绿色能源消费的格兰杰原因，但绿色能源消费却不是政府能源经费投入的格兰杰原因；在滞后4～6期，绿色能源消费与政府能源经费投入不存在任何的因果关系。结合上述

的回归分析进一步分析得到：在短期内政府能源经费投入的增加对绿色能源消费存在显著的正向促进作用，但绿色能源消费却并不是政府能源经费投入增加的直接原因；在长期内两者并不存在显著的因果关系。这也反映出政府在推动农村能源消费绿色转型的过程中发挥至关重要的作用，农村居民的绿色发展积极主动参与度还有待提升。

四、中国农村绿色发展的技术创新路径

（一）我国农村绿色发展科技创新投入特征

农村的绿色科技创新具有公共性、社会性、多元性、协同性、系统性、多层次性和开放性的典型特征（王雅鹏等，2015）。首先，农业科技具有典型的公共物品属性，其使用和推广具有非竞争性和非排他性，加上农业科技创新的高投入、高风险特征，政府成为主要供给者。其次，科技创新的投入主体、研发主体和推广主体出现多元化发展特点。政府、农业科研机构、院校、企业、农技协会和农民合作组织在科技创新中发挥的作用越来越大，其各主体作用的维度也越来越广。但毋庸置疑的是农业科技创新的投入、研发和推广应用是一个系统工程，其实现的路径离不开以上各个主体间的相互合作。最后，农业科技创新应该具有包容开放的特征。要与农业外部环境达到互利共赢效果，应加大农业与非农业、本国农业与国外农业的合作力度，实现社会资源的最大化集成利用。农村绿色发展科技创新投入相较于普通的农村科技发展投入更侧重于绿色生态、外部性和公益性等特征。

（二）我国农村科技创新投入存在的主要问题

传统农业科研创新管理机制严重影响科技投入资源配置效率。农业科研集中管理模式存在的弊端一直延续至今，自上而下的科技推广形式会弱化市场需求带来的导向作用。纵向上的国家与地方机构，横向上的政府、企业、研究机构和科研院校，缺乏必要的合理分工与协同合作。主体间的低水平研究和重复研究越来越多，这造成了科技资源浪费问题。同时，存在科技创新的成果考核机制固化，论文、专利和获奖情况并不能反映其全部的科技创新能力，更不能直接体现科技创新的价值大小等问题。

农业科技创新效率低下。首先，农业科技创新效率低下主要体现为农业科技成果的质量不高。许多农业科技成果脱离农村和农业实际情况，出现对配套设施要求高、对外部环境变化的适应能力差等问题。其次，则表现为科技产出率高，

但科技成果转化率低下。农业技术推广是农业科技创新成果转化的助推器，大部分农业科技无法转化成生产力的主要原因是缺乏科技创新主体与技术采纳主体间的沟通媒介。我国现阶段自上而下的农业技术推广机构设置不利于及时了解农村居民需求，降低了农业科技创新和推广的市场接受程度，从而阻碍了农业科技成果转化。

农业科技创新的投入强度不够，缺乏政府激励与风险补偿机制。由科技创新投入对农村绿色发展水平影响的实证分析可知，我国农业科研投入强度对农村绿色发展具有极强的正向显著效应。而各省农业 R&D 经费占农业 GDP 比重极小，这非常不利于形成农业科技创新环境，无法保障农业经济与其他产业的均衡发展。同时，农村绿色科技创新有较强的正外部性，政府必须加强扶持力度，以弥补市场的不足，既要通过风险补偿与生态补贴的政策形式进行必要的转移支付，又要制定相应的激励政策，提高科技创新主体的积极性和主动性。

（三）我国农村绿色发展的技术创新路径设计

本书试着从农业绿色发展的科技创新环境、科技创新内容、科技创新主体和科技创新方向四个方面构建一套我国农村绿色发展的技术创新路径，以期从技术创新的角度为促进我国农村绿色发展提供理论依据。具体的农村绿色发展技术创新路径设计如图 4-10 所示。

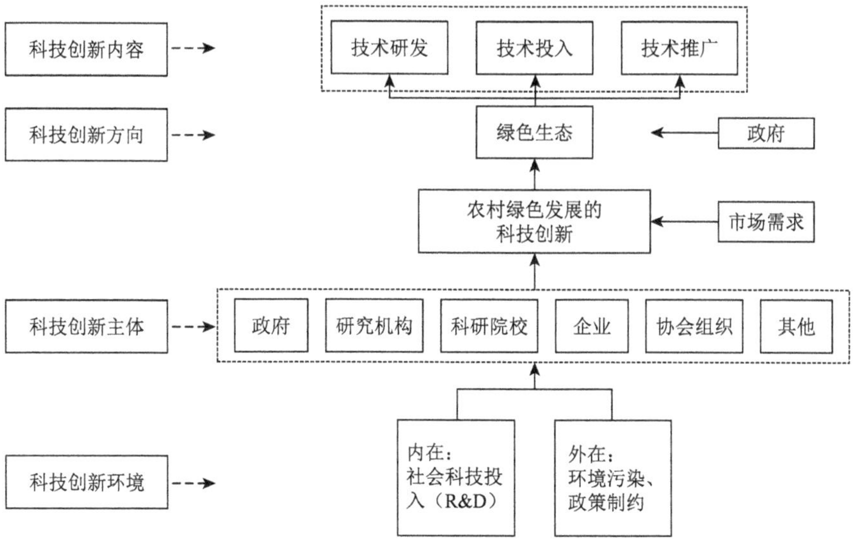

图 4-10　我国农村绿色发展的技术创新路径图

科技创新环境是促使科技发展的土壤。我国农村绿色发展的科技创新环境主要包含内在环境和外在环境两个方面。内在绿色科技创新环境主要来自社会科技创新的内在动力，即社会科技投入（R&D）；外在绿色科技创新环境主要包括环境污染和政策制约等。增加科技投入是直接促进科技创新发展的有力手段。同时，随着我国环境污染与社会经济发展的矛盾日渐突出，环境污染治理成效成为经济发展水平的一个重要指标。环境污染的管制政策和绿色技术研发的激励政策，可以为我国农村绿色发展的科技创新提供保障。

科技创新主体包含政府、研究机构、科研院校、企业和协会组织等一切为科技创新提供服务的单元，它们是科技创新的投入主体、研发主体和推广主体。但是，现阶段这些主体间的联系很疏散，发挥的科技创新职能有所重叠。这些主体间应该分工合作、统一协调形成一个有机的科技创新系统。政府和科研机构等公共服务性组织应该更多地引导和规范科技创新路径和模式，激励企业等营利性组织进行自主研发和创新。同时，要准确把握科技创新主体间的相互关系，创建多元化创新主体并存、互利共赢的创新模式。

科技创新方向主要是绿色生态。当然，迎合市场的真实需求是实现技术创新价值最大化的根本。市场需求是科技创新的动力和原因，脱离市场的科技成果，其转化的可能性极低，难以得到产业化和规模化运用。除了市场需求导向以外，农村绿色发展的科技创新还需要关注绿色科技的公益性、外部性和风险性特征，政府的介入就显得至关重要。政府可以通过激励政策、管制政策和惩罚机制等手段，促进农村绿色发展的科技创新。政府应该规范和引导农村科技创新主体基于市场需求研发绿色科技。

科技创新的内容有技术投入、技术研发和技术推广。技术投入是科技创新的前提条件，技术研发是科技创新的实质内容，而技术推广则是科技创新的价值实现过程。我国农村绿色发展的科技创新投入、研发和推广的难度在一定程度上都会高于一般技术。绿色技术的适用性和有用性问题直接影响着农户对技术的采纳意愿（李后建，2012）。因此在绿色技术的研发与推广过程中一定要结合农户的需求，自下而上地开展绿色技术的投入、研发和推广计划，大力研发和推广易用型、适用型和经济型的绿色农业技术。另外，我国农业技术推广体系还存在一定局限性，农业技术推广模式和内容还需要不断地创新及完善。比如，农户对绿色科技的认知还处于初步阶段，如何让农村绿色发展的理念成为一种时尚还有待进一步努力。

第四节　中国农村绿色发展的投入优先序分析

我国传统农业向绿色农业转型的过程在技术层面上来说就是绿色技术对传统低效、高污染技术的替代过程（谭秋成，2015），而农村绿色发展问题涉及农村生产、生活和生态的方方面面。农户不仅是农业生产经营的基本单位，也是农村的主要构成对象。农户是农村生产执行者，是农村生活的主导者，是农村生态文明建设的主要参与对象。因此，从农户视角对我国农村的绿色发展问题进行充分研究具有极强的现实意义。

本部分首先利用 2016～2018 年湖北农村发展研究中心通过农村固定观察点获取的农户微观数据，对农户的绿色技术采纳现状进行描述性统计研究，并采用聚类分析和加权平均的方法测定农户对绿色生产技术、绿色生活技术与生态治理技术的需求优先序。其次厘清我国农村绿色发展在基础设施、人力资本、绿色文化、生态治理、绿色科技、绿色制度等方面的投入现状。最后针对实证研究的具体结论提出相关的政策启示，明晰我国农村绿色发展的投入重点和方向。

一、研究方法与理论基础

（一）农户的技术需求及其影响因素

根据行为科学理论的观点，需求是行为发生的前提条件，有需求人才会产生动机，从而指导行为来实现自己的目标需求。吴敬学等（2008）认为农户的技术需求行为一般指农户在既定的条件下为了实现自己利益的最大化，而主动地选择接受一些农业科学技术，并把这些技术融入自己的生产利用和改造自然、实现一定的目标过程中。但技术需求与行为表达之间还存在一定的差距，而这种需求是否能顺利地表达往往受到诸多因素的影响，如户主特征、技术认知和技术需求表达成本等微观层面因素及政府和社会化服务组织等宏观条件的影响（李容容等，2017）。宋金田和祁春节（2013）研究发现交易成本是影响农户农业技术需求与采纳的关键因素，其中技术信息获取成本和技术采用的执行成本对农户影响最大。李剑等（2013）利用 2009 年和 2011 年的连续跟踪数据发现合作组织对农户技术需求的改善效益极其显著，认为我国应该构建农户合作经济组织来提升我国农业科技服务效率水平。但我国农业技术供给主体仍然以政府为主导地位，其自上而下的农业技术推广模式容易导致技术的供给与农户的实际技术需求产生矛盾。同时我国农业科学技术发展不平衡，农户普遍注重生化技术的使用（如农药和化肥），而忽视生产设施技术（如机械类）的提升。这种农户技术的应用与我国宏观的技术需求存在的差异严重制约着我国农业的现代化发展进程（刘延风，1996）。

（二）对农户技术需求的优先序研究

农户的技术需求是一个动态的行为过程，因此具体的农业技术需求会随着时间、地域和经营主体的改变而存在较大差异。张耀钢和应瑞瑶（2007）的研究发现，农户在农业生产的过程中仍然处于生产的初级阶段，对产前、产中技术的需求依赖远远高于产后的加工、包装和运输保存技术。农户的生产技术需求集中体现在病虫害的防治和相关信息的传达方面。庄丽娟和贺梅英（2010）对荔枝主产区的农户技术服务选择的需求意愿进行分析时，也得出类似的结果。关俊霞等（2007）则通过南方农户生产技术需求的实地调查，研究不同农户经营主体对农业技术需求的差异，发现农户的农业生产技术需求主要表现在作物新品种、劳动力替代技术和病虫害的防治方面。同时在对四川省农户生产技术进行优先序研究时，发现新品技术才是农户最关注的技术需求，而且品种的高产和稳产是其新品种选择的主要依据。余国新和李孟华（2013）对巴州番茄种植农户的技术需求优先序及相关决策行为进行研究，则发现农资、销售市场和价格信息及新品种才是农户最急需的技术。

（三）优先序的测定方法

优先序的测定是通过一定的统计计量将不同农户的技术需求的共同特征以一定的序列形式排列出来。目前学术界常用的方法有三种：首选决定法、加权频数法和聚类分析法。这三种方法的使用都具有一定的代表性，在我国学术界各个领域得到广泛的运用。例如，王火根和饶盼（2016）基于加权频数法和聚类分析法的方法对农户能源技术激励政策的使用偏好优先序进行系统的分析。崔登峰等（2012）同时利用首选决定法、加权频数法和聚类分析法对西部边疆地区的社会公共服务进行优先序测定，发现首选决定法和加权频数法的测算结果具有一定的相似性。此外，也有部分学者尝试使用一些新的方法进行优先序研究。孔祥智等（2007）利用余额无权重转移调整法替代首选决定法或加权频数法，并结合聚类分析对我国农户的农村公共产品需求进行优先序研究。这种余额无权重转移调整法的具体做法是在进行两项技术对比时，将排在前一位的频数值相减得到的差额累加到后一位的频数差额中，以此类推并根据最后的累加值判断两项技术的优先序，但这种方法其实就是等距加权频数法的变相研究。下面以表 4-14 中需求 A、B、C 为例，分别介绍首选决定法和加权频数法。

表 4-14　优先序测定示例

技术需求	第一位次	第二位次	第三位次	第四位次	第五位次
需求 A	a_1	a_2	a_3	a_4	a_5
需求 B	b_1	b_2	b_3	b_4	b_5
需求 C	c_1	c_2	c_3	c_4	c_5

注：表中 a_1～a_5、b_1～b_5、c_1～c_5 依次表示各类需求累计的频数

首选决定法：该方法是最简单的优先序选定办法，首先通过农户的调研数据将农户的需求按照一定的顺序排列后进行统计汇总，然后按照每个需求相同位次上累计的频数进行大小比较。第一位次上频数最多需求的排在优先序第一位，如$a_1 > b_1 > c_1$，则我们可以认为需求的优先序为需求 A>需求 B>需求 C。当前一位次的频数相等时，就比较后一位次的频数大小，如$a_1 = b_1$，$a_2 > b_2$，则需求 A>需求 B，以此类推依次得到相应的需求序列。

加权频数法：区别于首选决定法在于我们要人为主观地对不同位次上的频数赋予一定的权重或分值，然后根据加权总分之和确定各类需求的排列次序（廖清成，2006）。这类方法将每种需求的各个位次的频数都纳入比较的范围，在一定程度上要优于首选决定法。具体操作如下，假设我们对各类需求的第一位次、第二位次、第三位次、第四位次和第五位次分别给定权重为 1、4/5、3/5、2/5、1/5，则需求 A 与需求 B 的比较取决于 $a_1 \times 1 + a_2 \times 4/5 + a_3 \times 3/5 + a_4 \times 2/5 + a_5 \times 1/5$ 与 $b_1 \times 1 + b_2 \times 4/5 + b_3 \times 3/5 + b_4 \times 2/5 + b_5 \times 1/5$ 的大小，总和越大表示需求的层次越高。由于人为随机赋权时带有一定的主观臆断性，所以本书将借鉴孔祥智等（2007）的余额无权重转移调整法，采用等距赋权法对农村各类绿色技术需求的第一位次、第二位次、第三位次、第四位次和第五位次分别给定权重为 1、4/5、3/5、2/5、1/5。

聚类分析法：聚类分析就是将相同或者相似的东西聚在一起成为一类进行整体分析。运用一定的统计研究方法实现不同指标对象的综合评价，并将综合得分相近的归为一类。一般可以借助一些运用软件来实现整个过程，如 SPSS 软件，具体聚类原理在此就不做说明。但这种方法一般不单独使用，聚类只是将一些技术归类，并不能得出优先序列。

二、数据来源与样本特征

（一）数据来源

本节利用的数据主要来源于湖北省的微观调研数据。调研团队于 2016 年 5 月开始着手对课题相关内容的部署工作，经过近两个月的激烈讨论才最终将调查问卷定稿。基础调研时间段在 2016 年 7 月至 8 月，并在 2017 年和 2018 年开展相应的跟踪与补充调查工作。调研地点选择中部地区具有代表性的江汉平原，根据随机取样的原则从湖北农村发展研究中心的农村固定观察点中随机抽取 3 个市区、9 个乡镇的 22 个自然村落进行问卷调查。调研团队则由课题组 4 名老师负责，7 名博士和近 20 名硕士研究生共同参与，分配成 3 个小组去往不同样本点同时进行数据获取调研。问卷的调研方式采用农户与调研员一对一的形式进行面对面访谈，调研员按照问卷的内容一一提出问题，并由农户做出相对应的回答即可。整个访谈过程尽量做到不急不躁、轻松自由地交流，每份问卷的平均时长大致控制在 40 分钟以内。

问卷的内容设计主要从四个方面进行，依次包括基本情况（基础设施与环境状况、被调查者及其家庭基本信息）、农业生产认知与意识（补贴和绿色生产认知，农业生产、生活、生态技术采用，农业生产环境认知和环保意识）、绿色发展投入优先序和农户的低碳、绿色农业的感知。内容比较能客观全面地反映出我国农村绿色发展的真实状况，相关的统计研究和分析将在接下来的内容展开。经数据排查和整理后最终获得 634 份有效问卷，样本农户的详细分布见表 4-15。

表 4-15 调研农户样本点分布

市区	乡镇	村庄	样本量/份
随州市	安居镇	黄家寨村、聂家寨、张家河村	83
	万店镇	槐东村、先觉庙村、红石岗村、小河沟村	83
	淅河镇	金屯村	48
天门市	横林镇	程滩村、天潭乡、鄢滩村、杨仙村	73
	张港镇	但铺村、周铺村	92
	汪场镇	雷场村、启厚村	55
武汉市（新洲区）	三店街	董椿村、三店村	84
	徐古镇	谢店村、谢元村、周山村	66
	李集镇	刘先村	50
总计	9	22	634

资料来源：微观调研数据的统计结果

（二）农户样本特征

调研样本农户以身体健康状况较好的中老年为主。根据表 4-16 的样本统计结果可知，样本农户的年龄跨度从 25～85 岁不等，其中 25～40 岁的有 30 人，占样本总量的 4.73%，是比重最小的年龄段群体；41～55 岁的有 256 人，占样本重量的 40.38%；56～70 岁的有 309 人，占样本总量的 48.74%，是比重最大的年龄段群体；71～85 岁的有 39 人，占样本总量的 6.15%。在从农户对自身的健康状况评价程度来看，农户的身体健康水平并不算太差。其中认为自身健康状况很差的有 9 人，占样本总量的 1.42%，比重极小；认为自身健康状况较差的有 96 人，占样本总量的 15.14%；认为自身健康状况一般的有 164 人，占样本总量的 25.87%；认为自身健康状况较好的有 257 人，占样本总量的 40.54%，是样本中最大的比重群体；认为自身健康状况很好的有 108 人，占样本总量的 17.03%。从样本的随机取样角度和实际的统计结果来看，我国农村的农业生产者老龄化问题较为迫切，但由于拥有较好的身体健康水平，农业生产者老龄化的负面影响可以得到一定的减缓。

表 4-16　调研农户的基本特征统计

农户特征	分类	频数	百分比	农户特征	分类	频数	百分比
年龄	25～40 岁	30	4.73%	耕地质量	较好	160	25.24%
	41～55 岁	256	40.38%		一般	378	59.62%
	56～70 岁	309	48.74%		较差	96	15.14%
	71～85 岁	39	6.15%	家庭劳动力占比	0～0.2	31	4.89%
健康状况	很差	9	1.42%		0.2～0.4	126	19.87%
	较差	96	15.14%		0.4～0.6	136	21.45%
	一般	164	25.87%		0.6～0.8	209	32.97%
	较好	257	40.54%		0.8～1.0	132	20.82%
	很好	108	17.03%	承包地面积	0.3～10 亩①	544	85.81%
教育程度	文盲	35	5.52%		10～20 亩	73	11.51%
	小学	252	39.75%		20～30 亩	9	1.42%
	初中	261	41.17%		30～40 亩	4	0.63%
	高中	78	12.30%		40 亩以上	4	0.63%
	大专及以上	8	1.26%	农业收入占比	0～0.2	337	53.15%
兼业情况	无兼业	326	51.42%		0.2～0.4	127	20.03%
	季节性务工	165	26.03%		0.4～0.6	56	8.83%
	个体经商	20	3.15%		0.6～0.8	27	4.26%
	长期务工	79	12.46%		0.8～1.0	87	13.73%
	其他	44	6.94%				

资料来源：微观调研数据的统计结果。对区间的划分均取上限

农户的受教育水平低下，全职农民的比重较大。从统计的最终结果来看农户的受教育水平在初中及以下的占到总样本量的 80%以上。其中接受过小学及以下教育的有 287 人，占样本总量的 45.27%；接受过初中教育的有 261 人，占样本总量的 41.17%，是其中最大的样本群体；接受过高中教育的有 78 人，占样本总量的 12.30%；接受过大专及以上教育的有 8 人，占样本总量的 1.26%，是总样本中

① 1 亩≈666.7 平方米。

比重最小的群体。同时，样本群体的兼业情况也并不乐观。其中无兼业的全职农户有 326 人，占样本总量的 51.42%；其中季节性务工的农户有 165 人，占样本总量的 26.03%，这部分农户主要在农闲时根据自己的能力大小从事一些以体力为主的雇佣服务；而个体经商的农户有 20 人，占样本总量的 3.15%，主要是开展一些农村小卖部、农机租赁服务、农资采购及农产品初加工商业活动；长期务工的农户有 79 人，占样本总量的 12.46%；而从事其他兼业的有 44 人，占样本总量的 6.94%，主要包括教师、村干部等。

农户承包地普遍具有规模偏小和质量一般的特征。我国农业耕地的细碎化问题虽然随着我国土地流转市场形成而逐渐得到改善，但其规模化优势还并未得到充分体现。样本农户家庭承包的土地质量中有 160 户的耕地质量较好，占样本总量的 25.24%；有 378 户的耕地质量一般，占样本总量的 59.62%，是其中最大的样本群体；有 96 户的耕地质量较差，占样本总量的 15.14%，其中大部分为低洼田。承包地面积（包含租赁）从 0.3 亩至 180 亩不等，其中承包面积为 0.3～10 亩范围的有 544 户，占样本总量的 85.81%，是样本中占比最大的群体；承包面积为 10～20 亩的有 73 户，占样本总量的 11.51%；承包面积为 20～30 亩的有 9 户，占样本总量的 1.42%；承包面积为 30～40 亩的有 4 户，占样本总量的 0.63%；承包面积为 40 亩以上的有 4 户，占样本总量的 0.63%。

家庭中劳动力人口占比较高，农业收入占家庭总收入的比重低。家庭劳动力的比重（劳动力人数/家庭总人数）越高，则赡养负担相对越低。在样本农户中家庭劳动力占比为 0～0.2 的有 31 户，占样本总量的 4.89%；家庭劳动力占比为 0.2～0.4 的有 126 户，占样本总量的 19.87%；家庭劳动力占比为 0.4～0.6 的有 136 户，占样本总量的 21.45%；家庭劳动力占比为 0.6～0.8 的有 209 户，占样本总量的 32.97%，是样本中占比最大的群体；家庭劳动力占比为 0.8～1.0 的有 132 户，占样本总量的 20.82%。在农业的收入方面，农业收入占家庭总收入比重为 0～0.2 的有 337 户，占样本总量的 53.15%，是样本中占比最大的群体；比重为 0.2～0.4 的有 127 户，占样本总量的 20.03%；比重为 0.4～0.6 的有 56 户，占样本总量的 8.83%；比重为 0.6～0.8 的有 27 户，占样本总量的 4.26%；比重为 0.8～1.0 的有 87 户，占样本总量的 13.73%。

（三）农户对农村绿色发展的认知及其环保意识

绝大多数农户考虑过要保护农村生态环境，认为农业绿色生产方式很重要。如表 4-17 所示，有 466 个样本农户对农村的生态问题表示过担忧，认为农村生态环境保护需要采取一些必要的措施，占样本总量的 73.50%；但仍有 168 个农户没有考虑过农村的生态环境保护问题，占样本总量的 26.50%。高污染农业生产方式带来的弊端被农户逐渐认知，特别是相对于一些老年农户来说，传统有机耕种方式与现今土地板结、灌溉用水污染及农药残留等问题相比较就显得更加明显。因此也有大部分人开始重视农业的绿色生产，从样本统计的结果可知，认为绿色农业生产不重要（包含很不重要和不太重要）的只有40个农户，占样本总量的6.31%；有184个农户认为绿色农业生产重要性一般，占样本总量的29.02%；有298个农户认为绿色农业生产比较重要，占样本总量的47%，是样本中比重最大群体；也有112个农户认为绿色农业生产非常重要，占样本总量的17.67%。

表4-17　农户对农村绿色发展的认知及其环保意识

变量定义	分类	频数	百分比	变量定义	分类	频数	百分比
农业生产考虑农药、化肥残留和污染问题?	是	335	52.84%	是否考虑过要保护农村生态环境?	是	466	73.50%
	否	299	47.16%		否	168	26.50%
对绿色农业了解程度	非常陌生	87	13.72%	农业绿色生产重要性	很不重要	3	0.47%
	比较陌生	257	40.54%		不太重要	37	5.84%
	一般	159	25.08%		一般	184	29.02%
	比较了解	128	20.19%		比较重要	298	47.00%
	非常了解	3	0.47%		非常重要	112	17.67%

资料来源：微观调研数据的统计结果

农户对绿色农业的了解程度不够，但仍有大部分人在农业生产过程中会关注农药、化肥的残留和污染问题。在调研样本中有344个农户，占样本总量54.26%的人表示对绿色农业很陌生（包含非常陌生和比较陌生），甚至是没听说过。了解程度一般的有159个农户，占样本总量的25.08%；比较了解的有128个农户，占样本总量的20.19%；非常了解绿色农业的只有3人，仅为样本总量的0.47%。此外，调研小组对农户农业生产过程中的农药、化肥使用情况也做初步了解。当问到农业生产是否考虑农药、化肥残留和污染问题时，有335个农户表示肯定会考虑，占样本总量的52.84%；但仍有299个农户表示并不会在农业生产过程考虑农药、化肥的残留问题，占样本总量的47.16%。在调研中也发现农户对自身使用的技术分类也存在一定模糊性，到底哪些技术称得上是“绿色技术”他们也不是很清楚。

由于我国农户的技术获取在很大程度上依赖于国家农业技术推广体系，而且绿色农业技术对于大多数农户来说是个新生事物，因此也有必要调查了解农户的技术获取途径（表4-18）。本书对农户的农业技术获取途径和相关绿色技术培训进行分析后发现：农户的农业技术获取途径相对比较分散。主要技术信息来源于农资供应店，有303个样本农户，占样本总量的47.94%所占比重最大；其次为电视和网络媒体途径的技术信息获取，有223个样本农户，占比35.28%；通过其他途径（高校、邻居、种植能手）的有 187 个农户，占样本总量的 29.59%；通过科技服务中心，即农技推广站的有 142 个农户，占样本总量的 22.47%；其余通过合作社组织、商贩、书报和杂志途径获取技术服务的则相对较少。

表 4-18　农业生产技术的获取途径

指标	科技服务中心	农资供应店	合作社组织	商贩	电视和网络媒体	书报和杂志	其他
样本数	142	303	10	33	223	21	187
百分比	22.47%	47.94%	1.58%	5.22%	35.28%	3.32%	29.59%

资料来源：农户调查数据，此问题为多选

三、中国农村绿色生产、生活、生态的投入优先序

（一）农村绿色生产技术需求优先序

农业绿色生产是我国农村绿色发展的重要内容。农业绿色生产技术是支撑农业绿色生产的基础。本书从五个方面（废弃物管理、农业机械化、绿色耕作、科学灌溉和绿色园艺）共提出 14 项具体的绿色生产技术，对农户的需求、使用情况进行统计调查。具体的内容包括每项技术的采纳需求意愿、使用频率，让农户对其每项技术进行 1～5 分的需求排序打分。本节将利用调查数据分析农户绿色生产技术的需求优先序。

对数据进行整合和规范化处理后，利用 SPSS19.0 软件对得到的数据进行聚类分析，得到结果如图 4-11 所示。从聚类的结果可知，农户的绿色农业生产技术需

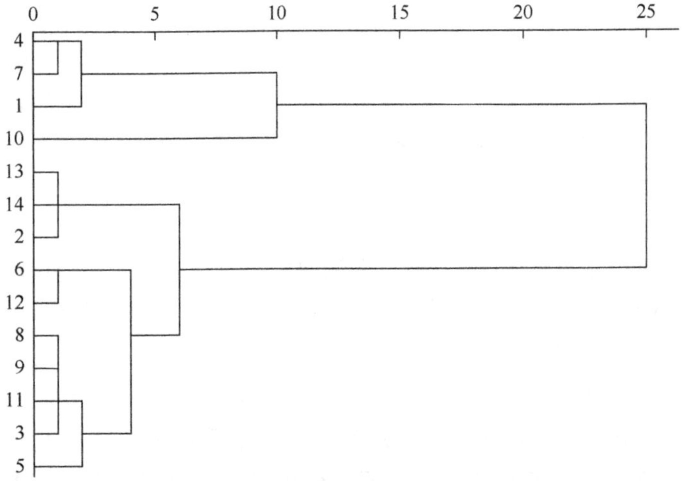

图 4-11　农户绿色生产技术需求聚类分析树状图

1：秸秆还田；2：秸秆出售；3：沼气；4：旋耕机；5：插秧机；6：排灌机械；7：收割机；8：绿色农药；9：深松技术；10：有机肥；11：穴埋施肥；12：水渠硬化灌溉；13：喷、滴灌；14：绿色园艺

求大致可以分为两个大类。第一大类包括的技术有：旋耕机；收割机；秸秆还田；有机肥。第二大类包括的技术有：秸秆出售；沼气；插秧机；排灌机械；绿色农药；深松技术；穴埋施肥；水渠硬化灌溉；喷、滴灌；绿色园艺。

此外，在加权频数法的基础上，采用等距赋权法对农村各类绿色技术需求的第一位次、第二位次、第三位次、第四位次和第五位次分别赋予权重为 1、4/5、3/5、2/5、1/5，得到结果如表 4-19 所示。

表 4-19　农户绿色生产技术需求优先序

技术类别	技术名称	第一位次	第二位次	第三位次	第四位次	第五位次	加权得分	排序
废弃物管理	秸秆还田	223	160	54	80	117	438.8	3
	秸秆出售	6	5	9	100	514	158.2	14
	沼气	8	15	45	129	437	186.0	11
农业机械化	旋耕机	299	166	20	25	124	478.6	2
	插秧机	49	58	20	61	446	221.0	8
	排灌机械	101	107	48	96	282	310.2	5
	收割机	317	178	16	22	101	498.0	1
绿色耕作	绿色农药	25	42	64	117	386	221.0	8
	深松技术	16	66	48	102	402	218.8	10
	有机肥	84	126	142	103	179	347.0	4
	穴埋施肥	29	89	50	92	374	241.8	7
科学灌溉	水渠硬化灌溉	87	95	49	73	330	287.6	6
	喷、滴灌	9	10	24	66	525	162.8	12
绿色园艺		7	13	28	41	545	159.6	13

资料来源：微观调研数据的统计结果；排序数值为加权得分降序排列得到

根据加权频数法得到的结果，我们可以清楚知道农户绿色农业生产技术需求的排序如下：收割机＞旋耕机＞秸秆还田＞有机肥＞排灌机械＞水渠硬化灌溉＞穴埋施肥＞绿色农药＝插秧机＞深松技术＞沼气＞喷、滴灌＞绿色园艺＞秸秆出售。结合聚类分析与加权频数法的综合情况来看，农户对第一大类技术的需求程度高于第二大类技术的需求。

排在第 1 位、第 2 位的是收割机和旋耕机，耕地整理和粮食收割是农业生产资本和劳动力投入较为集中的环节。但随着我国农业机械化程度和劳动力成本的不断提升，机械对劳动力的替代作用不断增强，农业绿色生产的效率水平也在不断提高。第 3 位是秸秆还田，随着秸秆禁烧政策的实施，目前农业收割环节几乎全部实现秸秆自动还田。有机肥和深穴施肥使用则在很大程度上取决于家庭劳动力数量。水渠的硬化和沼气池的使用需要花费大量的成本，往往只能在获得政府补贴情况下才能进行。

（二）农村绿色生活方式优先序

农村绿色发展的另一个重要内容就是农户绿色生活方式，包含衣、食、住、行等各个方面。因此，本节对农村绿色生活方式的优先序研究将从绿色生活设施和绿色消费行为两个角度出发，分别列举常见的 5 种绿色生活设施和 5 种绿色消费行为。在调查的过程中让农户对每一种绿色生活设施和绿色消费行为的采用需求情况做 1～5 分的排序打分，最终根据所有的打分统计情况测度农户绿色生活方式优先序。

首先将数据规范化处理后，利用 SPSS19.0 软件对其进行聚类分析，得到如图 4-12 所示的结果。从聚类分析的结果来看，农村绿色生活方式总共可以划分为三个大类。第一大类主要包括：不使用一次性餐具；婚丧嫁娶从简操办；循环利用废旧衣物；购物使用环保袋。第二大类主要包括：省柴节煤炉灶炕。第三大类主要包括：节能灯；按食量定饭菜数量；节能空调、电视、冰箱等；近距离出行是步行或自行车；太阳能热水器。

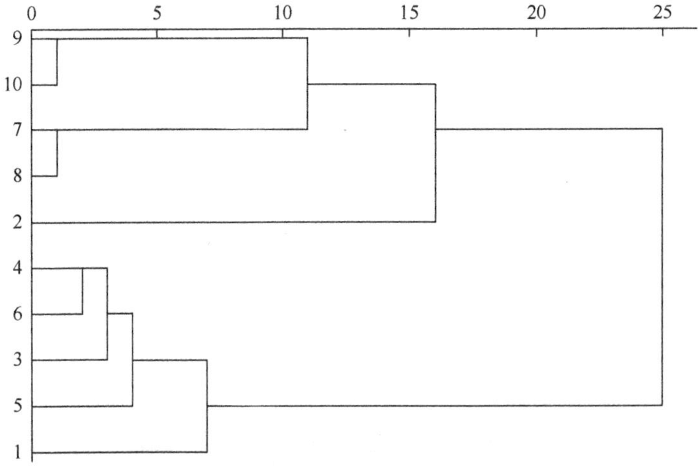

图 4-12　农村绿色生活方式聚类分析树状图

1：太阳能热水器；2：省柴节煤炉灶炕；3：节能空调、电视、冰箱等；4：节能灯；5：近距离出行是步行或自行车；6：按食量定饭菜数量；7：循环利用废旧衣物；8：购物使用环保袋；9：不使用一次性餐具；10：婚丧嫁娶从简操办

其次，在加权频数法的基础上，采用等距赋权法对农户的绿色农村生活方式偏好第一位次、第二位次、第三位次、第四位次和第五位次分别赋予权重为 1、4/5、3/5、2/5、1/5，得到结果如表 4-20 所示。

表 4-20　农村绿色生活技术需求优先序

技术/行为	技术名称	第一位次	第二位次	第三位次	第四位次	第五位次	加权得分	排序
绿色生活设施	太阳能热水器	290	131	7	31	175	446.4	5
	省柴节煤炉灶炕	113	117	70	88	246	333.0	8
	节能空调、电视、冰箱等	228	199	51	47	109	458.4	4
	节能灯	303	175	30	49	77	496.0	3
	近距离出行是步行或自行车	296	149	78	88	23	501.8	2
绿色消费行为	按食量定饭菜数量	263	223	71	40	37	507.4	1
	循环利用废旧衣物	57	112	111	223	131	328.6	9
	购物使用环保袋	60	76	145	205	148	319.4	10
	不使用一次性餐具	60	208	201	138	27	407.6	6
	婚丧嫁娶从简操办	74	202	181	140	37	407.6	6

资料来源：微观调研数据的统计结果；排序数值为加权得分降序排列得到

根据加权频数法得到的结果，我们可以得到农户的农村绿色生活方式偏好优先序列为：按食量定饭菜数量＞近距离出行是步行或自行车＞节能灯＞节能空调、电视、冰箱等＞太阳能热水器＞不使用一次性餐具＝婚丧嫁娶从简操办＞省柴节煤炉灶炕＞循环利用废旧衣物＞购物使用环保袋。综合来看，农户对第三大类绿色生活方式的需求层次高于第一大类和第二大类。

从排序的情况来看，排在前两位的分别是按食量定饭菜数量和近距离出行是步行或自行车，体现的是农户对粮食和出行的绿色生活方式倾向。排在第三位至第五位的分别是绿色生活设备节能灯，节能空调、电视、冰箱和太阳能热水器等。再后者就是不使用一次性餐具、婚丧嫁娶从简操办、省柴节煤炉灶炕、循环利用废旧衣物和购物使用环保袋等生活细节习惯的偏好。从其排序的规律来看，农户绝大部分情况下都是根据自己平常生活对绿色设备和绿色行为的依赖程度及使用频率来作为其优先序判定的依据。

（三）农村绿色生态保护措施优先序

农村生态保护是农村绿色发展问题的重要目标。农村生态问题不仅注重现有农村污染的治理问题，同时更加强调在根源上遏制农村环境污染的产生。因此，本节从农户视角对相关措施进行效果评价，效果的好坏按照 1～5 位次进行排序打分。农村生态保护措施包含农村绿色建设、生态环境治理工程、生态保护制度建设、节能减排行动和绿色农产品品牌建设五个方面共 11 个具体项目。

首先，将数据规范化处理后，利用 SPSS19.0 软件对其进行聚类分析，得到如图 4-13 所示的结果。从聚类分析的结果来看，农户对农村绿色生态保护措施的效果评价总共可以划分为三个大类。第一大类主要包括：耕地污染修复；农膜污染治理；绿色农产品品牌建设。第二大类主要包括：控制农药用量；控制化肥用量；耕地、水资源保护节约行动。第三大类主要包括：村庄绿化带建设；道路、坑塘河道绿化；秸秆综合利用工程；是否有环境破坏处罚制度；禁止乱砍滥伐制度。

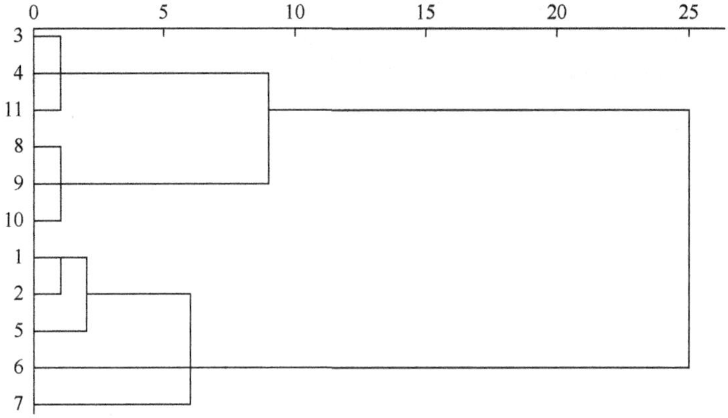

图 4-13　农村绿色生态保护措施聚类分析树状图

1：村庄绿化带建设；2：道路、坑塘河道绿化；3：耕地污染修复；4：农膜污染治理；5：秸秆综合利用工程；6：是否有环境破坏处罚制度；7：禁止乱砍滥伐制度；8：控制农药用量；9：控制化肥用量；10：耕地、水资源保护节约行动；11：绿色农产品品牌建设

其次，在加权频数法的基础上，采用等距赋权法对农村生态保护措施实施效果的第一位次、第二位次、第三位次、第四位次和第五位次分别赋予权重为 1、4/5、3/5、2/5、1/5，得到结果如表 4-21 所示。

表 4-21　农村绿色生态保护措施优先序

措施	项目名称	第一位次	第二位次	第三位次	第四位次	第五位次	加权得分	排序
农村绿色建设	村庄绿化带建设	48	140	118	39	12	248.8	4
	道路、坑塘河道绿化	63	141	117	43	15	266.2	3
生态环境治理工程	耕地污染修复	6	12	23	2	2	30.6	10
	农膜污染治理	7	15	20	7	1	34.0	9
	秸秆综合利用工程	68	167	96	37	16	277.2	2
生态保护制度建设	是否有环境破坏处罚制度	106	182	83	33	13	317.2	1
	禁止乱砍滥伐制度	80	135	48	18	5	225.0	5

续表

措施	项目名称	第一位次	第二位次	第三位次	第四位次	第五位次	加权得分	排序
节能减排行动	控制农药用量	12	78	60	25	7	121.8	7
	控制化肥用量	14	69	59	24	6	115.4	8
	耕地、水资源保护节约行动	25	94	77	26	9	158.6	6
绿色农产品品牌建设		3	9	17	7	1	23.4	11

资料来源：微观调研数据的统计结果；排序数值为加权得分降序排列得到

根据加权频数法得到的结果，我们可以得知农户对农村绿色生态保护措施的效果评价优先序排列如下：是否有环境破坏处罚制度＞秸秆综合利用工程＞道路、坑塘河道绿化＞村庄绿化带建设＞禁止乱砍滥伐制度＞耕地、水资源保护节约行动＞控制农药用量＞控制化肥用量＞农膜污染治理＞耕地污染修复＞绿色农产品品牌建设。综合来看，在农户对农村绿色生态保护措施的效果评价聚类分析中，第三大类措施效果评价普遍高于第二大类，同时第二大类生态保护措施的效果评价也普遍高于第一大类。

从排序的结果来看，排在第 1 位和第 2 位的分别是是否有环境破坏处罚制度和秸秆综合利用工程，而其中的秸秆综合利用工程也是政府管制制度的作用结果。表明政府的强制管制制度在生态保护过程中起到很大效果。第 3 位、第 4 位和第 5 位分别为道路、坑塘河道绿化，村庄绿化带建设和禁止乱砍滥伐制度。其后排列的是耕地、水资源保护节约行动，控制农药、化肥用量等生产性投入要素的资源节约型措施。这类资源节约型的绿色发展模式对我国现阶段的高投入、高污染的农业发展模式来说确实具有很大的借鉴价值，是我国农业发展要素投入产出效率提升的着力点。排在最后的是农膜污染治理、耕地污染修复等污染治理措施，在农村生态保护的过程中也发挥着很大的作用。

四、农户绿色技术采纳行为的主要影响因素

本节将对影响农户绿色生产、生活和生态技术采纳的主要因素做进一步的探究。首先，绿色技术和相关的绿色行为的易知性、有用性直接影响着农户的采纳判断（李后建，2012）；其次，绿色技术的采纳在增加一定的生产成本的同时具有一定的风险性，这种风险包括市场、技术和产量风险等（张云华等，2004）；最后，绿色农业的外部性问题导致政府功能主体的不可或缺性，政府补贴和管制是对我国“绿色市场”不完善的弥补（喻永红等，2006）。

（一）农户采纳绿色生产技术的影响因素

农户绿色生产技术需求的影响因素主要包括以下七个方面：认知程度、使用

成本、使用效果、产量风险、操作难度、政府管制和政府补贴。统计结果如表 4-22 所示。

表 4-22 农户绿色生产技术采纳影响因素

技术类型	影响因素						
	认知程度	使用成本	使用效果	产量风险	操作难度	政府管制	政府补贴
废弃物管理	143	229	203	52	136	291	19
农业机械化	128	426	297	86	201	30	19
绿色耕作	231	251	361	124	147	42	16
科学灌溉	172	258	165	51	127	119	80
绿色园艺	316	134	101	25	127	83	58
合计	990	1298	1127	338	738	565	192

注：数据来源微观调研，本表为多选题统计的频数结果

影响农户的绿色农业生产技术采纳的三个主要因素依次是使用成本、使用效果和认知程度。其中废弃物管理相关技术的采纳主要受政府管制的影响，农业机械化和科学灌溉主要受使用成本的影响，绿色耕作的影响因素主要体现在使用效果上，相对而言，农户对绿色园艺的认知程度还相对较低。总的来看，农户的绿色生产技术的采纳主要取决于其成本收益。农户对该技术越了解或者技术的成本越小效益越高，则农户采用该绿色生产技术的可能性就越大。当然，也有大部分农户因为一些高新绿色生产技术的操作难度过大而不予采用。

（二）农户绿色生活方式的影响因素

根据农户的衣、食、住、行等生活日常设施和行为，将影响因素划分为认知程度、使用成本、使用效果、健康风险、操作难度、政府管制和政府补贴七大类，具体的统计结果如表 4-23 所示。

表 4-23 农户绿色生活方式影响因素

技术类型	影响因素						
	认知程度	使用成本	使用效果	健康风险	操作难度	政府管制	政府补贴
绿色设施	179	463	333	132	176	24	42
绿色消费行为	164	376	286	189	214	36	13
合计	343	839	619	321	390	60	55

注：数据来源微观调研，本表为多选题统计的频数结果

影响农户的农村绿色生活方式的三个主要因素依次为：使用成本、使用效果和操作难度。其中使用成本既是农户采纳绿色生活设施的主要影响因素，也是影响农户进行绿色消费行为的主要因素。使用成本和使用效果依然是农户进行绿色生活方式抉择的关键，例如，太阳能热水器和电热水器相比价格更高，节能空调、冰箱等家电也似乎价格更高。同时，一些绿色消费行为的培养和形成也存在很大的外部阻碍，例如，在旧习俗的影响下，农村的婚丧嫁娶从简操办似乎很难实施。从统计的结果来看，政府对农户绿色生活方式的影响是很小的。

（三）农户参与生态保护措施的影响因素

就我国现阶段来说，农村生态保护措施的实施绝大多数不是靠个人来完成的，政府或者村集体必须在其中起主导作用。即便如此，农村生态保护措施的主要参与者仍然是农户。对于农户来说，是否参与生态保护措施也是一种行为决策，同样会考虑到相应的成本收益和风险等因素。影响农户参与生态保护措施的因素可以划分为宣传力度、采用成本、施行效果、环境风险、操作难度、政府管制和政府补贴七大类，具体的统计说明如表 4-24 所示。

表 4-24　农户参与生态保护措施的影响因素

技术类型	影响因素						
	宣传力度	采用成本	施行效果	环境风险	操作难度	政府管制	政府补贴
农村绿色建设	155	130	158	93	31	244	70
生态环境治理工程	137	150	170	71	101	267	37
生态保护制度建设	151	73	113	60	57	395	31
节能减排行动	119	143	179	84	69	120	31
绿色农产品品牌建设	74	66	65	8	73	83	36
合计	636	562	685	316	331	1109	205

注：数据来源微观调研，本表为多选题统计的频数结果

根据数据结果可知，影响农户参与农村生态保护措施的三个主要影响因素依次为政府管制、施行效果和宣传力度。其中政府管制的影响远远大于前两者，政府在农村生态保护中的宏观调控作用极其明显。农村绿色建设、生态环境治理工程、生态保护制度建设和绿色农产品品牌建设的主要影响因素都是政府管制，只有农村的节能减排行动受施行效果的影响最大。农村生态是农村发展的公共问题，各种生态保护措施的实行主体主要集中在村集体和政府部门。节能减排行动直接

影响农户的生产投入与产出，虽然减少了化肥、农药和水资源的投入，但往往会带来一定的粮食减产，其具体的实施效果会左右农户的参与决策。

五、中国农村绿色发展的投入重点和方向

（一）加强绿色农业基础设施建设

加大对绿色农业基础设施的投入力度，实现农业可持续发展。我国农业生产环境已经遭到一定的破坏，再加上薄弱的农业生产基础设施，如水利设施年久失修，严重制约着我国绿色农业发展。因此，必须为我国绿色农业发展道路奠好基石，把绿色农业基础设施建设当作政府财政支农的一项重要内容（严立冬，2003）。绿色农业基础设施建设的内容主要包括对农田水利的改造、高标准农田建设、中低产田改造、水土流失和生态林建设工程等。通过完善农业基础设施建设，不仅能提升农业生产的防灾救灾和综合生产能力，而且有利于农业未来的发展潜力开拓，实现农村绿色和可持续发展。

我国的耕地细碎化问题是制约农民对绿色生产技术需求的重要因素。规模较小不仅会弱化农户对绿色效益的追求，而且会导致农户农业生产的随意性增大（张云华等，2004），这都不利于农业生产的绿色转型。因此，建设高标准农田、改造中低产田和土地流转，扩大农户经营规模，增加绿色生产效益，是我国农村绿色发展投入的重点。

（二）加强农业环境监控与质量安全检测

绿色农业具有明显的正外部性，因此如何将绿色农业的正外部性内部化从而实现其收益最大化？同时消费者在购买绿色农产品时，在甄别环节具有一定的困难，从而也会造成一定的市场风险，导致柠檬市场效应。因此，农村绿色发展过程中构建农业环境监控与质量安全检测体系极其重要。相对于庞大的农民群体来说，对农业企业的绿色监督似乎更加便利可行。例如，可以通过对农业生产资料供应环节上的企业进行监督，或者通过对农民专业合作社等进行监管，引导农户采取绿色生产行为。

农产品质量安全检测体系是绿色农产品市场价值实现的基础。现阶段我国的绿色农产品检测体系并不完善，绿色产品的标签制度在市场监管不力的情况下似乎并没有起到应有作用。绿色农产品的鉴定和监管过程中寻租和形式化行为严重，绿色价值的隐没严重削弱了农户采用绿色农业技术的积极性。因此，相关的绿色农产品检验监测、认证制度必须加紧出台，健全绿色农产品市场监管体制。绿色

农产品的检验监测、认证必须由政府或信誉高的第三方中介机构完成，这样不仅可以为消费者提供透明的产品信息，同时也是对绿色农产品“绿色”价值的肯定。

（三）加大绿色技术研发的支持力度

绿色农业技术的研发和推广具有非常明显的正外部性。政府应重视绿色技术的资金支持和政策支持，为绿色农业技术研发创造必要的物质基础和政策保障。与此同时，鼓励私人资本投资于绿色技术的研发。开展校企合作，利用先进的大型仪器设备，提供绿色产品开发和成果转化服务。通过不断完善和提高绿色农业的研发水平，逐步建立政府投入、多渠道共存的多元化绿色农业科研投入体系。加大农村绿色生产、生活、生态保护技术的补贴额度和广度，加强对绿色农业发展资金的管理。首先，要根据市场经济体制的原则，以绿色制度建设为重心，制定完善的农业生产基础建设补助、绿色产品消费补助、生态公益林建设专项资金、森林资源保护工程、退耕还林还草和绿色农业技术推广专项基金等资金管理制度，使各项资金的管理使用做到公开、公正、公平。其次，要完善项目资金的管理办法，做到严谨、高效和透明。积极探索绿色农业发展资金的用途，要善于将各个支出项目进行有机结合，统筹使用，从而最大化地实现政府财政资金的整体规模效益。最后，政府财政要向绿色发展倾斜，并将财政对绿色农业发展支持资金的检查监督落到实处，减少对项目资金使用环节的挤占、挪用等违规违纪行为。

（四）加强绿色农业技术推广体系建设

在调研中发现，农户对绿色农业技术的了解知之甚少，接受过相关的技术培训的几乎没有；而且农户往往作为风险规避者，对一些绿色新技术都抱有观望的态度。所以只有在一项绿色技术非常成熟且具有明显效益的情况下农户才会自愿大胆地采纳。我国农业技术推广体系的构建也日趋完善，但针对绿色技术的推广培训工作还相对滞后。因此，通过调整农技推广的推广内容，结合农户的实际需求进行针对性的农技推广工作势在必行。积极开展绿色农业示范工程，鼓励农民开展绿色农业生产。农业技术推广部门要开展适当的农业技术推广活动，并调整农业技术推广内容，以农户需求为出发点，着力提高农业技术的推广效率（李容容等，2017）。通过申请、评选、鉴定和颁布证书的方式对当地绿色农业生产企业、组织、个人进行必要的表彰和支持。鼓励农户使用绿色肥料和生物农药等绿色农业技术，对传统农业生产和绿色农业生产进行比较，用事实说明绿色生产、生活的积极正向作用。在整个绿色农业转型过程中，要重视涉农企业在市场作用下对绿色产品、绿色技术推广和农民增收方面起到的作用。农业相关企业不仅在绿色农业技术推广中发挥着主导作用，而且是绿色农产品进入市场的重要媒介。它是建立和发展绿色农产品基地、绿色食品企业和绿色产业的重要力量。

（五）加大农村绿色发展宣传的投入力度

首先，应该加强对农村绿色发展理念的宣传力度，改变传统的观念，让农民认识到农村经济发展与资源环境保护之间的关系。“高污染、高投入、低效率、低收益”的农业发展模式对我国农村的资源环境产生了巨大的破坏作用。在湖北省的调研中发现，农户对绿色农业普遍较为陌生，部分农民的生态保护意识不强，在农业生产中不关注农药、化肥残留问题。因此，有必要对农户进行绿色发展政策和理念的宣传普及。其次，应该加大对农村绿色消费行为的宣传力度，营造一种绿色的消费环境。通过鼓励龙头企业和村集体公共组织树立绿色品牌，从而引导、服务和规范农户的绿色生产行为。在鼓励绿色生产提供绿色产品的同时，也要促进绿色产品的市场有效需求。这就需要相关的制度或组织机构提供绿色产品的咨询和鉴别服务，正确指导人们识别绿色产品和降低绿色产品的市场风险，才能有效地扩大绿色产品的消费市场，形成有效供给与需求的良性循环（党银侠和杨改河，2009）。

第五节　中国农村绿色发展的市场运行与政府调控研究

农村绿色发展既离不开市场经济规律的指导，也需要政府积极主动的调控政策。农村绿色发展是我国生态文明建设过程中的重要一环，也是未来农业可持续发展的基本方向。农村实现绿色发展转型要从发展理念转变、发展战略制定与财政资金支撑等多个方面进行科学合理的统筹。在我国的农村绿色发展中，政府与市场应该发挥各自优势，相辅相成。政府规范和优化市场环境，市场则弥补政府职能的不足。

本节首先以技术研发方向、市场监管、经济效益、要素配置等为对象，探讨如何发挥市场在农村绿色发展中的导向作用。其次，研究政府在农村绿色发展中的作用及角色定位，并以此为基础分析政府在提升企业绿色发展能力和激发消费者绿色消费行为中所发挥的具体职能。最后，利用微观农户调研数据实证分析市场与政府对农村绿色发展的影响。

一、市场在中国农村绿色发展中的作用

随着我国经济进入新常态，必须以市场化为导向，改革与创新市场制度，使

市场在资源配置中起决定性的作用。本节主要从技术研发方向、市场监管、市场效益提升等角度探讨市场在我国农村绿色发展中的作用。

（一）引导农村绿色发展的技术研发方向

科技是推动农村绿色发展的关键支撑，而市场需求是农村绿色技术研发的重点内容和方向。满足市场需求的绿色技术可以降低绿色产品的市场风险，促进绿色产品的生产和消费。农村绿色技术研发要关注如何更好地满足市场的实际需要。在农业生产方面，要弄清现有的绿色生产技术，如生物农药、测土配方肥、秸秆还田技术等是否满足了农户的所有需求，农户还需要什么样的绿色生产技术，其他农业生产者对绿色生产技术的需求有哪些差别。针对农户、农业企业等生产主体的需求开展绿色生产技术研发，可以提高绿色生产技术的适用性，从而有效地促进农村绿色发展。在农村绿色生活方式方面，要弄清目前市场上的节能环保消费品是否满足了农户需求，农户还需要哪些节能环保消费品，节能环保消费品的推广是否需要提供相应的配套设施。针对农户的消费需求开展绿色消费技术研发，可以提高绿色消费技术的适用性，从而有效地促进农村绿色发展。在农村绿色生态保护方面，只有紧紧围绕农户需求开展生态保护技术研发工作，才能提高农户参与村庄生态环境保护的积极性和主动性，从而有效地促进农村绿色发展。

（二）发挥对农村绿色发展市场的监管作用

绿色市场体系不完善是我国绿色发展动力不足的重要原因。市场监管不严导致绿色农产品无法被消费者直接识别，使得农产品优质优价市场原则无法体现，从而降低了生产者采用绿色农业技术的积极性。与企业相比，政府要监督众多小农户采用绿色农业技术或检验他们的农产品是否为绿色食品，难度大，成本高。通过完善农村绿色市场体系，可以发挥市场对农村绿色发展的监管作用。完善的农村绿色市场体系，应该有统一绿色产品标准，通过可追溯体系，发挥市场对绿色产品生产的监管作用；完善的农村绿色市场体系，应该有严格的明码标价制度，让绿色产品能明显区别于非绿色产品，发挥市场对绿色产品消费的监管作用；完善的农村绿色市场体系，应该有科学合理的定价机制，让绿色产品的价值在市场中得到体现，引导资源流向绿色生产；完善的农村绿色市场体系，应该有健全的绿色农产品监测体系，规范生产、运输、储运等环节，保证绿色农产品的质量。

（三）提升绿色发展的经济效益

加强农村绿色发展，可以提高农产品附加值。支持农户发展无污染无公害的绿色农业，强调食品安全与粮食安全的双重目标，要在不以牺牲产量的前提下提升农产品的质量。随着物质生活水平的提高，人们对农产品质量的追求在不断上升，对绿色农产品的支付意愿和支付能力也在逐渐提升。然而农业生产供给遭遇诸多难题，例如，高质量农产品卖不到好价格，甚至面临滞销的困境。因此，构建完善的绿色产品市场，可以及时对接市场上的有效供给与需求，实现农产品的市场价值。同时，可以发展绿色农产品加工业，形成一个集生产、加工、销售为一体的农村绿色产业链，以延长绿色农产品产业链条环节，增加绿色农产品的附加值。此外，可以发挥农村绿色发展的多功能性，在保证生态与资源安全的前提下，发展农产品加工业、观光农业、休闲农业等二、三产业，提高绿色发展的经济效益。

二、政府在中国农村绿色发展中的作用

（一）解决我国农业市场的外部性和结构性问题

农业是典型的正外部性产业，除经济效应外还具有提供优美环境、保持传统文化、储存物种基因、保护环境等功能。要避免外部性带来的市场失灵风险，就必须依赖政府力量。农业是一个投资高、成本高、风险高、利润低的弱势产业。目前我国绿色农业市场环境建设能力较弱，监管风险与成本较大，并不能完全类比工业市场，政府要承担支持绿色农业发展的主要责任。

农产品市场的供给需求结构性矛盾是阻碍我国农业经济快速增长的关键，供给侧结构性改革的政策目标就是解决我国农村产业结构和农业产品结构问题。目前我国种植业产值份额较高，畜牧业、渔业和林业的市场价值还有待发掘，产业比重的合理配置对于整个国民经济和生态系统都至关重要。此外，农业生产功能区域划分的宏观调整也需要政府制订战略规划，不同区域资源禀赋差异带来的比较优势各有倚重，合理的作物生产功能区域划分有利于产业集聚形成比较优势，能更深层次地提升产业分工效率。

（二）加强绿色公共产品供给和市场监管

绿色公共产品具有非排他性和非竞争性，市场无法有效提供，需要政府承担

供给责任。农村是欠发达地区，今后相当长一段时间，绿色公共产品仍是“短板”。政府需加强对农村发展的倾斜力度，增加支农资金，提供更多高质量的绿色公共产品。有效的绿色公共产品供给可以降低农业绿色生产中的风险，比如，病虫防治系统可以减少化学农药的施用，降低食品安全风险；先进的循环农业体系可以增加农业产出，降低生产成本，提高农业生产的效益；可以保护生态环境，提升农民生活品质。

市场决定了农村绿色发展的需求，但在监管方面其作用有限，必须发挥政府的作用。政府须制定和完善与农村绿色发展有关的法律法规，贯彻落实保护生态环境和节约利用资源的绿色行动方案。在环境的治理上，要建立污染排放权界定、排放权交易、污染排放税收等相应的法律制度，建立阶梯式税率制度量化安排，做到谁污染谁付费，谁大量污染就加倍征税。同时，政府要为农村绿色公共产品的私人供给者提供制度保障和利益刺激，要通过给予相应的补贴和优惠政策，激励私人供给部分投入大、回收缓慢的绿色公共产品。

（三）加强绿色技术的研发和推广

研发和推广绿色技术属于社会公益事业，政府需要制定相应的扶持政策。目前我国绿色农业技术的供给严重不足，主要体现在两个方面：首先，绿色农业技术研发投入不足。绿色农业技术项目主要依靠财政资助和政策性贷款，企业投入的动力不足，总体投入规模有限。其次，绿色农业技术创新效率不高。绿色农业技术创新涉及部门多，每个部门都有相应的技术研发机构。但是，统筹协调不到位，资源投入分散、政策缺乏衔接，导致绿色农业技术创新效率不高。需要政府加大绿色农业技术研发投入力度，加强统筹协调和政策配套，提高绿色农业技术创新效率。另外，我国农业技术推广机构很长一段时间都处于一种“网破、线断、人散”的状况，严重阻碍了绿色农业技术推广。需要政府健全基层公益性农技推广服务网络，提升农技推广人员能力素质，创新服务方式，完善绩效考核和激励约束机制，强化绿色农业技术推广服务；通过政府购买服务方式，支持乡土专家、新型农业经营主体、高校毕业生等承担绿色农业技术推广服务任务；需要政府支持农技推广人员与家庭农场、合作社组织、龙头企业开展技术合作，探索农技推广人员通过提供增值服务获取合理报酬的新机制。

三、市场与政府对农村绿色发展的影响实证研究

农户绿色行为受市场与政府的共同影响。因此，本节将从市场与政府两个维

度，基于微观调研数据验证其对农户绿色生产技术采纳、绿色生活方式转变与绿色生态治理参与行为的影响。构建以下初步计量模型：

$$Y = \alpha + \beta_i \text{Market} + \beta_j \text{Gov} + \beta_n X_n + \mu \tag{4-9}$$

其中，Y为农户的绿色行为；Market为市场因素；Gov为政府因素；β为影响弹性系数；X_n为其他控制变量；α为截距项；μ为随机误差项。农户的绿色行为具有不同的行为逻辑和影响机理，因此分别对绿色生产技术采纳、绿色生活方式转变、绿色生态治理参与行为展开进一步的研究。

（一）市场与政府对农户绿色生产技术采纳行为的影响

本节将以农业生产中生物农药和有机肥技术两种典型的绿色农业生产技术为例，探究市场与政府对农户绿色生产技术行为的影响，模型中变量的选取依据和说明如下。

（1）被解释变量。肥料与农药的使用是农业生产过程中最重要与普及的两种生产要素，而长年过量化学农药与肥料的使用都会带来较大的负面影响（余威震等，2017；黄炎忠等，2018）。因此，本节选取农户农业生产中“是否施用有机肥”和“是否施用生物农药”两种技术来表征农户是否进行绿色农业生产。

（2）核心解释变量。市场因素主要选取绿色技术采纳成本、绿色技术采纳效益与绿色技术采纳风险3个指标。理性经济人假设一般认为农业生产者的根本目标是追求市场利润最大化，增加市场收益和降低生产成本是农户的主要行为动力，农业生产资金的流动性约束对农户生产行为具有较大影响（张灿强等，2016），支付能力也是农户进行农业生产投资的关键因素。此外，农户大多属于风险规避型，绿色技术采纳风险会影响农户的绿色技术采纳积极性。政策因素主要选取政策了解程度、政府补贴与政府约束3个指标。政府对农业生产的制度安排、扶持补贴和管制力度都对农户的生产决策起引导性作用（Unay-Gailhard and Bojnec，2015；胡保玲和顾善发，2015；余威震等，2019）。

（3）其他控制变量。结合现有研究资料，为确保模型科学完整性，纳入以下控制变量：户主年龄、受教育年限、生产规模、农业收入占比、绿色农业认知、学习能力、环保意识、技术推广和农村生态环境。王奇等（2012）的研究表明年龄越大的农户对于传统农家肥、人工除草和物理防控等技术的采纳意愿度越高。当然，也有学者表明年龄的增长会导致农户的体能下降，弱化农户对绿色农业生产技术的学习和实践应用能力（宋金田和祁春节，2013）。此外，农户的生产规模与受教育水平也会影响农户的技术采纳行为决策（苟露峰和高强，2016）。胡保玲和顾善发（2015）研究发现农户对农业收入的依赖性越大，越愿意采纳绿色低碳农业技术，褚彩虹等（2012）认为信息获取程度直接影响着农户对技术的采纳态度。农户的学习能力越强，掌握技术的速度越快、效果越好，同时绿色生产技术的推广会加速农户对该技术的了解与接纳程度（姚文，2016）。张灿强等（2016）认为环境破坏能激发农户潜在的环保意识，增加农户对高质量生产环境的向往与追求。变量描述性统计见表 4-25。

表 4-25　变量描述性统计

变量类型	变量名称	赋值与说明	均值	标准差
被解释变量	生物农药施用行为（Y_1）	未施用 = 0；施用 = 1	0.290	0.089
	有机肥技术施用行为（Y_2）	未施用 = 0；施用 = 1	0.433	0.102
核心解释变量	绿色技术采纳成本（X_1）	认为自己有绿色生产技术的经济能力：非常不同意 = 1；不太同意 = 2；一般 = 3；比较同意 = 4；非常同意 = 5	2.943	1.047
	绿色技术采纳效益（X_2）	绿色生产技术能带来经济效益：非常不同意 = 1；不太同意 = 2；一般 = 3；比较同意 = 4；非常同意 = 5	3.323	0.983
	绿色技术采纳风险（X_3）	绿色生产技术采纳的风险程度：非常低 = 1；比较低 = 2；一般 = 3；比较高 = 4；非常高 = 5	3.051	0.880
	政策了解度（X_4）	对农村环保政策是否了解：非常不了解 = 1；不太了解 = 2；一般 = 3；比较了解 = 4；非常了解 = 5	2.951	0.991
	政府补贴（X_5）	政府补贴对绿色生产行为的影响：非常不影响 = 1；不太影响 = 2；一般 = 3；比较影响 = 4；非常影响 = 5	3.785	0.924
	政府约束（X_6）	政府提倡或要求后愿意从事绿色生产：非常不愿意 = 1；不太愿意 = 2；一般 = 3；比较愿意 = 4；非常愿意 = 5	3.911	0.815
控制变量	户主年龄（X_7）	数值（周岁）	56.807	9.727
	受教育年限（X_8）	数值（年）	7.269	3.127
	生产规模（X_9）	家庭经营承包地面积，数值（亩）	7.043	8.996
	农业收入占比（X_{10}）	农业收入占家庭总收入比重	0.319	0.315
	绿色农业认知（X_{11}）	是否了解绿色农业生产：非常不了解 = 1；不太了解 = 2；一般 = 3；比较了解 = 4；非常了解 = 5	2.443	0.998
	技术推广（X_{12}）	村里是否有绿色农业技术服务组织：否 = 0；是 = 1	0.182	0.386
	学习能力（X_{13}）	要掌握一项绿色生产技术很简单：非常不同意 = 1；不太同意 = 2；一般 = 3；比较同意 = 4；非常同意 = 5	3.236	1.058
	农村生态环境（X_{14}）	目前所在村庄的农业生产污染程度：非常不严重 = 1；不太严重 = 2；一般 = 3；比较严重 = 4；非常严重 = 5	2.897	1.135
	环保意识（X_{15}）	自身环保意识：非常弱 = 1；比较弱 = 2；一般 = 3；比较强 = 4；非常强 = 5	3.239	1.131

注：本表格数据是运用 SPSS19.0 软件对调研微观数据描述统计分析得到

在对模型中各变量依次做共线性诊断检验后，进行 logistic 回归，得到如下结果（表 4-26），由 Wald 值检验可判定模型整体回归效果较优，可以做进一步检验。

表 4-26 logistic 模型回归结果

变量	模型 1：生物农药			模型 2：有机肥技术		
	系数	标准误	Wald 值	系数	标准误	Wald 值
绿色技术采纳成本	0.164	0.360	0.456	0.202	0.824	0.245
绿色技术采纳效益	0.401	0.152	2.635	0.494**	0.111	4.46
绿色技术采纳风险	−0.781***	−0.095	8.218	−0.769***	−0.092	8.334
政策了解度	0.099	0.524	0.189	0.090	0.450	0.200
政府补贴	1.057***	0.057	18.444	1.080***	0.051	21.221
政府约束	−0.495*	−0.146	3.386	−0.440*	−0.147	2.988
户主年龄	−0.051**	−0.011	4.739	−0.046**	−0.010	4.618
受教育年限	−0.095	−0.045	2.097	−0.075	−0.036	2.088
生产规模	0.033	0.088	0.377	0.021	0.056	0.369
农业收入占比	1.299*	0.436	2.978	1.288*	0.362	3.557
绿色农业认知	0.863***	0.095	9.051	0.910***	0.084	10.860
技术推广	−0.119	−2.766	0.043	−0.098	−1.885	0.052
学习能力	0.097	0.548	0.177	0.112	0.444	0.252
农村生态环境	0.455**	0.082	5.554	0.517***	0.068	7.657
环保意识	0.898***	0.048	18.741	0.917***	0.043	21.183
常数	−2.060	−2.531	0.814	−2.794	−1.513	1.847
−2 对数似然值	187.981			191.535		
卡方检验	199.585***			196.031***		

*、**、***分别表示 10%、1%置信水平下的显著性情况

市场因素对农户绿色生产技术采纳行为的影响。绿色技术采纳效益仅对农户有机肥技术采纳的影响通过 5%的显著性水平检验，且方向为正；绿色技术采纳风险则对农户生物农药和有机肥技术采纳的负向影响均通过 1%的显著性水平检验。绿色技术采纳带来的市场效益将是农户考虑的首要经济目标，因此绿色技术带来的市场效益越高，采用绿色技术的可能性越大。但结果显示，市场效益对于生物农药施用行为影响并不显著，可能的原因是生物农药存在一定的生产风险，绿色产品的价值在市场中没有得到体现。不少样本农户表示生物农药的杀虫效果不佳，

而且大多数情况下农药残留等检测都不能真正得以实行，优质优价的市场原则得不到体现。

政府因素对农户绿色生产技术采纳行为的影响。政府补贴对农户生物农药和有机肥技术的采纳影响通过1%的显著性水平检验，方向为正；政府约束对农户生物农药和有机肥技术的采纳影响通过10%的显著性水平检验，方向为负。政府补贴对农户绿色农业生产技术的采纳具有积极影响，绿色农业生产技术大多采购成本偏高，农户在选取新的绿色生产要素替代原有生产要素时势必会进行成本效益比较，政府补贴不仅给予农户市场要素采购的导向，而且直接降低农户的技术采纳成本。政府约束则是指政府强制或要求农户从事绿色生产，理论上政府制度约束不利于农户的绿色生产转型，这可能主要由以下两个原因造成：一是部分地方政府在绿色化的推进过程中功利心太急，对农户的个人经济效益关注不够，使得农户产生抵触情绪。二是生物农药的杀虫效果欠佳、有机肥的施用肥效较慢等技术缺陷一直以来都未得到攻克，这些都是目前农户进行绿色生产技术采纳的主要顾虑。

其他因素对农户绿色生产技术采纳行为的影响。户主年龄对农户绿色生产技术的采纳行为通过5%的显著性水平检验，方向为负；农业收入占比对农户绿色生产技术的采纳行为通过10%的显著性水平检验，方向为正；绿色农业认知对农户绿色生产技术的采纳行为通过1%的显著性水平检验，方向为正；农村生态环境对生物农药和有机肥技术的采纳影响分别通过5%和1%的显著性水平检验，方向为正；环保意识对农户绿色生产技术的采纳行为通过1%的显著性水平检验，方向为正。农户随着年龄的增长，在体力和劳动力供给及学习能力上的退化都不同程度地阻碍着农户绿色农业技术的采纳。农业收入占比反映出农户家庭收入的主要来源，农业收入占比越高则对农业收入来源的依赖性越大，即对农业生产的提质增效技术的采纳较为关注。此外，农业收入的增加也能在一定程度上缓解农业生产要素投入的资金流动性约束带来的影响。农户的环保意识、绿色农业认知和农村生态环境都会对农户绿色生产技术采纳具有积极的影响。农村生态环境的恶化倒逼农户对生产环境进行补救，大多数样本农户表示改善土壤肥力是其施用有机肥的主要目的，农户的生态环保意识则迎合绿色生产技术的环境保护属性特征。

综上所述，市场与政府对农户绿色生产技术的采纳都具有显著影响。市场因素主要体现在生产效益与风险方面，绿色农产品生产的市场收益和农产品价格风险是影响农户绿色生产转型的关键因素，要加强绿色农产品市场的完善，实现绿色农产品的优质优价原则。政府因素主要体现在生产补贴机制与政策约束制度方面，因此要加强农业绿色生产技术的财政支持，加强相关约束机制与法律法规的出台及完善工作。

（二）市场与政府对农户绿色生活方式转变的影响

本节以节能空调、电视、冰箱和婚丧嫁娶从简操办 2 种典型绿色生活方式为例，探讨市场与政府对农户绿色生活参与的影响。

（1）被解释变量。以节能空调、电视、冰箱和婚丧嫁娶从简操办 2 种典型绿色生活方式表征农户的绿色生活参与，因此选取“是否购买节能空调、电视、冰箱”和“是否婚丧嫁娶从简操办”2 个问题展开研究。

（2）核心解释变量。市场因素主要选取成本认知、效益认知、风险认知 3 个指标。绿色生活方式的转变是农户常规生活状态的转变，生活成本与生活状态改变后带来的影响（如社会效益和人情关系风险）会直接影响作为社会人属性的农户行为（劳可夫，2013）。政策因素主要选取环保宣传、政府补贴、政府管制 3 个指标。绿色生活方式是一种利他、亲社会行为模式，存在显著正外部性（杜伟强和曹花蕊，2013）。因此，政府对于绿色生活消费市场的完善至关重要。例如，税收和补贴政策对绿色节能型绿色产品的购买具有显著的正向促进作用（Brencic and Young，2009）。此外，政府管制与宣传也是影响居民生活导向的重要因素。

（3）其他控制变量。参照已有学者研究成果，在模型中纳入户主年龄、受教育年限、家庭收入、家庭规模、了解程度、环保意识、节约意识、身份地位、社会参照 9 个控制变量。曹文等（2015）研究发现受过高等教育、年龄较小且收入较低的群体更倾向绿色生活消费。但也有学者认为年龄较大、收入较高的群体更青睐绿色生活方式（何志毅和杨少琼，2004）。高收入群体往往追求高生活品质和高成本消费，往往缺乏节能意识，而低收入群体受经济的影响，更倾向于低碳的生活方式。年轻的消费群体相对而言具有更高的风险偏好，喜欢尝试新事物，存在很明显的消费冲动（劳可夫，2013）。农村居民的生态情感直接正向影响着他们的绿色生活参与意愿（汪兴东和杨蓉，2016），越认同自己社会环境保护义务的农户，进行绿色生活的意愿就越高（赵万里和朱婷钰，2017）。模型中变量的定义与赋值说明如表 4-27 所示。

表 4-27 模型中变量的定义与赋值说明

变量类型	变量名称	定义与赋值说明	均值	标准差
被解释变量	节能空调、电视、冰箱（Y_1）	已采纳 = 1；未采纳 = 0	0.761	0.436
	婚丧嫁娶从简操办（Y_2）	已采纳 = 1；未采纳 = 0	0.445	0.502
核心解释变量	成本认知（X_1）	生活成本是不是影响决策的因素：是 = 1；否 = 0	0.630	0.482
	效益认知（X_2）	绿色生活方式转变后效果是不是影响决策的因素：是 = 1；否 = 0	0.551	0.500
	风险认知（X_3）	生活方式转变后会承受一定风险：是 = 1；否 = 0	0.219	0.401

续表

变量类型	变量名称	定义与赋值说明	均值	标准差
核心解释变量	环保宣传（X_4）	村域绿色生活方式的宣传效果：非常不满意 = 1；不太满意 = 2；一般 = 3；比较满意 = 4；非常满意 = 5	3.205	1.313
	政府补贴（X_5）	政府部门会对相应的绿色生活方式给予补贴吗：是 = 1；否 = 0	0.442	0.505
	政府管制（X_6）	政府部门是否对村域非绿色生活方式展开管制：是 = 1；否 = 0	0.293	0.450
控制变量	户主年龄（X_7）	户主年龄（岁）	56.807	9.727
	受教育年限（X_8）	户主受教育年限（年）	7.269	3.127
	家庭收入（X_9）	家庭收入（万元）	5.751	6.20
	家庭规模（X_{10}）	家庭人口总数（人）	4.995	2.022
	了解程度（X_{11}）	对绿色生活方式的理解程度：非常不了解 = 1；不太了解 = 2；一般 = 3；比较了解 = 4；非常了解 = 5	3.075	1.07
	环保意识（X_{12}）	自身环保意识：非常弱 = 1；比较弱 = 2；一般 = 3；比较强 = 4；非常强 = 5	3.239	1.131
	节约意识（X_{13}）	日常生活中是否养成节约意识：是 = 1；否 = 0	0.593	0.491
	身份地位（X_{14}）	在村民网络中身份地位：非常低 = 1；比较低 = 2；一般 = 3；比较高 = 4；非常高 = 5	3.035	1.135
	社会参照（X_{15}）	他人绿色生活行为对自己影响：非常小 = 1；比较小 = 2；一般 = 3；比较大 = 4；非常大 = 5	2.913	1.101

运用 SPSS19.0 软件在对每个自变量进行共线性诊断过程中，并未发现共线性现象［VIF（variance inflation factor，方差膨胀系数）＜10］。具体实证回归结果（表 4-28）如下。

表 4-28　农户绿色生活方式采纳的 logistic 回归结果

变量	模型 3：节能空调、电视、冰箱			模型 4：婚丧嫁娶从简操办		
	系数	标准误	Wald 值	系数	标准误	Wald 值
成本认知	0.265	0.203	1.305	0.011	0.189	0.058
效益认知	0.159	0.175	0.909	0.16	0.178	0.899
风险认知	−0.321	0.237	−1.354	−0.411*	0.23	−1.787
环保宣传	−0.042	0.081	−0.519	0.041	0.073	0.562
政府补贴	1.307***	0.225	5.809	0.086	0.184	0.467
政府管制	0.142	0.221	0.643	0.531***	0.082	6.476
户主年龄	0.003	0.01	0.300	0.013	0.01	1.300
受教育年限	0.049	0.033	1.485	−0.022	0.03	−0.733

续表

变量	模型 3：节能空调、电视、冰箱			模型 4：婚丧嫁娶从简操办		
	系数	标准误	Wald 值	系数	标准误	Wald 值
家庭收入	–0.003	0.018	–0.167	0.01	0.015	0.667
家庭规模	–0.007	0.054	–0.130	–0.143***	0.029	–4.931
了解程度	0.215**	0.097	2.216	0.231***	0.09	2.567
环保意识	0.164*	0.088	1.864	–0.104	0.082	–1.268
节约意识	0.367*	0.211	1.739	0.403**	0.193	2.088
身份地位	0.072	0.092	0.783	–0.756***	0.092	–8.217
社会参照	0.035	0.094	0.372	0.058	0.084	0.690
–2 对数似然值	630.046			739.477		
卡方检验	72.936***			128.798***		

*、**、***分别表示 10%、5%和 1%置信水平下的显著性情况

市场因素对农户绿色生活方式参与行为的影响。风险认知对农户婚丧嫁娶从简操办绿色生活行为方式的影响通过 10%的显著性水平检验，方向为负。结合调研样本农户的实际情况来看，绿色生活方式转型过程中的风险感知主要指农户改变原有生活状态后会损失社会资本的可能性大小。对于高收入农户来说，大方阔气的生活方式是其保持社会网络关系的主要途径之一，如果转型到勤俭节约生活方式势必带来部分人缘的损失。而且婚丧嫁娶从简操办对部分农户来说，可能涉及“面子”情节，即红白喜事应该大操大办，要不然会留下“小气”的名声，影响农户在其他村民心中的声誉，这种风险感知对农户的绿色生活转型存在较强的阻碍作用。

政府因素对农户绿色生活方式参与行为的影响。政府补贴对节能空调、电视、冰箱的采购行为影响通过 1%的显著性水平检验，方向为正；政府管制对婚丧嫁娶从简操办行为的影响通过 1%的显著性水平检验，方向为正。农户使用节能家电，既满足了社会发展的环保需求，又降低了能源消费支出。此外，政府补贴对农户节能家电的采纳行为促进效果显著，这与 Brencic 和 Young（2009）强调的“首次购买效应”相一致。在同等性能情况下，节能型家电相较于普通的非节能型家电的采购价格往往要高，这种外部性溢价正是阻碍消费者采纳的关键因素，而政府补贴可以降低此类绿色消费品的价格，提升农户的购买意愿。自《关于规范党和国家工作人员操办婚丧喜庆事宜的暂行规定》相关文件出台以来，农村大操大办的攀比和铺张浪费现象确实得到明显遏制，这种强硬制度设计在短期内能达到非常好的效果。

其他控制变量对农户绿色生活方式参与行为的影响。了解程度、环保意识和

节约意识对农户节能空调、电视、冰箱的采购行为依次通过5%、10%和10%的显著性水平检验，且方向均为正。可见生态环保意识也是农户进行绿色转型的关键，而且农村传统文化中的勤俭节约也对农户的绿色生活方式转变具有积极作用。家庭规模、了解程度、节约意识和身份地位对农户婚丧嫁娶从简操办行为的影响依次通过1%、1%、5%和1%的显著性水平检验，其中家庭规模和身份地位的影响方向为负。家庭规模越大，为满足不同年龄阶段家人的消费需求就会产生越高的生活成本。身份地位则主要是“面子”情节的主要表现维度，农户具有较高的身份地位往往也就意味着其声誉较高，而在绿色生活价值观理念未充分得到认可之前，保全“面子”带来的虚荣性消费就会一直存在。

综上所述，农户绿色生活方式的转变主要受政策因素的影响，补贴的激励政策和制度约束对农户的规范及引导作用较为明显，而风险感知也是农户绿色转型过程中的顾虑所在。因此，要加强节能减排性消费品的推广，加大财政扶持力度，诱导农户的绿色生活方式转型，同时出台严格的法律法规，严厉打击和限制非绿色生活方式，培养正确的绿色发展价值观。

（三）市场与政府对农户绿色生态治理参与的影响

农村生态环境质量与乡村的环境、社会和经济方面联系密切，但有别于绿色生产与绿色生活，农村绿色生态发展的外部性效应更强，农村生态治理也一直被认定为是村庄的公共事业。长期以来，政府主导式治理模式在我国农村生态环境治理工作中扮演着重要角色。然而，随着农村公共事业的发展，财政资金短缺、农村环境监管成本过高等问题逐渐突显，生态环境多元共治成为一个必然选择（唐林等，2019）。在生态环境治理的过程中，可以通过企业等市场主体提供资金、技术、人才等各方面的资源，来弥补政府职能的不足。

（1）被解释变量。本书中阐述的农村生态治理是除绿色生产与绿色生活方式之外的，以农村生态环境保护为目的的人为活动。本书以“村庄周边绿化带建设”和“耕地、水资源保护节约行动”2种具有代表性的生态保护行为展开研究。

（2）核心解释变量。以生态治理有益性和生活环境的危害性来表征市场因素。政府因素主要选取政府宣传、政府补贴和政府管制3个变量表征。政府补贴的方式主要指财政支持，如农村绿化建设费用和农田水利维护费用支持等，政府管制主要指地方政府对村域环境破坏与污染行为展开管制。

（3）控制变量。在模型中纳入户主年龄、受教育年限、家庭收入、了解程度、环保意识和农村生态环境6个控制变量，以控制农户个体异质性带来的影响。模型中变量的定义与赋值说明如表4-29所示。

表 4-29　变量的定义与赋值说明

变量类型	变量名称	定义与赋值说明	均值	标准差
被解释变量	村庄周边绿化带建设（Y_1）	参与 = 1；不参与 = 0	0.563	0.496
	耕地、水资源保护节约行动（Y_2）	参与 = 1；不参与 = 0	0.364	0.482
核心解释变量	生态治理有益性（X_1）	您觉得生态保护有益处吗：完全无益 = 1；比较无益 = 2；一般 = 3；比较有益 = 4；非常有益 = 5	4.076	0.682
	生活环境的危害性（X_2）	目前所处的环境对身心健康的影响：没有影响 = 1；不太影响 = 2；一般 = 3；较有影响 = 4；非常影响 = 5	3.071	1.106
	政府宣传（X_3）	村域是否有绿色生态保护的宣传：是 = 1；否 = 2	0.454	0.498
	政府补贴（X_4）	政府部门会提供相应的绿色生态治理或农村建设财政支撑吗：是 = 1；否 = 0	0.047	0.212
	政府管制（X_5）	政府部门是否对村域环境破坏与污染行为展开管制：是 = 1；否 = 0	0.188	0.391
控制变量	户主年龄（X_6）	户主年龄（岁）	56.807	9.727
	受教育年限（X_7）	户主受教育年限（年）	7.269	3.127
	家庭收入（X_8）	家庭收入（万元）	5.751	6.20
	了解程度（X_9）	对农村绿色发展的了解程度：非常不了解 = 1；不太了解 = 2；一般 = 3；比较了解 = 4；非常了解 = 5	3.075	1.07
	环保意识（X_{10}）	自身环保意识：非常弱 = 1；比较弱 = 2；一般 = 3；比较强 = 4；非常强 = 5	3.239	1.131
	农村生态环境（X_{11}）	目前所在村庄的农业生产污染程度：非常不严重 = 1；不太严重 = 2；一般 = 3；比较严重 = 4；非常严重 = 5	2.897	1.135

依次对模型中的各变量做共线性诊断，由 VIF＜3 的界限判定变量间不存在严重共线性问题。进一步利用 SPSS19.0 软件对模型进行回归得到结果和分析，如表 4-30 所示。

表 4-30　农户绿色生态治理参与影响因素的 logistic 回归结果

变量	模型 5：村庄周边绿化带建设			模型 6：耕地、水资源保护节约行动		
	系数	标准误	Wald 值	系数	标准误	Wald 值
生态治理有益性	0.401***	0.137	8.591	0.861***	0.169	26.113
生活环境的危害性	0.046	0.083	0.308	0.040	0.086	0.209
政府宣传	0.308*	0.178	3.005	0.379**	0.190	3.988
政府补贴	0.262	0.449	0.339	0.210	0.458	0.211
政府管制	0.501**	0.24	4.372	1.510***	0.243	38.756

续表

变量	模型 5：村庄周边绿化带建设			模型 6：耕地、水资源保护节约行动		
	系数	标准误	Wald 值	系数	标准误	Wald 值
户主年龄	−0.006	0.009	0.442	−0.011	0.01	1.172
受教育年限	−0.004	0.030	0.014	−0.038	0.031	1.493
家庭收入	0.017	0.015	1.307	−0.013	0.017	0.551
了解程度	0.133*	0.084	2.511	0.285**	0.091	9.88
环保意识	−0.055	0.078	0.507	0.190	0.083	5.219
农村生态环境	0.743***	0.103	11.919	0.486***	0.110	19.439
−2 对数似然值	770.953			690.969		
卡方检验	97.836***			140.690***		

*、**、***分别表示 10%、5%和 1%置信水平下的显著性情况

市场因素对农户绿色生态治理参与行为的影响。结果显示，生态治理有益性变量对农户参与村庄周边绿化带建设和耕地、水资源保护节约生态治理行为都通过 1%的显著性水平检验，且方向均为正。可见，农户认为生态环境治理对自身的有益性是农户从事生态环境治理的重要因素。随着农村生态环境的恶化，不少地区出现很多地方性疾病，农户认为导致疾病的原因是环境污染。从健康风险的角度来看，农户的生态环境保护积极性特别高，甚至出现主动参与环境监督与污染举报等工作。由此可见，当农户的个人效益受到侵犯时，即使是参与生态治理这种集体公共事业，农户的环境保护维权意识和积极主动性也会被充分调动起来。

政府因素对农户绿色生态治理参与行为的影响。政府因素中政府宣传和政府管制变量对农户参与村庄周边绿化带建设的影响依次通过 10%和 5%的显著性水平检验，对农户参与耕地、水资源保护节约生态治理行为影响依次通过 5%和 1%的显著性水平检验，且方向都为正。生态治理的宣传可以提升农户的环保意识，增强农户环境保护的责任意识，与此同时政府的法制约束对农户的生态环保参与行为也有积极的促进作用。调研过程中发现，农户对乱砍滥伐惩罚制度和农药、化肥袋等废弃物回收制度都非常清楚，而且大多表示出强烈的认同。农户认为做这些公共事业对自身乃至整个村都有非常大的好处。生态治理制度的执行，使得农户对生态破坏行为有了清晰的界定和判断标准。

其他因素对农户绿色生态治理参与行为的影响。了解程度对农户参与村庄周边绿化带建设和耕地、水资源保护节约生态治理行为依次通过 10%和 5%的显著性水平检验，且方向均为正；农村生态环境对农户参与村庄周边绿化带建设和耕地、水资源保护节约生态治理行为都通过 1%的显著性水平检验，方向均为正。农

户对绿色生态治理的了解程度越高，参与环境治理的可能性越大，这与生态治理有益性认知具有类似的解释，即农户目前对农村绿色发展的政策理念的清晰度可能还不够。农村生态环境的现状也在一定程度上激发着农户参与生态治理的潜力，特别是生态环境的明显变差，严重影响农户的日常生活和饮食健康。调研中不少农户表示原来满是小鱼小虾的河流现在变得又脏又臭，这种环境破坏行为激发农户潜在的环保意识。

综上所述，生态治理有益性、政府宣传和政策管制对农户参与农村生态治理具有积极的影响。在推进农村绿色发展的过程中，要合理利用政策宣传与制度设计来给予绿色发展清晰的界定，让农户对“绿色”有明确的认知，以此来规范和引导农户对生态环境治理的参与，激发农户的环保责任意识，促进农户对农村生态治理的积极性。

第五章　中国农村绿色发展能力建设的政策设计

在城乡差距依然存在、人地矛盾越发严重、生态环境日益恶化的背景下，我国农村发展亟须谋求新的发展出路，而绿色发展理念的出现正当其时。农村是一个包含农业生产、居民生活、生态环境多方面、多层次的综合系统，单从某一个方面或角度提出对策无法有效推进农村绿色发展。当前，我国农村绿色发展中还存在诸如资源利用低效、环境破坏严重、体制机制不健全、法律法规不完善、技术创新能力不足、财政支撑不到位等一系列问题。这些问题极大地制约了我国农村绿色发展的全面推进。本书认为有效的政策支撑与完善的保障措施是推进农村绿色发展的基础和关键。要提升农村绿色发展水平，必须研究采取什么样的政策可以对绿色产业和主体进行扶持，从而调整和改变传统的发展方式；要真正实现农村绿色发展，必须研究出台哪些政策可以对科技研究与开发进行正确引导，以推进资源利用和环境保护技术的创新与运用；要提升农村绿色发展水平，必须研究制定何种政策可以为绿色发展理念培植创造良好氛围，从而将绿色发展理念贯穿于中国农村发展的各个领域；要提升农村绿色发展水平，必须研究如何确立既体现自身国情又与世界环境变化相呼应的科学、完整、高效的农村绿色发展政策措施体系。针对上述一系列问题，国家应逐步建立和完善支持农村绿色发展的保障措施体系，为全面确保我国农村绿色发展的顺利推进提供必要的政策支撑。

第一节　中国农村绿色发展的总体思路与主要目标

一、中国农村绿色发展的总体思路

党的十八大[①]报告指出，着力推进绿色发展、循环发展、低碳发展，形成节约资源和保护环境的空间格局、产业结构、生产方式、生活方式，从源头上扭转生态环境恶化趋势，为人民创造良好生产生活环境，为全球生态安全作出贡献。以可持续发展为指导，逐步优化产业结构和空间布局，转变经济发展方式和农业的生产方式，积极引导消费者转变消费方式，在全社会营造节约资源、保护环境的

---

① 胡锦涛在中国共产党第十八次全国代表大会上的报告，http://cpc.people.com.cn/n/2012/1118/c64094-19612151.html[2021-11-24]。

社会风尚。要实现乡村振兴，就必须在绿色发展理念的指导下，创新农业生产和发展方式，构建农业循环发展的经济体系，把循环经济的概念运用到农业生产和农民生活中，最终实现农业生态、社会和经济效应最大化。农村生态环境方面的治理离不开制度与法治保障，为此，政府要重视用制度保护生态环境，建立系统完整的制度体系与严密的法治体系。在生活上应提倡农民树立绿色消费的习惯，培育绿色发展理念。统筹我国农村生产、生活、生态发展三大布局，转变生产方式，倡导绿色生活、加强生态保护，坚定走生产发展、生活富裕、生态良好的生态文明发展道路，提升农村绿色发展水平、促进我国农村可持续发展。为此，本书从农村生产、居民生活、生态环境建设三个方面出发，设计我国农村的绿色发展的思路和目标。具体应该遵循以下基本思路。

（一）把优化产业结构和布局，发展农村循环经济作为关键途径

传统的农业发展模式主要是粗放式的生产，在这样的生产方式之下，我国农业发展和农村建设都存在着很多问题，比如，大量使用农药和化肥造成了农村土地的污染；生产过程中废弃物的随意处置造成了资源的浪费和环境的破坏；过度放牧、砍伐森林等导致了森林和草原的退化、土地的沙漠化。这些方式只是在追求农村和农业的短期发展，忽视了生态环境保护带来的长期利益。循环经济主要是倡导在生产过程中节约资源、减少排放，与传统农业不同，它是绿色的、生态的经济发展方式；发展循环经济能够有效解决经济发展和环境保护的矛盾，把经济活动对环境的影响降到最小，实现环境保护与经济发展双赢局面（董玉春，2016）。循环经济可以通过延长农村产业链条来培育和发展新的经济增长点，利用多个途径增加农民收入。从产业结构来看，种植业是农村居民主要的收入来源，而单纯依靠种植业的收入是很难缩小城乡差距，实现共同富裕的；而且这种发展方式不利于农村资源的合理配置，会造成资源浪费。优化农业内部结构，促使农林牧副渔业的全面发展，扩宽农民增收的渠道，有利于促使农村的全面发展，缩小城乡的差距，实现社会公平。

（二）把促进农村绿色发展技术创新作为主要动力

通过理论分析和现实实践发现，当前我国农业科技创新的效率低下，科技成果转化率水平有待提升。农业科技创新的投入强度不够，缺乏政府激励与风险补偿机制。这非常不利于农业科技创新环境的优化，无法保障农业与其他产业的均衡发展。由前文的实证分析可知，我国农业科研投入强度对农村绿色发展具有极强的正向影响。因此，要实现农村的绿色发展就需要加大科技投入，促进农村绿

色发展的技术创新。同时，科技创新对于社会经济发展来说也是一把双刃剑，要好好利用。科技发展的方向不能仅仅追求高产、高效、高价值，也应该更多地将关注点放在绿色环保方向，朝着可持续发展的目标前进。

（三）把加大投入，优化农村绿色发展投入结构作为重要举措

农村的绿色发展需要人力、物力和财力等投入。虽然我国在农村绿色发展中投入了大量资金和人力，但是投入强度不足、结构不合理、重点不突出、方向不明确。比如，我国东部地区、中部地区、西部地区和东北地区的科技创新因素对各区域农村绿色发展水平的影响存在较大差异，这种差异产生的主要原因是各区域科技投入强度和投入效率各不相同。科技投入强度越大，投入效率越高，科技创新对农村绿色发展的促进作用越明显。因此，既要加大农村绿色发展的投入强度，也要优化投入结构，提高资金的使用效率。通过差异化的投入政策，鼓励各区域加大对农村绿色发展投入，提升绿色科技创新能力，让科技创新能更好地服务于农村绿色化发展。同时，要不断优化投入结构，提高人、财、物的利用效率和产出效率。这也是实现农村绿色发展、乡村振兴的重要举措和应有之义。

（四）把厘清农村绿色发展中市场和政府的关系作为内在要求

农村绿色发展是我国生态文明建设过程中的重要一环，也是未来农业可持续发展的基本方向，要充分调动多方面的社会力量，为实现农村绿色发展助力。其中，政府和市场是农村绿色发展中最重要的两个主体。那么，协调好政府和市场的关系是农村绿色发展的内在要求。在我国的农村绿色发展中，政府的定位由其自身的功能和市场的特性共同决定，双方互相渗透，而不是单一以政府引导市场发挥作用。我国绿色农业市场环境建设滞后，监管风险与成本较大，政府应当承担支持绿色农业发展的主要责任。政府在农村绿色发展的进程中应该注重宏观经济与政策环境的调控，减少对微观经济主体的干预，为农村绿色化发展做好相应的政策服务。同时，要加大对绿色农业发展的财政支持力度，推进政府履行职能的绩效评价体系变革。

（五）把促进农业绿色转型，实现可持续发展作为重要内容

资源和环境对我国社会经济发展的制约正在逐渐由短期的、局部的、弹性的、隐性的制约向长期的、全局的、刚性的和显性的制约转变，这对我国社会经济的发展提出了更高的要求。为了适应这一变化，农业必须要向绿色发展的方向进行转变。2016 年中央农村工作会议提出，促进农业农村发展由过度依赖资

源消耗、主要满足“量”的需求，向追求绿色生态可持续、更加注重满足“质”的需求转变。推行绿色生产方式，促进农业可持续发展①。近年来，我国粮食产量连续增长，粮食安全有了基本的保障，农业向追求质量的绿色发展转变有了良好的基础。农业绿色发展可以解决很多传统农业无法解决的问题，符合生态文明建设和增强农业综合生产力的要求，能够促使农业生产方式的转变，进而提高农村居民生活质量，以绿色、安全、高品质的农产品来满足人们日益增长且不断升级的物质消费需求，保障农产品从田间到“舌尖”的安全，这也正是中国建设现代农业的要求。

（六）把拓展农业新型产业形态和培育新型农业经营主体作为重要目标

随着“互联网+”、生态农业、乡村旅游和休闲农业等的兴起与发展，这些新的发展模式为深入挖掘农业的多种功能、拓宽农业发展的渠道和丰富农业发展方式提供了机遇。提高农村绿色发展的水平，促进农业经济的发展，需要加快培育生态农业、乡村旅游、“互联网＋农业”、农村电子商务等新型的农业发展形态。此外，以前的农业经营主体比较单一，以家庭分散经营为主。这种家庭经营方式，在组织管理上不科学，分散的经营不利于抵御各种风险，很容易受到自然风险、经济风险、市场风险等风险冲击，而且农户很少能够掌握市场的信息和把握市场的变化并做出迅速、科学的调整，以至于市场竞争力弱，经常会出现增产不增收的状况。因此，现阶段大力培育新型农业经营主体显得尤为重要。

（七）把改善农村生态环境作为价值旨归

农村生态环境是人类从事农业生产及生活所必备的条件和空间，是农村经济发展的重要基础。加强农村生态环境的保护和治理，能够保障农产品的质量，促进农业的健康发展，这也是实现乡村振兴的基本要求。农民生产和生活都离不开良好的生态环境，改善农村生态环境关系到农民的切身利益，是实现美丽乡村建设的必然要求。目前，我国农村地区的生态环境被严重破坏，环境污染普遍存在。由于农村地区的经济发展相对落后，相关的配套设施不完善，在很大程度上制约了生态环境的保护。因此，需要整合农村的有效资源，加大资金投入，加强农村环境保护等基础设施的建设；要改变农业的生产方式，推广高效的绿色生产技术；合理处理农业生产和生活废弃物，完善农村社会化服务体系；进一步加强退牧还草、退耕还林工作，改善农村生态环境，推进农村绿色发展。

---

① 中央农村工作会议解读：绿色生产促进农业可持续，http://www.moa.gov.cn/ztzl/zyncgzh/zxdt/201612/t20161222_5414424.htm[2021-11-26]。

（八）把转变发展理念和思想观念、加强文化建设和社会化服务体系、提高农村居民生活质量作为重要支撑

绿色发展的实现是人们行为的直接结果，但是这种行为是在一定的观念指导下进行的。因为“观念和意识是行动的前提”，有什么样的观念和意识，就有什么样的动机，从而就有了在动机支配下的人的行为。因此，寻找实现绿色发展的途径，理应从树立人们的观念入手。要转变人们的发展观念，就应该加强绿色生产和生活的宣传教育，采用多种途径提高农民的环保意识。倡导健康生活、文明生活的理念，实现村民生活和谐稳定。改变原有的生活习惯，增添符合当前绿色理念的社交活动；企业做到以最少的资源损耗创造最大的利益，加强对生态环境的保护；政府要发挥自身的先导作用，形成适宜绿色消费的社会氛围，可以开展农民文化素养的培训，提高农民的环保意识，让农民更多地了解自己的行为可能造成的后果，树立可持续发展观念。

（九）把加强制度建设、完善法律体系作为重要保障

完善的法律体系和制度体系是实现农业产业结构转型升级、农村社会经济健康绿色发展的重要保障。因此，政府应该加强关于农村绿色发展的制度建设，建立系统完整的制度与法律体系。十八届五中全会提出要加大环境治理力度，以提高环境质量为核心，实行最严格的环境保护制度，深入实施大气、水、土壤污染防治行动计划，实行省以下环保机构监测监察执法垂直管理制度。最严格的环境保护制度必须具备科学性和时效性，需要根据不同地方的实际发展情况，坚持具体问题具体分析的原则，充分考虑地区发展优势及生态环境现状，制定符合地方实际情况的环保制度和政策，使相关的制度和政策能够更好地为农村绿色发展保驾护航。政府应当通过建立和完善相关的考核办法及奖惩机制，健全资源生态环境管理制度，加强法制宣传教育等来保障农村生态环境建设和农村绿色发展。

二、中国农村绿色发展的主要目标

我国农村生态破坏与环境污染问题突出，滥用化肥农药、农业废弃物随意处理、不合理工程建设等一系列粗放型生产、生活方式导致生态环境破坏严重，在很大程度上制约了农村绿色发展水平的提高。一般而言，生态破坏与环境污染都与不合理的生产、生活方式及生态保护制度的缺失密切相关。从生产、生活、生态三个方面入手，系统阐释我国农业生产中生态环境破坏和农村生活污染等问题，有助于提升

我国农村绿色发展水平和可持续发展能力。“十三五”规划将绿色作为五大发展理念之一，并提出了加快建设资源节约型和环境友好型的两型社会，加强生态环境的保护，实现人类社会的发展与自然环境的协调。为辨明我国农村绿色发展的重点领域和关键环节，落实农村绿色发展的总体思路，应该推行绿色生产方式，增强农业可持续发展能力；提倡绿色的生活方式，提高农民的生活质量；加强绿色生态建设，提供良好的生存环境。结合不同区域的实际情况和国家“十三五”规划具体要求，本书从提升资源循环利用能力、提高自然灾害抵御能力、加强生态环境保护和治理能力等方面阐释了我国农村绿色发展的近期目标；从农村绿色生产体系、农村绿色生活体系、农村绿色生态体系等方面提出了我国农村绿色发展的中期目标；从农村发展与生态保护相协调的角度提出了我国农村绿色发展的长远目标。

（一）近期目标

1. 资源循环利用能力不断提升

中国是一个地大物博、自然资源十分丰富的国家，但是人口基数大且增长速度较快，使得人均资源占有率比较低。以资源的消耗、环境的破坏及人类社会福祉的减少为代价，片面追求经济增长速度和经济效益，而忽视资源环境、社会效益和生态效益的发展方式不再适应我国社会经济发展的新要求。资源浪费和环境恶化的问题已变成了我国社会经济转型、发展结构优化的一个严重的限制性因素。农业经济的发展也要消耗有限的农业资源，如果资源没有有效地循环利用，就会加剧农业生产环境的恶化。面对我国农业的资源短缺的现状，一方面需要加强节约意识，通过减少资源浪费、加强废弃物的回收再利用等方式增加资源的供应；另一方面要加强技术创新，开发新的可再生能源。这也是我国农业生产方式和社会经济发展方式转变，促使农村绿色发展的必由之路。循环经济要求遵循自然界的发展规律，把生态环境保护的思想贯穿于整个经济发展的过程。与传统的“资源—产品—废弃物和污染排放”发展模式不同，循环经济遵循的是“资源—产品—资源再生”这样一个循环发展路径，这种循环发展路径可以将人类经济活动对生态环境的影响降到最低。

减少资源浪费、增加资源供给及开发新的可再生能源的根本在于推进科学技术的进步。新的科学技术可以提高资源的利用率、拓宽资源利用的广度和深度，并从中开拓出新的资源领域及发现新的资源利用方式。因此，要加强农业绿色生产技术的创新，完善农业绿色技术的研发、实验推广和生产应用体系，实现资源的节约和循环利用。针对健全农业绿色科技的研发、教育、生产与推广机制的需求，以农技推广为纽带，将高校与科研院所的科技、人才等资源优势及农业产业实体的商业开发能力相结合。为了在更大范围内实现资源更高效率的综合利用，需要组织研发有重大推广意义的绿色新技术，如节约能源和能源替代技术、农业废弃物综合利用技术和农业废弃物综合利用技术、新能源与可再生能源技术，逐渐提升资源循环利用能力。

2. 自然灾害抵御能力不断提高

近年来，由于全球气候变化，各种极端天气和自然灾害频繁发生，如旱涝灾害、台风地震等，这些都给我国农业健康发展带来了巨大的影响。党和政府十分重视提高农民抵御风险的能力，不仅通过各种措施扶持农民，如增加农业生产的各种补贴、鼓励农民购买农业保险等，而且还为广大农民提供了多种减灾措施。农村地区的基础设施比较薄弱，尤其是农田水利建设不完善，农户自身防灾减灾意识不强，使得农户抵御灾害风险的能力比较弱，不能够充分利用国家提供的措施来降低自然灾害带来的影响。此外，抗灾能力不强，严重制约了农业综合生产能力的提高。

农民自然灾害抵御能力的提高需要从政府、农民等多个角度出发，形成一套抵御自然灾害的系统。完善的农业基础设施是农民抵御自然灾害，促进农业发展的重要保障。政府需要建立农业基础设施投入的长效机制，加强农田水利等基础设施建设；通过植树造林、退耕还林还草等措施加强环境保护和恢复；加大灾害防御的宣传力度，提高农户对自然灾害的关注程度，定期为农户开展灾害防治的技能培训，提高农户的认知水平。另外还要建立规范、完善的防灾减灾的财政补贴制度，根据当地的实际情况和农户受灾程度提供有差别的补贴。农民自身应该主动学习自然灾害的防御知识，不断提升自身防灾减灾的意识水平，从而提高自身抵御自然灾害和加强环境保护的能力。

3. 生态环境保护和治理能力不断加强

《"十三五"生态环境保护规划》提到，以提高环境质量为核心，实施最严格的环境保护制度，打好大气、水、土壤污染防治三大战役，加强生态保护与修复，严密防控生态环境风险，加快推进生态环境领域国家治理体系和治理能力现代化，不断提高生态环境管理系统化、科学化、法治化、精细化、信息化水平，为人民提供更多优质生态产品。生态环境的保护和治理不仅有利于社会经济的发展，也能够为子孙后代的生存和发展提供良好的条件，是有着重大意义的事业。

在农村绿色发展能力建设过程中，要尊重自然，处理好经济发展与环境保护的关系，做到人与自然的和谐相处。习近平总书记指出要正确把握生态环境保护和经济发展的关系，关键是要处理好绿水青山和金山银山的关系①。这不仅是实现

① 习近平：在深入推动长江经济带发展座谈会上的讲话，http://www.mod.gov.cn/shouye/2019-08/31/content_4849509_2.htm。

可持续发展的内在要求，而且是推进现代化建设的重大原则。生态环境保护和经济发展不是矛盾对立的关系，而是辩证统一的关系。生态环境保护的成败归根到底取决于经济结构和经济发展方式。坚持走农业可持续发展的道路，加强生态文明建设。立足于农村经济的发展、农民收入的持续增长、农业的综合竞争力的提高，依靠科技创新、管理、制度等手段转变农业发展方式。坚定生态环境保护的决心，治理好生态环境，维护好我们人类赖以生存的家园。

（二）中期目标：农村绿色生产体系、农村绿色生态体系、农村绿色生活体系的建设和不断完善

1. 农村绿色生产体系的建设和不断完善

农村绿色发展在生产领域强调建设绿色的生产体系，即农业生产能够更好地适应新形势的要求，在资源环境的约束下走健康、高效、稳定发展之路。由于受到农业环境和资源的约束，生产资料的价格在不断上涨，生产成本相应提升，从事农业生产的比较收益降低。因此，建立和完善农业绿色生产体系刻不容缓。建立农业绿色生产体系实际上就是要转变农业的发展方式，降低农业生产成本，提高生产收益和增加农民收入，最终使得农业经济增长、资源节约和环境保护相协调。

从供给和需求的角度来看，需要优化农业供给和需求的结构，着重从供给侧进行结构改革，满足人民日益增长的美好生活需要。首先，绿色生产体系的构建要以市场需求为导向，发展优质、高效的生态农业，对农业内部的农林牧副渔等各产业进行结构调整和优化。其次，绿色生产体系的构建需要农业绿色生产技术的有力支撑。现有研究表明，农业科技创新是影响农业可持续发展的重要因素。发展现代农业，实现农业可持续发展，农业科技的有效供给至关重要。通过有选择性地供给先进农业生产技术，能够带动农业发展和农村经济稳定增长，提高农业生产效率和农民生活质量（伍旭中，2008）。要用现代机器设备、装备、技术手段来武装农业，加强农田水利设施建设与管护，不断增强农业抵御自然灾害的能力，全面提高农业发展的物质技术支撑水平，降低对资源和环境的约束，促使农业绿色生产，使我国农业向着现代化、机械化、标准化和信息化的方向发展。再次，绿色生产体系的构建需要有完善信息化服务平台。加强农业信息化服务平台建设，推动“互联网 + 农业”的新型模式的发展，为农业的生产和发展注入更多的新要素，全面提高农业的生产水平。最后，绿色生产体系的构建需要有一批新型农业经营主体。通过奖励、转移支付等方式给予新型农业经营主体适当帮助，完善信贷服务，给予必要的担保和优惠条件。完善对新型经营主体的政策扶持制

度及相应的农业生产发展的补贴制度，提高农业生产的效率、质量和农民从事农业生产的积极性。

2. 农村绿色生态体系的建设和不断完善

农村绿色生态体系建设是农村绿色发展的内在要求之一，是实现农业可持续发展和乡村振兴的必然要求。生态体系的建设首先应该改变以资源消耗和环境破坏为代价的农业生产方式，加强对农村环境的保护，严格控制农业点源和面源污染。其次，加大对绿色工程的支持力度，建立农业生态转型的激励机制。再次，要鼓励生态认证，给予农业生产经营单位与基层农村组织生态认证。但是进行生态认证要坚持的前提条件是，这些单位和基层组织的生产行为没有突破法律的红线，符合农业生态环境要求，达到农产品质量标准。在此基础之上，需要加大监督和执法打击的力度，坚决制止严重危害生态环境的农业生产行为。同时还要加大国际合作力度，充分吸收国外环境保护和治理及生态体系建设的先进经验，引进环境治理的先进技术，提高资源利用效率，减少环境污染。最后，农村生态体系建设需要法律和制度的保障，良好的制度可以促使农村环境治理各主体同心协力，共同治理好农村环境。完善的环境监测和评价标准是法律制度等落实的重要保障，因而需要根据各地经济社会发展的实际，逐步建立绿色国民经济核算制度和生态环境保护制度。同时还要加大绿色生态环境体系的投入，建立和完善农村生态环境保护与治理的激励机制，调动广大农民的积极性。

3. 农村绿色生活体系的建设和不断完善

当前我国有很多农村地区的生态环境问题较为严重，尤其是中西部地区的贫困农村。经济发展水平较为落后，农村的基础设施不完善，缺少有效的垃圾集中处理系统，不当的生活方式造成了严重的污染，在很大程度上影响了广大农村居民生产和生活。农村绿色发展战略正是要积极倡导绿色生产模式与健康消费方式，改善农村生产环境，建设村容整洁、环境优美的绿色新农村，不断提高广大农村居民的生活水平与生活质量，不断提升农村绿色发展水平。这不仅为我国农村生态文明建设提供了具体行动方案，也为我国美丽乡村建设提供了实施路径。

农户是社会经济活动的微观主体，农户生活行为对农村绿色发展有着重要的作用。在生活方面，需要推动农村居民生活方式的绿色化，建设农村绿色生活体系。农村居民的生活包括衣食住行等方面，绿色生活体系的构建则需要从这些方面出发，促使农村居民转变生活方式。具体而言可以从以下几个方面考虑：一是促进生产、流通、回收等环节绿色化，增强绿色供给，推进绿色包装，促进绿色采购，开展绿色回收。二是在农民日常生活中的衣食住行等方面实现“绿色化”。要引导绿色饮食，倡导绿色居住，推行绿色交通，鼓励绿色出行。三是全面构建推动农村居民生活方式绿色行动体系，调动农村居民主动参与的积极性，树立并表彰节约消费榜样，激发居民践行绿色生活方式、保护自然环境的热情。四是开展各层次绿色生活宣传，深化环境教育，培养绿色公民。五是积极搭建绿色生活方式的行动网络和平台，培育生态环境文化。

（三）长远目标：农村发展与生态保护相协调

农村经济发展和生态环境保护之间并不是相互矛盾的，而是相互影响、相互制约的，两者是可以实现协调发展的，即在实现农村经济健康稳定发展的同时，又能够实现农村生态环境的改善。一方面，粗放式的经济发展方式使环境遭到了严重的破坏，而最终后果也是由人类来承担的。从这个角度来看，不合理的发展方式破坏了环境，而生态环境的破坏又严重制约了农村经济的发展。另一方面，环境和经济发展相互影响与促进，两者能够实现协调稳定发展。良好的生态环境为农村经济的发展提供了必要的发展空间，一个地方的资源和环境的禀赋直接影响经济的发展。反过来，农村经济的健康稳定发展又为生态环境的改善提供经济支撑，因而能够使得农村的生态环境得到更好的改善。改善生态环境和实现农业可持续发展是我国乡村振兴战略的重要任务。

农村环境在经济学意义上属于公共物品，环境产权的不明晰，导致了“共有地悲剧”。虽然有政府介入来解决这个问题，但是制定的政策往往又会导致逆向选择和道德风险。在我国，对环境的保护是以政府为主导，带有公益性质。另外，通过社会舆论和公众的监督，在一定程度上可以对环境破坏者施加压力，同时还要鼓励农村居民自觉减少废弃物和污染物的排放。在环境保护和治理方面存在着“搭便车”的现象，使得公众的监管并不能落到实处，所以政府可以通过为公众监督提供条件及制定相应奖励机制，来降低环境监管成本，激发公众的监督潜力（刘杰，2013）。环境保护的教育宣传可以提高农村居民的环境保护意识，使其能够自觉采取行动保护环境，会更加有利于实现农业可持续发展。

加强生态环境的治理和保护是当前转变经济发展方式，调整产业结构，应对气候变化的重要任务，根据其内容可以总结出要实现农村发展与生态保护相协调需要坚持的基本原则：一是坚持绿色发展、标本兼治。农村的绿色发展要处理好发展和保护的关系，坚持走可持续发展的道路，协同推进农业的绿色化和现代化。二是要既注重追求当前的利益也要顾及长远的利益。要着眼于长远的利益，不能只为一时的发展而破坏环境。要把加强生态环境保护与稳定经济的增长、调整农业产业结构、建设农村惠民工程等结合起来，实现农业绿色生产和农村居民绿色生活的转型，加大农村生态环境治理力度，促进人与自然和谐发展。三是坚持质量核心、系统施治。主要以生态环境质量的提升为核心，以解决突出的生态问题为导向，以生态保护和结构优化为手段，系统推进生态环境的修复与治理，增加生态产品的供给能力。四是坚持空间管控、分类防治。根据不同地区的差异，结合当地具体的实际情况分类防治，实施差异化的管理，建立系统的管理格局，提高管理水平。五是坚持改革创新、强化法治。在绿色发展理念的指导下，改革创新环境保护的措施，同时转变农村发展和环境保护的理念。此外，要完善法律体系和加大执法力度，建立严格的生态环境保护责任制度，动员广大农村居民参与积极参与生态环境的保护，构建农村环境治理的多元主体参与体系。

第二节　中国农村绿色发展的重点任务

虽然我国农村经济发展迅速，但农业生产效率低、土壤重金属污染加剧、生活垃圾处理不当、环境破坏严重等问题同样突出。从实践角度看，农村的绿色发展面临着复杂的环境，要贯彻实施绿色发展思想，还需要解决一些矛盾与问题。绿色发展不仅涉及生态环境方面，还涉及政治、经济、文化等各方面，并与空间布局、产业结构、生产方式、生活方式，以及价值理念、体制机制等紧密相连（张勇，2016）。加快生态文明建设，实施绿色发展战略不仅是中国社会经济协调发展的战略需要，也是中国生态环境保护和可持续发展战略的理论升华。农村绿色发展关键是要处理好经济发展与环境保护、人与自然环境的关系，在实现农业现代化建设过程中以绿色化为导向，从农业生产、农村居民生活和农村生态环境三个方面，来确定中国农村绿色发展能力建设的重点任务，以期提高我国农村绿色发展能力。

一、农业生产方面的绿色发展

（一）建立农业绿色生产体系

从 20 世纪中叶开始，石油农业得到了快速的发展。当时，生产力发展水平相对落后，世界人口不断增加，粮食危机加剧，石油农业在一定程度上解决了世界粮食安全问题。但是随着社会经济的发展，石油农业的弊端不断突出，在发展过程中大量消耗石油等化石燃料造成了资源的过度消耗和环境的破坏。为了眼前的利益，不顾生态环境破坏和资源的大量消耗，不为人们的安全健康和子孙后代的发展着想。当前频发的自然灾害和全球气候变化等使得人们不得不重新重视对环境的保护，不断寻求新的农业发展模式。绿色农业的出现让人们看到了新的方向。

农业绿色发展是指在充分考虑自然资源和生态环境状况的条件下，在绿色发展理念的指导下，在农业生产领域通过采用先进的、绿色的生产技术和学习先进的管理经验，确保资源与生态的安全，保障农产品质量，提高农业生产的综合效益，最终实现经济发展和生态环境保护协同模式。

实现农业的绿色发展，首先需要做到“三个确保，一个提高”，即确保农产品安全、确保生态安全、确保资源安全和提高农业的综合经济效益。农产品安全不仅包括数量上的，还包括质量上的安全。确保农产品安全主要以科学技术为重要支撑，提高农产品产量，解决资源缺乏和人口众多的矛盾；同时提倡绿色生产，提高产品质量，满足人们对产品质量的需求。生态安全主要是强调为农业生产提供良好的环境，通过对农村环境的治理为农业生产营造良好的发展空间。绿色农业优势在于能够节约资源和能源，确保资源安全。此外，绿色农业不仅能够提高农业的经济效益，而且还能够很好地提高社会效益和生态效益，促使农业综合经济效益的提高。其次，要建立严格的第三方认证体系，促使农户在农业生产中加强管理，提高农产品的质量。完善农业绿色补贴制度，将政府补贴和环境保护结合起来，加大对有机肥、生物农药的补贴力度，使农民增产又增收。再次，充分借鉴世界上先进的发展和管理经验，健全相关法律体系，为农业绿色发展提供法律保障。从田间生产到最终产品的销售是一个复杂的产业链，包括生产、运输、销售及售后等各个环节，每个环节都需要有相关的配套设施。为保障绿色农业的发展，建设绿色生产体系，需要加大资金的投入，完善相应的配套设施。最后，还需要通过财政资金的投入，大力培育有利于农业发展的高素质农业科技人才。

（二）强化农业资源节约、集约利用

在社会经济发展和城镇化推进的过程中，对土地等资源的需求也在不断增加，而我国人口基数大，人均资源占有量少，人地矛盾尤为突出。土地资源是农业生产中主要的生产要素之一，要保障我国粮食安全，促进农业的现代化，必须要集约利用土地资源。节约、集约、循环利用的资源观要求我们转变经济的发展方式和资源的利用方式，改变以前单纯依靠资源的消耗来推动经济增长的发展模式，在经济发展的同时，注重全面节约资源和保护环境，提高自然资源的利用效率，通过技术创新、废弃物的回收循环再利用、节能减排等方式来增加资源供给，以资源的集约利用来推动环境的保护。为此，我们首先需要制订资源集约和循环利用的计划，在农业生产方面采用新的绿色生产技术，发展循环农业、绿色农业，加快建立循环型农业体系（张勇，2016）。其次，要摒弃传统的发展观念，转变传统的粗放式的生产方式，使农业的产业结构得到转型和优化。再次，要实行资源和废弃物的综合利用与循环使用，把有害环境的最终废弃物质降低到自然生态环

境的自净能力范围之内（冯刚，2008），全面落实资源节约的要求，降低能源的消耗。最后，需要加强农业资源节约集约利用的技术研究与创新，加强相关技术研发和推广，形成以公共科研机构和技术服务机构、农机农资企业为基础的，具有较高技术研发水平和较强推广服务能力的研发与推广体系。

（三）加大农业生态环境的修复力度

近几十年来，全球生态环境都遭到了很大程度的破坏，尤其是在发展中国家，环境问题更加严峻。现阶段，环境问题在很大程度上制约了我国经济的发展。在推动农村发展的过程中，要处理好经济发展与环境保护的关系，习近平总书记在全国生态环境保护大会上曾指出要坚持人与自然和谐共生，坚持节约优先、保护优先、自然恢复为主的方针，像保护眼睛一样保护生态环境，像对待生命一样对待生态环境[①]。当然，要实现科学发展，走可持续发展道路，就不得不重视环境的修复和保护。良好的生态环境为农村经济的发展提供了必要的发展空间。加快对农村生态环境的修复，改善农村生态环境质量需要做到以下几个方面：一是转变发展方式，大力发展循环农业，推行清洁生产，降低资源消耗，实现农村经济的健康持续发展。在生产结构方面，需要进一步优化农业生产布局，根据各地具体的实际状况来确定农业生产结构，适合发展种植业的地区可以大力发展绿色种植业，适合发展渔业或者林业的地区大力发展绿色水产养殖和林业经济。二是加强农业点源和面源污染的控制与治理，保护好农田的生态环境，为农业生产提供良好的物质基础。大力推广自然灾害防治技术，增强农民抵御自然灾害的能力，实行有机肥替代化肥和农药减量措施，降低农业污染。三是加强农村环境污染的治理，修复被破坏和污染的农村环境。保护农村现有的水体资源，恢复农村河流、池塘、水田等湿地的生态功能，提高水体的自我净化能力。四是加强农村环境检测和污染监管，遏制新的人为破坏。通过各种途径宣传保护环境的重要性，提高农村居民环保意识。此外，还要充分借鉴国外环境修复和治理的先进经验，寻找适合我国的农村环境治理之路。

（四）加强农业生产污染治理

我国农业生产过程中仍然存在着很多问题，比如，农药化肥的大量使用，农业废弃物的增加和随意处置；再加上，农村的基础设施不够健全，大量生活垃圾、生活废水等不能有效处理。这些问题给农村的生产、生活及生态带来了很大的负

① 习近平出席全国生态环境保护大会并发表重要讲话，http://www.gov.cn/xinwen/2018-05/19/content_5292116.htm[2021-11-26]。

面影响，严重制约着农村经济的发展和乡村的振兴，要实现农村社会经济健康、绿色和可持续发展，就必须加强农业生产污染的治理。

首先，必须要采取经济、行政等手段控制农业自身的污染，加大环境污染治理的力度。其次，要有针对性地加强农业生产污染的防治，在化肥施用方面，鼓励农民使用有机肥，改善农业生态环境；在农药使用方面，采用统防统治、综合治理的措施；积极开展畜禽粪便的治理工程，实现畜禽粪便的资源化。再次，要加大农业清洁生产技术的研发力度，推进技术的应用，强化农业绿色发展的科技支撑，促使农业生产技术转化为生产力。优化农业科技资源布局，根据不同区域和不同产业的特色有针对性地提出农业技术的发展方案，使得大量的科技人才和成果向农业绿色发展的方面倾斜（韩长赋，2017）。另外，还要培育农业绿色发展的经营主体，鼓励农业企业、家庭农场及专业合作社等加强对农业废弃物的资源化利用。最后，要进一步完善法律法规，编制农业生产污染防治规划，建立健全农业绿色发展的监管机制和评价体系。

二、农村居民生活领域的绿色发展

（一）加快农村绿色建筑的建设

社会经济快速发展，农村居民收入不断提高，开始追求健康、绿色、生态和安全的生活环境与生活方式，对居住条件和周围环境也有了新的要求。以往农村居民住宅建设没有统一规划，布局不合理，而且在建设过程中存在大量资源浪费现象。现阶段，降低住房能耗，推进建筑节能已是推动我国农村绿色发展的重要环节。此外，推动农村建筑节能不但有利于改善农民居住条件，使农民生活更加舒适安全，提高其生活质量，而且还有利于缩小城乡之间的差距，实现城乡融合发展，促进社会主义新农村建设可持续发展。

加快农村绿色建筑的建设，需要始终坚持既安全节能又经济实惠的原则和要求，根据农村地区的实际情况和特点，采取因地制宜、就地取材的方式来建设住房。同时，住房建设要突出地方特色和传统风貌，尤其是少数民族地区，要把绿色环保的理念融入少数民族传统特色中去，建设具有民族特色的绿色建筑。具体而言：一是要充分利用电视、网络等新媒体来加强绿色生态的宣传力度，培育农村居民绿色建筑意识，改变其传统的思想观念，使广大农村居民能够更好地接受绿色建筑并充分调动农村居民的积极性，使农民能够自觉建设绿色环保的农村住房。二是建立和完善有效的激励机制，通过财政等措施设置相应的补贴，对自觉建设绿色住房的居民进行补贴，鼓励和引导农村居民进行旧房和危房改造，发展绿色建筑。三是逐步完善农村绿色建筑产业体系，农村绿色建筑产业的有序发展（林敏，2009）。

（二）加强农村绿色消费文化建设

在资源短缺和环境恶化的约束下，人们的消费观念正在发生变化。由补救性生态治理向预防性生态治理、一切以追求自身利益向个人利益和社会利益相结合的方式转变，这不仅体现了绿色发展的社会经济伦理，更是绿色发展的消费理论（郇晓燕，2014）。绿色消费文化不仅强调生活舒适美好，还强调环境友好。这种消费文化不仅是企业还是全体公民的消费导向。绿色消费是绿色发展的原始动力，只有消费者接受并履行绿色消费行为，才能有利于绿色经济发展的积极推进（孙延红，2010），这也决定了绿色消费行为是绿色生活方式最为核心的部分。

绿色消费文化的建设不是一朝一夕的事。从政府角度出发，网络、数字电视等新媒体宣传绿色消费文化和环境保护观念，使广大农村居民逐步形成节约资源、保护环境、健康文明的消费观念，营造良好的绿色消费氛围，建设生态文化区，强化责任意识，形成合理消费的社会风尚，并大力开展农民环保技能和文化素养培训，让农村居民能够更好地了解人与自然的关系，实现农村循环经济文化效用，促使居民生活方式转变，开启绿色的农村生活。从农村企业的层面出发，要把握农村居民对产品的需求，加大企业的技术创新，采用绿色工艺，提供有特色的绿色产品。从农村居民个体角度出发，促使消费者自觉践行绿色消费文化，树立绿色消费观，养成良好的生活习惯和消费习惯，避免攀比和盲目从众的心理。

（三）加大农村生活污染治理力度

在农村的发展过程中，大多数居民忽视了生活中的污染。通过调查研究发现，相当多的农村居民潜意识里认为生活废弃物不会对环境造成影响。在这种意识的指导之下，农村居民往往随意处置生活废弃物，导致农村环境被破坏。所以，在农村生活污染治理上，首先应该加强宣传，改变农村居民传统的观念，提高环境保护意识，从而避免新污染的产生。其次，采取具体的治理措施来加强生活污染的治理。对于生活污水，要采取因地制宜、分散和集中相结合的方式进行循环利用与无害化处理，即在人口集中的地区采用集中处理的方式，在人口居住比较分散的地区采用分散处理的方式。对于农村生活垃圾要采取集中分类处理的方式，对不同类型的垃圾采用不同的处理办法。另外，要加快技术创新，提高生活垃圾的资源化利用率。在农村生活用能方面，要提倡使用沼气、太阳能等可再生能源，减少煤炭、薪柴的使用，优化用能结构。最后，要建立和完善生活污染综合治理的责任制与监管监察机制。实施严格的奖罚制度，做到治理有奖、污染必罚。

三、农村生态环境方面的绿色发展

（一）加强农村生态环境保护

要促进农村经济结构转型升级，实现绿色发展，离不开良好的农村环境。但农村的生态环境也面临着严峻形势，脏乱差等问题较为突出，点源、面源污染较为严重，加之农村的基础设施不完善，加强农村生态环境保护的任务非常艰巨。

加强农村环境保护需要重点做到以下几点：一是要保护好农村饮用水源地，保护农村现有的水体资源，恢复农村河流、池塘、水田等湿地生态功能；加大生活污染治理力度，避免造成白色污染。二是加强农村环境污染的治理，修复被破坏和污染的农村环境。加强对天然植被及村庄周边绿化的保护，因地制宜地发展农业生产，提高农村环境自我恢复的能力。三是加强农村环境检测和污染监管，遏制新的人为破坏，通过各种途径宣传保护环境的重要性，提高农村居民环保意识。四是建立生态环境保护评价机制，进一步强化对环境的监管，把农村生态环境的保护纳入各级党政机关干部的考核体系中，把绿色统计核算结果作为基层干部提拔和评优的条件。

（二）加大村容村貌建设和治理力度

现阶段我国部分农村地区生态环境问题依旧严峻，基础设施落后、生产方式粗放、生活方式不当等问题，影响了村容村貌，以及农村生活水平和农产品质量的提高。农村绿色发展战略要求积极倡导绿色生产模式与健康消费方式，提高广大农村居民的生活水平与生活质量。提升农村绿色发展水平是实现乡村振兴的重要支撑，不仅为我国农村生态文明建设提供了具体行动方案，也为我国乡村振兴提供了实施路径。

整洁的村容村貌体现着农村居民的精神风貌，是提高农村居民生活质量的外在条件。具体应该做到：一是合理布局，搞好农村建设规划，对农村的旧房和危房进行改造，从各个行政村落的实际出发，科学布局并完善农村基础设施；二是与生态建设相结合，始终坚持与生态环境相协调的原则，在乡村建设过程中注意环境的保护，避免造成环境的二次破坏和污染；三是建立村容村貌整治的长效机制，完善监督考核机制，落实责任制，强化干部的责任意识；四是加大宣传教育力度，引导广大农村居民养成良好的行为习惯，自觉参与到村容村貌建设和治理的活动中。

（三）建立农村生态补偿制度

十八届三中全会提出实行资源有偿使用制度和生态补偿制度。坚持谁受益、谁补偿原则，完善对重点生态功能区的生态补偿机制，推动地区间建立横向生态补偿制度。发展环保市场，推行节能量、碳排放权、排污权、水权交易制度，建立吸引社会资本投入生态环境保护的市场化机制，推行环境污染第三方治理。生态补偿对环境保护具有良好促进作用，具体的含义可以归纳为两点：一方面是对环境破坏和资源使用者征收一定的费用，另一方面是对环境培育者和保护者进行补助。加强农村生态补偿制度的建设就是要通过一系列制度法律、政策规范的制定，运用多种手段，调动人们的积极性，刺激人们进行生态环境的保护，提高生态环境的质量。建立农村生态补偿制度的对策有很多，总体来说需要保证在社会公平的情况下，综合运用多种手段加强环境治理。加大生态补偿机制建设的人力、物力和财力投入，通过各种专项基金的设立，保障农村生态补偿机制的顺利建立。但是在环境保护中存在大量“搭便车”的现象，而且政府缺乏有效的监督，导致制度实施的效率低下，所以在农村生态补偿制度建立过程中引入市场机制是很有必要的。发挥市场配置资源的作用来合理配置农村各种资源，使各种资源能够充分发挥其应有的功能，促进生态环境改善。引入市场机制则需要健全的交易市场和有强有力的制度及法律作为保障，以便交易的顺利进行。最后，需要加强农业绿色生产技术及绿色环保技术的研发、应用及推广，具体要根据各地区的实际引进相应的清洁生产的绿色生产技术，实现农村的绿色发展。

第三节　中国农村绿色发展的政策设计

一、制定差异化农村绿色发展政策，实现区域协调发展

考虑到我国国土面积幅员辽阔，不同区域、不同省区市的农村绿色发展，无论是在发展水平、现状上，还是在发展条件、方向上均存在着巨大差异。农村绿色发展的目的不仅在于转变农村地区落后的生产方式，改善农村人居环境，更关键的是让所有农村居民均可以享受到农村绿色发展所带来的福利改善，实现全国层面的均衡与协调发展。因此，在持续推动各地开展农村绿色发展过程中，应坚持因地制宜的原则，制定差异化的农村绿色发展政策，并鼓励各地方政府积极创新，探索适合当地农村条件的发展道路，最终实现区域的协调发展。

首先，充分发挥各级政府组织协调的宏观调控作用。农村绿色发展是一项涉及生产、生活、生态多个方面的系统性工程，需要各级政府部门尤其是中央政府，发挥好组织领导、宏观调控的作用。优惠政策要向中西部地区倾斜，更为重要的是加强各地区之间的协作与交流，在农村绿色发展人才培养方式、生产结构的布局与优化、生态环境治理措施等多个维度上进行深层次的合作与共享，不断缩小各地区之间的绿色发展差距。

其次，制订出台全国层面农村绿色发展规划与纲要，起到提纲挈领作用。尽管绿色发展理念已深入人心，但全国层面的农村绿色发展规划仍较为缺乏，仅有少数关于农业绿色发展的相关文件。这也就导致各地区在具体行动中可能会存在一些思想认识上、行为操作上的误区，阻碍我国农村的绿色发展。因此，需要国家及党中央加快制定并出台基于全国层面的农村绿色发展政策纲要，指明农村绿色发展工作中的重点问题和实现路径，从而指导各地区有序地开展相关建设工作。

再次，针对不同地区农村绿色发展，制定实施差别化的政策工具。统领性政策文件的颁布为农村绿色发展指明了方向，而工作的具体落实需要制订针对性强且具有差别化的方案。例如，中西部地区经济发展水平相对较低，在人才集聚能力等方面缺乏吸引力，因此在加大中央财政转移支付的同时，要出台相应人才吸引和优惠政策。又比如，东部各省市农业资源有限，但依托于良好的经济环境，可发展乡村旅游、休闲农业等新兴产业，为此需要在乡村旅游规范化发展、休闲农业认证及扶持等方面出台相应政策。

最后，各地区在实际开展农村绿色发展相关工作时，需明确各地农村的资源禀赋、经济水平、产业结构等方面内容，有侧重点地制定关于绿色生活、绿色生产及绿色生态各方面的政策和规划。一方面，严格秉持"绿水青山就是金山银山"的两山理论，尤其是对于生态环境较为脆弱的西部地区，应在生态环境保护的基础上发展环境友好型产业，与此对应的是，在相关地区的绩效考核制度中弱化经济权重，强调生态保护；另一方面，各地区基于现有发展基础和条件，扬长补短，例如，东部地区绿色生活水平远高于全国平均水平，应进一步做好在绿色生活方面的先锋示范作用，而在绿色生产方面则通过技术改革、结构优化，实现经济绿色发展。

二、产业结构调整及优化升级

（一）优化农业内部结构，巩固农业的基础性地位

首先，优化种植业产业结构及生产布局，促使种植业实现区域化和差异化生

产，进而提高区域比较优势。加快推进农业生产和发展方式的转变，完善土地流转市场，推动种植业适度规模经营，提升农业机械化程度和农业信息化水平，不断提高劳动生产率、产出效益；同时加快培育和扶持新型农业经营主体，加快特色农产品品牌建立，提高产品附加值和市场竞争力。其次，加快调整优化畜牧业产业结构。一方面是加大对畜牧业发展的支持力度，制定并完善相关的支持政策。另一方面是合理调整畜牧业产业布局，推进畜禽标准化规模养殖建设，结合区域资源优势和畜牧业产业基础优势，确立优势特色畜产品主产区。同时，发挥畜牧业关联产业集群效应，加强企业之间的战略合作，提高市场竞争力。再次，引导林业、渔业和副业合理布局生产，提高资源配置及利用效率。调整相关产业的发展结构，加大支持力度，发展具有比较优势的产业。最后，将农业各产业有机串联，合力推动农业专业化生产和产业化经营，同时注重加大科技、人才、资金投入及政策支撑力度，促进产业优势互补和联动协作发展，进一步提高我国农业经济整体水平，巩固农业在国民经济中的基础性地位。

（二）把握农村非农产业结构优化的方向

在工业化和城市化严重不协调、城乡分割体制的历史背景下，农村非农产业在平衡城乡经济关系、工农业关系等方面起到了非常重要的作用（林善浪，2002）。农村土地制度的改革，使大量农民从农业生产中解放出来，农村出现了大量剩余劳动。加上工业化和城镇化推进过程中占用了大量的耕地，农村可用耕地在不断减少。这些因素直接导致了大量农村劳动力从事非农生产，非农产业得到了快速的发展。非农产业在农村产业体系中有着重要的作用，有利于发挥农村的比较优势，带动相关产业的发展，有利于形成农村绿色发展的产业支撑，提高农业生产过程中的组织化、专业化程度，促使人、财、物等生产资源在产业之间、城乡之间、不同地域之间自由流动和合理配置，进而促进农村经济的发展。

非农产业在农业经济发展中的重要性不言而喻，所以，促进非农产业内部结构的优化升级及非农产业和农业等部门之间的结构优化显得十分重要。总体而言，关于农村非农产业结构优化，一是要加强农村地区非农产业之间的有机融合，明确产业之间的分工，加强彼此之间的合作，实现专业化生产。二是加强农业、工业和第三产业的发展，促使三大产业之间的融合发展。三是明确农村非农产业绿色发展的基本要求，坚持以市场为导向，推动非农产业的信息化建设；同时要注重新技术、新要素和新模式的引入，加快产品流通和市场建设，发展电子商务等新型的流通方式，延长产业链，提高产品的附加值。四是加大人才的引进和培育。人才的短缺和人才素质低下阻碍了农村非农产业发展。农村地区的教育事业落后，教育水平低下，劳动力的文化程度普遍偏低，所以需要增加教育和技能培训方面的投入，从各方面提高劳动力的素质。五是需要加快推进农村非农产业组织结构的优化升级，对非农产业进行股份制、公司制改革，扩大企业的生产规模，逐步建立起产权明晰、权责明确现代企业制度。

（三）进一步优化农村工业内部结构，建立合理分工、协调发展的城乡工业体系

我国早期主要是优先发展重工业和重点扶持城市的发展，不得不牺牲农业和农村来为工业的发展积累资金。在实行统购统销制度和户籍制度之后，形成了城乡的二元结构，城乡之间的差距不断扩大。城乡二元经济结构弊端日益突出，不利于改变农村的现状，实现中国的现代化。因此，打破城乡二元社会经济结构，深化改革，促使城乡共同发展是当前农村工作的重点。农村工业结构演进，不能够按照传统的工业结构演进的方式进行，而是应该以国家产业结构优化布局为依据，以绿色发展理念为指导，从城乡的具体实际情况出发，以市场需求为导向和发挥城乡的比较优势，实现工业内部结构的调整和合理分工。

城乡之间的发展都离不开彼此的帮助，城乡的工业也都有各自的比较优势，相对于农村工业而言，城市工业拥有先进的生产技术、大量高素质人才和先进的管理经验；而农村工业则有劳动力、土地和原材料等方面的优势。所以，城乡工业应该取长补短，彼此加强合作、分工，协调发展。比如，农村有大量廉价劳动力，城市工业可以把一些劳动密集型产业转移到农村，充分发挥农村的资源优势，增加就业，城市自身则大力发展高新技术产业等；另外，农村工业为城市工业提供原材料或初级产品，同一产业的上中下游，可以在城乡之间进行分工，真正实现城乡工业的一体化发展。

（四）大力发展第三产业，促使农村三大产业的融合

促进三大产业的融合发展是农村绿色发展的重要助力和经济支撑，是实现农业和农村现代化发展的必由之路，对保障农村社会经济发展具有重要作用。三大产业的融合有助于延长产业链，提高产品附加值，进而提升农业的竞争力，巩固农业的基础性地位。

近年来，我国农业产业结构在不断调整，农业内部结构得到了优化，种植业的专业化和规模化程度得到了很大程度上的提升，林牧渔业等产业快速发展且比重不断提高，这些在一定程度上对服务业的发展提出了更高的要求（林善浪，2002）。为实现农村经济的发展，满足产业结构调整和优化升级的需求，势必要加快农村第三产业的发展步伐，促使三大产业的有机融合。而且农村人口众多，农

村居民收入也在不断增长，所以，农村的市场消费潜力巨大，这有利于农村第三产业的发展。

第三产业的发展首先是要发展农村生产和生活服务业。农村相比城市而言，发展过程中缺乏信息、医疗卫生和社会保障等各方面的服务，而且我国的社会化服务水平相比于发达国家也有一定差距。从 2003 年开始，新型农村合作医疗制度正式在农村地区实施，但是合作医疗的救助范围较小、救助额有限等缺陷在很大程度上限制了我国农村医疗卫生服务体系的建立，使得农户应对各种风险能力的提升有限（池文芳等，2014）。我国应该结合具体实际，根据国家的社会经济发展水平，加快完善农村医疗卫生等基础服务，建立和完善社会化服务体系，为农村的发展提供必要的保障。其次，发展农村金融业。农业的发展和农村的建设都需要足够的资金支持，因此进一步加快建立和完善农村金融服务体系显得尤为重要。具体而言，增加农村金融服务机构的数量，并扩大服务范围和扩宽业务范围，增加融资的渠道，为农村的绿色发展设立专项发展基金，提供金融支持。再次，要发展农村交通运输业，加强农村公路等基础设施建设，促使农村公路运输业的发展。农村发展在很大程度上受到交通条件的限制，很多有地方特色的农产品无法及时运到市场进行销售，而且不便的交通条件会增加运输的成本。最后，要积极发展乡村的生态旅游业，在发展中处理好人与自然的关系。做好乡村旅游资源的规划，有序合理开发旅游资源，防止资源和环境的破坏，要通过旅游业的发展来带动乡村餐饮服务等产业的发展，优化农村产业结构。

（五）提高劳动力技能和素质，增加劳动力就业渠道

我国人口众多，丰富且较为廉价的劳动力为社会经济的发展做出了巨大贡献，但是却存在劳动力质量不高的缺陷。目前农村的农业和非农产业的发展对劳动力质量的要求越来越高，与传统的生产技术相比，现代的生产技术要求操作者有丰富的经验，以提高生产的效率。我国农村劳动力的素质和文化程度普遍不高，无法满足社会经济、农村发展的需要。所以大力发展农村教育，加大对农村劳动力的技能知识培训，提高劳动者素质是当前农村绿色发展的重要任务。另外，大力发展绿色工业，可以提供更多的就业机会。要根据企业性质和生产技能的需求，有针对性地建设农民公共技能培训服务中心，开展相关的技能培训，或者与相关培训机构开展合作，开设绿色培训课程，提高劳动力技能和素质，让农村劳动力了解绿色发展的内涵，在日常的经营和管理中贯彻落实绿色发展理念。要鼓励实施农村劳动力自主创业的相关政策，为农村地区营造了一个良好的创业氛围，加快解决农村剩余劳动力就业问题，进一步增加农民收入，实现共同富裕。

三、加强科技创新，完善科技助推体系

我国推进农业现代化进程，实现农村的绿色发展离不开科技创新。从国家宏观格局来看，必须加强对科技创新的重视程度。农村地区的资源存量、结构、特征是既定的，其绿色发展潜力主要取决于绿色科技。绿色科技在农业生产方式转变、农村生活质量及农村环境改善等方面具有十分重要的作用，建立强大的绿色科技助推体系是实现农村绿色发展的重要内容。

（一）推行科技下乡政策

为了提高农民科技水平，帮助农民掌握科学的农业生产知识，各级政府应该采取有力措施，推行绿色科技下乡活动。政府应当考虑各地经济、地理条件的不同，建立技术遴选机制，推广农民真正需要、对实现农村绿色发展有利的绿色技术。

倡导绿色科技，推行绿色科技下乡，还应当建立长效机制。农民采用绿色技术，需要专家的后续支持与辅导。因此，推行绿色科技不能只停留于推荐，后续帮扶工作更为重要。应当根据农民的需要，提供专家的后续支持与辅导，使农民在掌握农业科技的过程中有一定的连贯性，增强其接受科学技术的积极性。可以建立精准帮扶档案，以便于农民和技术专家之间的沟通和学习，确保绿色科技得到有效运用。

（二）深化科教兴农政策

再先进的绿色科学技术如果不被农民掌握，也不能很好地发挥作用，提高农民素质对于推动农村绿色发展具有重要的作用。

为促进我国农村绿色发展，应当借鉴经济发达国家的经验，加快建立与完善覆盖全国的科教兴农政策。加大政府在科学教育等方面的支出，不断完善科学教育体系。充分地借助现代传媒技术，通过电视、互联网、报纸、杂志等多种媒体，加强对农民的培训，普及先进农业科技知识与技能。坚持在职培训与业余培训相结合、输出地培训与输入地培训相结合、在岗培训与转岗培训相结合、专业知识培训与政策法规培训相结合，提高培训普及度和有效性。只有经过专业技能培训、生态环保意识高的农民，才有能力接受绿色科学技术知识，才会积极主动运用这些绿色技术去发展农业生产、保护农村生态环境，从而促进农村绿色发展。

（三）完善科技服务体系

科技服务体系是贯彻落实农业科技助推体系的基础，是推动农村绿色发展，实现农村地区经济发展与生态保护相统一的必然要求，能够确保农业绿色科技从理论变为实践，使其真正到达“田间地头”。

随着我国社会经济的不断转型升级，农村绿色发展对科学技术的要求越来越高。因此，需要进一步加强技术创新，完善我国的科技体系，结合不同时期农村绿色发展的要求，不断完善相关的服务体系，为绿色技术创新提供保障。另外，政府应当鼓励多元化农村科技服务组织的发展，如农村专业合作社、科研院所、各类农业技术推广机构等。根据不同组织的特性和任务分类管理，建立有效的农业科技推广激励制度，增加农业科技的研发、应用和推广的资金投入，加强农村科技服务的人才投入，通过各种培训及教育提高相关人员的专业素养和职业技能。与此同时，还应当加强农村科技创新体系的改革，鼓励相关企业、科研院校及机构有针对性地为不同农村地区提供合适的绿色技术，提高技术的适用性和有效性。加快信息化体系建设，为农村科技服务搭建良好运作平台。加快农村信息网络建设，使互联网这一新型媒介能够更快、更好、更有效地起到农村科技服务的作用。

（四）加快农村绿色科技创新

科学技术创新能够提高生产率和资源利用率，对解决当前严峻的环境问题有重要作用。绿色技术创新能够通过协调农业生物与农业环境来提高农业生产水平和能力，对当前农业产业调整及转型升级、巩固农业的地位、实现农村绿色发展具有重要作用，也是提高农业生产力和推进农业现代化的重要内容。

在工业文明阶段，农民普遍大量使用机械、化肥、农药来追求高的经济产出，造成自然资源大量被消耗、生态系统生产力不断被破坏，我国农业发展面临不可持续的威胁。因此，要实现农村绿色发展，需要加快绿色科学技术的创新。绿色科学技术既能保障人类粮食安全，也能兼顾生态保护。因此，加快绿色科技创新，加大对绿色科技创新的资金投入，鼓励农业企业、农技推广部门、科研院所等相关部门进行绿色科技的研发，对于农村绿色发展具有重要意义。

四、优化农村绿色发展投入结构，建立财政支持体系

财政支持政策在促进农村绿色发展上发挥着重要作用，建立财政支持体系是

推进我国农村绿色发展工作的重点之一。建立财政支持体系可以从税收减免、财政补贴资助绿色科技创新活动、加大政府绿色采购力度等方面入手。

（一）绿色税收政策

首先，政府应当调整现行的税收制度，对重点绿色企业、产品、技术进行税收减免或免税政策，最大限度地发挥税收制度的作用，使税收政策适应当下经济社会发展要求，达到对环境的最佳保护效果。对节能减排、生态环境保护的绿色技术、绿色产品和研发单位实施税收减免政策，促进环保行业的优先发展。坚持公平与效率相协调的原则，对于高能耗、高污染的企业、产品、技术采取超额征税制度，坚持“谁污染谁治理”原则，提高绿色税收效率。

其次，还应当借鉴国外先进经验，引入促进农村绿色发展的新税种，如水污染、大气污染、噪声污染等环境污染税，通过课税来强化税收在农村绿色发展中的重要作用。同时，政府还应当针对现行税收政策中不完善的地方加以改进，建立健全农村绿色发展的规章制度，充分发挥政府在促进农村绿色发展中的作用。

（二）绿色财政支出政策

为了促进农村社会经济及农业的快速发展，我国政府制定了各种支农惠农政策，加大政府的财政支出，建立了各种财政补贴政策，如粮食补贴、农业机械等购买补贴。事实上这些举措也确实取得了一定的成效，农村经济及农业生产均得到了较快的发展，粮食产量逐年递增，农民收入得到了显著提升。然而上述农业补贴对于环境保护考虑较少，而农村地区经济状况普遍较为落后，农户本身无力承担治理环境污染的费用。因此，需要完善绿色财政支出政策，制定绿色财政支出政策能够为农村居民创造更好的条件，用绿色资金推动农村绿色发展。

首先，政府应当吸取国外补贴制度的经验，完善财政补贴政策，以财政补贴的形式鼓励农村居民采取绿色环保的生产、生活行为。对于在环境保护上取得较好效果的农村地区进行奖励和补贴，并将其与地方政府官员绩效考核挂钩，提高地方政府与农村居民的环保积极性。政府还应当提供科研服务和进行结构调整，推广绿色生产方式，提倡使用新型绿色技术。其次，增加对节能减排、开发新能源、发展低碳产业等的资金支持力度，并依据不同区域的经济社会发展现状确立资金的投入方向和数量。最后，还应当建立生态补偿机制，采用多元化的补偿方式。合理确立补偿的主体和对象，运用现金补偿、实物补偿、劳动补偿等多样化的生态补偿方式，增强生态补偿的针对性和有效性。

（三）完善政府绿色采购政策

政府的采购行为具有量大、种类多等特点，这在一定程度上影响着生态环境，不合理、不环保的采购行为会加剧环境污染。所以，应当规范政府的采购行为，树立绿色采购的观念。具体而言，需要进一步完善现行的《中华人民共和国政府采购法》，使得绿色采购有法可依，并将绿色采购作为政府采购的核心思想。此外，以绿色产品认证规则为依据，建立采购的具体标准，编制采购清单，明确可选范围，并根据实际情况进行动态调整，增强其可操作性。在此基础之上，应该建立相关的考核机制，将绿色采购行为纳入各部门考核的标准中去，确保相关的政策得到贯彻落实。此外，还应当通过增加绿色采购预算，来加强政府绿色采购力度，提高绿色采购的比重，为政府绿色采购提供坚实的物质基础。

五、充分发挥各主体的作用

（一）建立政府协调机制

政府要高度重视农村绿色发展水平的提升，在制度上做出安排，包括财税支持、金融支持等，建立农村绿色发展基金，为企业发展绿色技术提供良好的融资环境，为农村绿色发展工作创造良好的条件。

在推动农村绿色发展的过程中应当加强中央和地方配合，进一步明确各自的职能范围和管理权限，建立健全分工明确、职能互补、管理科学、执行有效及互相监督的管理体制，进一步明确各个职能部门和地方政府的责任，形成相关部门分工配合、地方服从中央、中央支持地方的格局。还应建立农村绿色发展领导小组，增强科学领导和管理，提高政策制定和执行的效率，定期召开会议，明确工作内容，在工作内容上应当与各个地区具体实际情况相结合，提高政策制定的针对性、科学性和适应性。最后，还应把农村绿色发展纳入战略发展层面，纳入农村经济发展的长远规划。同时，应当建立和完善监督与评价机制，将政策落实情况作为地方政府官员的重要考核指标，以保证农村绿色发展的各项政策的有效实施。

（二）建立农村生态环境保护的市场化机制

市场在资源配置中具有基础性作用。完善市场机制，加大市场化激励，充分发挥市场机制在推动农村绿色发展中的作用，是保证农业转型升级、农村绿色发展的必由之路。而且，公私合作的方式也已被证明在资源配置、环境治理、节能减排及发展循环经济等方面具有重要作用。

首先，应当处理好市场与政府关系。一方面通过制定生态补偿机制、排污权交易机制等经济制度，为广大农村居民参与环境保护提供必要的制度保障。可采用设立基金、补贴、奖励、贴息和担保等多种手段，鼓励农村居民参与环境保护，充分发挥公共投入在市场机制下的“杠杆效应”。另一方面，积极引导和鼓励私人部门参与农村绿色发展，建立相对稳定的公私关系来增加农村绿色发展投资。其次，运用信贷、债券、股份投资等金融产品工具，积极建立促进农村绿色发展的金融市场，支持企业对节能环保项目投资。最后，还应当充分发挥市场在资源配置中的决定性作用，强化和实质性地推进价格体制改革，重点推进关键性资源产品的定价机制改革。需要进一步加强相关资源产品市场价格的监管机制，促使市场价格能够更好地反映市场的供给和需求状况，为农村自然资源的开发提供重要的市场价格信息，最终实现用市场化来推进我国农村的绿色发展。

（三）建立公众引导政策机制及绿色公民社会体系

在农村绿色发展中，公众引导是一项重要内容。农民是农村社会的微观主体，农村的绿色发展离不开农民的参与。引导公众参与主要是指通过各种途径引导公众参与农村绿色发展各种活动，从而自觉自愿形成绿色生产、生活方式，并相互监督、相互引导。

（1）完善农村环境质量公开制度。农民的参与能够保障政策的顺利实施。然而，农民的环境认知及对环境决策影响的认识是农民有效参与的重要前提，否则，如果只是盲目地参与，就会使得环境决策的执行效果大打折扣，农民也无法对环境决策的执行进行有效监督。然而，该办法不具备较强的法律效力，故在执行过程中容易被抵触。而且，该办法对很多信息公开的范围界定比较模糊，这导致在实践中，地方政府频繁地利用这种模糊规定，有选择地公开甚至是不公开某些环境方面的信息，侵害了公众的知情权，影响公众参与环境决策的实效。

完善农村环境质量信息公开制度，首先，需要将该制度上升到法律层面，提升其法律地位和立法层次，增强其法律效力和约束力。其次，应该明确环境信息的范围。现代社会中，出于公共利益的考量，避免引起公众的恐慌，有些环境信息的确不能公开，但这必须在相关法律中予以说明。此外，充分保护公众的知情权，一方面，对公众的疑问应当给予回应；另一方面，允许公众维护自身的合法权益，并为其维权提供必要的保障。

（2）建立农村公众参与制度。《环境影响评价公众参与办法》主要是抽象地定义了公众参与的范围，缺乏应有的保护方法，在实践中，往往是以专家意见取代公众意见，公众意见很难得到重视及体现。公众参与环境保护制度的首要功能就是承认与尊重公众的合理合法权利，充分体现社会主义的民主。然而在制度环境治理的相关决策时，缺乏对公众意见的参考，这在很大程度上损害了公众的利益诉求。因此，我国应该制定专门化的公众参与环境保护制度，积极引导和鼓励公众参与环境保护的各项活动，同时为公众参与环境保护提供保障。

（3）建立相关配套制度。要提高公众对环境保护和治理的参与度，就需要为公众参与提供相应的制度保障。然而，当前我国环境治理过程中，公众参与度不高，这在很大程度上与相关配套措施的缺失有关。因此，为了提高公众参与度，就需要建立健全公众参与环境保护的配套制度体系。现阶段，我国应该建立健全生态意识培养制度，大量宣传生态科学知识，让农民掌握必要的生态科学知识，通过环境质量的公开制度等，多途径宣传当前我国环境现状及环境保护的重要性，激发公众的参与意识。此外，应当建立和完善公众参与环境保护与治理的激励及惩罚机制，加大对积极主动保护环境的企业行为和公众行为的奖励力度，同时也加大对环境破坏行为的惩罚力度。构建公众环境信息披露、检举揭发的平台，充分发挥公众舆论及社会监督在环境保护中的作用，逐步在全社会形成保护环境、爱护生态的社会风气，提高公众的环保意识。

六、中国农村绿色发展保障体系建设

（一）农村绿色发展标准体系

目前，我国环境保护相关的标准中，产品标准较多，服务标准较少；排放标准多，绿色生产和消费的标准少；大多数排放标准偏低。通过农村绿色发展标准体系的建立和精细化管理，我国农村绿色发展还有较大的提升空间。建立健全农村绿色发展标准体系，根据需要提高已有标准水平，在农业生产、农村生活、农村生态环境等方面进行环保控制。这对于降低能源消耗量、减少“三废”排放、提高环境管理水平、改善农村环境具有重要意义。

1. 制定农村节能标准

能源是国家或地区经济增长和社会发展最重要的物质基础之一。近年来，我国能源生产和消费均大幅增加，其中农村地区的能源消耗占了很大比例。因此，为了适应新时期资源环境约束的形式与要求，应对农村能源消费的过快增长，根据我国环境承受能力，制定节能环保标准尤为必要。

农村因其经济发展水平相对落后，农民在生产和生活中所使用的能源种类及数量均有限。目前，农村居民使用的能源以煤炭和石油液化气为主，部分中西部的贫困地区仍以木材、农作物秸秆为主要燃料，东部较为发达的农村地区用电和天然气等较为清洁的能源。以木材、农作物秸秆、煤炭等为主要原料的生活方式在一定程度上加剧了资源浪费和环境污染。因此，需要进一步优化农村地区的能源消费结构，制定节能环保标准。建立农村节能标准，促进绿色能源发展是一项规模庞大的工程。政府十分重视农村能源消费结构的优化，中华人民共和国农业农村部在推进和推广相关节能减排技术等方面做了很大努力，推出了十大节能减排的技术。其中大部分的技术主要是针对农村地区节能而设计和推广的，例如，沼气池的建设，能够更好地处理畜禽粪便，减少其对环境的污染。为了进一步适应节能要求，需要制定农村能源限额标准，强化标准的宣传贯彻和执行，遏制高能耗生产和生活行为。一是要完善机构建设，强化对相关部门的监管，提高综合服务能力；二是要加强节能宣传教育工作，加大环境信息公开力度，完善农村居民参与和监督机制，鼓励农村居民参与节能标准的制定；三是要加强政府对研发清洁能源的扶持力度，依托科研部门、高等院校、具有科研能力的企业，加快技术创新，积极开发新能源。

2. 制定农村生态环境保护标准

我国环境污染和生态问题越来越突出，农村地区已经成为生态污染的主要源头之一。制定农村地区生态环境保护标准，对于保护农村生态环境、实现农村绿色发展、实现国家“和谐社会”建设具有重要的意义。

农村生态环境保护标准的制定应该从两个方面入手：一方面要规范农村居民在生产生活中的行为，减少破坏生态的行为；另一方面要加强对被污染的环境的综合治理，加大对农村环境的有效保护力度。通过制定和完善相关的保护标准，发挥标准体系在促进农村绿色发展中的积极作用，扩大标准的覆盖范围，使农村生产、生活、生态方面的行为有标准可依。建立健全农村法律法规体系，使得农村生态环境保护有法可依。通过各种渠道进行环境保护宣传，提高农民环保意识，培养农民良好的生活和消费习惯。鼓励农村环保组织加强专业培训，积极联合农村各主体共同开展环保公益活动。

3. 制定农村碳减排标准

近年来，全球气候变暖和极端天气频繁发生给世界各国造成了严重的损失。全球气候变暖主要是由二氧化碳等温室气体的大量排放引起的，其中全球13.5%的温室气体排放是农业生产生活等方面导致。为了减少二氧化碳等温室气体排放，促进农村绿色发展，建立农村碳减排标准已是大势所趋。“十二五”规划中指出了明确的碳减排目标，到2020年单位GDP比2015年碳排放下降40%～45%，为了实现这一目标，我国先后出台了有关减少碳排放的各种文件和举措。

制定农村碳减排标准，应当从减少排放和增加吸收两个方面进行，即减少二氧化碳等温室气体的排放，扩大绿色植被的种植面积。应当借鉴国外先进经验，制定符合我国国情的、科学的碳减排标准，并根据技术进步状况和减排要求，分阶段提高现行标准，实行标准的动态调整。第一，应加大宣传力度，促使农民树立绿色消费、低碳消费的观念，鼓励使用清洁能源，倡导绿色居住和绿色消费模式，使低碳生产、生活、生态观念深入人心。第二，在农村整体规划中，应当合理布局绿地区域与农村居民活动区域，节约用地，大力发展绿色景观体系，合理布局排水系统、垃圾资源化处理系统、灌溉系统、污水处理系统、雨水收集系统等基础设施。第三，在农业生产中应当采用绿色、低碳、环保的生产技术，减少化肥、农药、农膜的使用；加强农村水利建设，提高农业用水效率；完善农业机械服务体系，提高土地利用率等。第四，在农村生活中，提倡使用清洁能源，减少污染，例如，采用风力发电、秸秆发电、秸秆气化、沼气、太阳能利用等。第五，在监管方面，应当不断提高农村碳排放监测、管理力度，实时公开空气质量、碳排放情况监测信息，充分保障农村居民的合理合法权利。

（二）农业化学品清洁高效利用政策体系

促进农业化学品清洁高效利用不仅是减少污染物和温室气体排放的有效措施，还能在一定程度上预防农业废弃物的产生，是实现我国农村绿色发展的关键之一。为了推动农业化学品清洁高效利用，我国相关部门借鉴了发达国家的做法，出台了一系列相关措施。在此基础上，为进一步推动我国农业化学品清洁高效利用，需要加快农业化学品清洁高效利用政策体系建设。

1. 完善农业化学品清洁高效利用标准

作为农业大国，农业是国民经济的命脉。面对日益严峻的资源环境约束，我国必须采用更加严格的环保标准，才能保证环境不被破坏。因此，应当在参照发达国家标准的基础上，切实提高我国农业化学品清洁高效利用标准，加大超量使用对环境有污染的农业化学品的处罚力度。通过完善农业化学品清洁高效利用标准，引导农业从业人员从传统的粗放式生产向清洁生产转变，坚持农业化学品清洁高效利用，实现污染物排放源的削减。

首先，应当尽早规划，制定中长期标准。农业化学品清洁高效利用是一个长期的系统工程，技术研发的投入较大，涉及范围广，周期较长，当期的决策和行动会影响未来较长时间的农业生产。因此，应当尽早根据环境承受能力对农业化学品清洁高效利用做出长期规划，制定农业化学品清洁高效利用的中长期标准。

其次，还应当以实际情况为依据，按照最佳可行技术动态调整该标准。在农业化学品清洁高效利用标准制定过程中，应当根据农村绿色发展的需要，修订和补充相关法律、法规，增强其可操作性。应该以环境保护为目标，参照国际经验，按最佳可行技术制定更加严格的标准，并根据技术进步动态调整，促进绿色农业化学品的生产和利用。

2. 加强农业化学品清洁高效利用标准执行力度

完善的环保执法体制对于促进农业化学品清洁高效利用十分重要。农业化学品清洁高效利用标准不能只是纸上谈兵，必须落到实处，应该加强相关标准的执行力度。

首先，应当加强垂直监督，建立独立统一的监督体系，并加强执法力度。完善现行环境保护方面的法律法规，加强环保的垂直监管，将环保系统的人事任命、经费归于本系统内部，排除其他地方政府的干预。切实将农业化学品清洁高效利用标准落到实处，严格执法，有法必依，违法必究，加强农业化学品清洁高效利用标准执行力度。其次，需要加强中央环境保护部门对相关部门和区域的统筹协调。在转变政府职能、减少行政审批的过程中，对于环境保护的监管不仅不能放权，反而应该加强。应增强环保部门对农村污染物排放的监管力度，加强执法。农业化学品使用过程中产生的大气污染物可以通过复杂的大气化学反应生成其他污染物，并造成对周边地区的环境污染。因此，加强地区间农业污染物排放削减的协调与合作，能更加经济有效地解决农业化学品使用所带来的环境污染问题。

3. 加强农业生产技术研发和引进机制

在农业生产技术的研发上，形成产学研一体化的技术创新机制。鼓励多元主体投入、多种形式联合与跨行业的交流合作，引导私有企业和研究机构合作，形成农业化学品清洁高效利用的技术创新联盟，通过合理的联盟运行机制，选择若干关键性技术集中攻关，共同研发绿色农业生产技术，推动农业化学品的清洁高效利用。

在自行研发的同时，还应当适时学习国外的相关先进技术，学习相关的管理经验。目前，我国资源环境约束趋紧，全部依靠自主研发压力较大，在很大程度上难以满足社会经济发展对技术的要求。因此，需要适时引进发达国家较为发达的农业化学品清洁高效利用技术。当然，引进并不意味着照搬照抄，在引进国外先进技术的基础上，需要根据我国国情加以优化改进，以有效地降低技术成本。

4. 建立农村污染物排放权交易制度

建立农村污染物排放权交易制度，在农村推广二氧化碳、农业废弃物等领域的排放权交易制度，提高污染物排放的收费标准，加大排污收费力度，促使农业生产者尽可能地加强农业化学品清洁高效利用，减少污染物的排放。污染物排放权交易制度是控制农业污染物排放，改善农村生态环境的重要方式，可以通过产权的界定，实现环境污染外部性的内部化，进而减少农村污染物的排放，提高农村环境质量。

（三）农村废弃物回收再利用制度体系

相关统计数据显示，农业生产中每年约产生 40 亿吨废弃物，主要包括农作物秸秆、畜禽粪便、废弃的农膜和农药化肥包装袋、生活垃圾和人粪便等。这些农业废弃物很大程度上影响农村的经济发展，因此农村废弃物合理有效处理，不仅能在一定程度上降低对环境的污染，而且对我国建设资源节约型、环境友好型社会具有重要作用。目前，我国农村居民环保意识较低，废弃物回收再利用责任不明确，补贴、税收等配套机制不健全，农村废弃物回收再利用仍处在较低水平，与发达国家尚有一定差距。为加强我国农村废弃物回收再利用，应当学习发达国家在废弃处理等方面的经验，加强相关技术的引进，针对我国国情，通过立法明确农村废弃物回收再利用中的主体责任，配合相应的经济政策，并根据废弃物种类的不同建立完整的废弃物回收再利用制度体系。

1. 明确农村废弃物回收再利用主体责任

各种农村废弃物的回收再利用需要农民、企业、地方政府等利益相关者的参与，需要通过立法明确农村居民在农业废弃物回收再利用中的责任。将农村废弃物回收再利用的各个环节进行分割处理，每个环节都有人负责，各司其职，形成农村废弃物回收再利用的责任链，激发农村居民的责任心。以回收率作为考核标准，对未达标的责任主体进行罚款，对超额完成的责任主体进行奖励。奖励或处罚的力度根据不同地区农村绿色发展水平和废弃物类型进行动态调整，保证农村居民具有持续动力。

2. 建立农村废弃物回收网点

在农村废弃物回收再利用过程中，收集是一个重要的环节。农村废弃物多数产生于使用端，过于分散，而再利用则是由相应的责任主体来完成。收集网点的建立，能够将零散的农业废弃物集中到一起，便于农村废弃物回收再利用的实施。

地方财政应当通过加大资金的投入及合理的规划，在学校、医院、车站等人流量较多的地方建立农村废弃物的回收网点，设立废弃物处理的专项资金；将废弃物细化分类，例如，对生态环境危害大且不容易降解的废弃物设置专门收集器皿，对纸张、塑料等容易分拣、可以回收再利用的固体废弃物设置专用收集箱，对不同类型废弃物区别处理。

3. 强化农村居民回收再利用意识

我国农村居民对于废弃物回收再利用的意识还有待提高，农村很多能够回收再利用的废弃物被不合理地处置，并未进入回收流程，增加了回收再利用难度，给资源环境带来了巨大压力。因此，应该在农村举办公益活动、发放宣传资料、组织学习等，加强对农村废弃物回收再利用的宣传力度，进一步促使农民形成分类回收集中处理的习惯及提高农民的环保意识。此外，应当从小培养中小学生的环境保护意识，使其从小养成良好的环保习惯。

4. 制定农业生产废弃物回收再利用的处罚与奖励政策

农作物秸秆是“用则利，弃则废”的生物质资源，在当今资源紧缺和环境恶化的大背景下，对很多仍具有再利用价值的农村废弃物的回收再利用，不但可以避免资源的浪费，而且可以为农业生产和农民生活提供大量有用产品，对于我国资源节约和环境保护具有重要意义。应加强农村相关部门对于农业生产废弃物回收再利用的监管，制定相应的规定促进农村居民对于秸秆、林产品废弃物等的综合利用。对于生产废弃物回收再利用水平较高的农业生产者，给予一定的奖励，鼓励其行为；对于生产废弃物没有回收的生产者进行一定程度的处罚，促使农业生产者对农业生产中废弃物进行回收。

（四）农村绿色发展的法规约束体系

要进一步推进我国农村绿色发展，就必须创新体制机制和政策，处理好农村绿色发展中全局与局部的关系，制定与我国现阶段基本国情相适应的农村绿色发展战略体系，既要考虑中长期规划，也要考虑短期的特定部门目标，还应该处理好农村绿色发展中的激励和约束关系，建立与农村绿色发展相协调的法规约束体系。只有通过制度创新，才能保障农村居民形成可持续、环境友好型的生产方式和生活方式，才能实现对农村绿色发展的激励。

1. 建立农村绿色发展考核评价制度

我国传统意义上的 GDP 核算体系存在很大的缺陷，仅仅以 GDP 为主要指标衡量区域的经济发展水平，忽视了经济发展过程中资源环境约束给社会及生态环境带来的负面影响。因此，在对农村地区进行科学发展综合考核中，要改变传统的以 GDP 为主的观念，增加农村绿色发展水平在农村地区考核评价中的权重和分量，要构建绿色 GDP 的核算体系，把农村地区的环境质量状况及单位 GDP 的资源消耗纳入 GDP 的核算体系中，逐步建立起体现我国农村绿色发展的考评机制。只有将资源环境约束和农业经济增长目标统一起来，重视农村经济发展中的资源环境问题，才能又好又快地实现农村绿色发展的目标。

2. 完善农村绿色发展基本管理制度

根据我国的国土资源空间开发总体规划布局，针对农村绿色发展中制度缺失的问题，不断完善我国农村绿色发展制度。需要进一步加快推进我国农村地区资源环境的确权工作，逐步建立起产权明晰的农村生态资源产权制度，并通过界定产权将生态环境的外部性内部化，进而提高资源的利用效率和环境的治理效率。另外，加强对农村生产、生活、生态空间的合理规划和布局，合理开发自然资源。加快完善农村能源、水资源、土地等要素合理开发、综合利用的制度，加快农村地区生态环境监测，建立相应的环境破坏和污染的预警机制。对生态重点保护区建立限制生态资源开发的制度；对农村重点扶贫区，应当根据当地的实际情况，发展具有地方特色和优势的绿色产业，避免环境的污染和破坏；对依法设立的风景园区，禁止一切资源开采和环境破坏行为。总体而言，我国的土地、水资源等管理制度已经初步建立，但仍然不够完善。因此，还应当制定更为严格的农村环境保护制度及其相应的配套措施，推进农村绿色发展。

3. 健全农村绿色发展责任追究制度

坚持“谁污染谁担责”的原则。逐步建立和完善推进我国农村绿色发展的责任追究制度。加强监管，加大惩罚力度。政府需要为社会公众及广大的农村居民构建检举揭发的监督平台，积极鼓励和引导农民参与农村环境治理。同时建立农村环境的责任追究制，采取一把手负责制，促进相关环境政策的贯彻落实。

参考文献

白旻. 2008. 资源环境约束下中国工业化模式的转换与制度创新. 工业技术经济，（6）：31-34.

蔡昉. 2005. 经济增长方式转变与可持续性源泉. 宏观经济研究，（12）：34-37，41.

曹文，曾皓，汪兴东. 2015. 农户低碳能源消费群体细分及政策响应差异——基于鄱阳湖生态经济区 398 家农户调查. 湖南农业大学学报（社会科学版），（4）：35-41.

岑仲勉. 2004. 黄河变迁史. 北京：中华书局出版社.

陈楚洁，袁梦倩. 2011. 文化传播与农村文化治理：问题与路径——基于江苏省 J 市农村文化建设的实证分析. 中国农村观察，（3）：87-96.

陈娟. 2010. 我国农业科技投入的效率审视与模式选择. 农村经济，（12）：112-115.

陈琪，金康伟. 2007. 新农村建设中发展绿色经济的动力源探究. 生态经济，（8）：67-70.

陈瑶. 2018. 中国区域工业绿色发展效率评估——基于 R&D 投入视角. 经济问题，（12）：77-83.

程慧萍. 2003. 绿色住宅的市场供求和经济分析研究. 浙江大学硕士学位论文.

程远. 2004. 中国农村环境保护与垃圾处置经济学研究. 复旦大学博士学位论文.

池文芳，徐秀英，吴伟光，等. 2014. 生计资本对林农大病风险的影响分析. 林业经济问题，（6）：492-497，576.

褚彩虹，冯淑怡，张蔚文. 2012. 农户采用环境友好型农业技术行为的实证分析——以有机肥与测土配方施肥技术为例. 中国农村经济，（3）：68-77.

褚巍. 2007. 农村中生活垃圾管理与处理处置研究——基于合肥地区农村的调查. 合肥工业大学硕士学位论文.

崔登峰，王秀清，朱金鹤. 2012. 西部边疆民族地区农村基本公共服务优先序研究——基于新疆 42 个县市 96 个村镇的调研数据. 农业经济问题，（3）：70-76.

崔双禹. 2014. 沈阳市社会救助现状的问题与对策研究. 大连理工大学硕士学位论文.

崔元锋，严立冬，陆金铸，等. 2009. 我国绿色农业发展水平综合评价体系研究. 农业经济问题，30（6）：29-33.

戴圣鹏. 2011. 农村生态文化建设研究. 内蒙古农业大学学报（社会科学版），13（1）：43-45.

党银侠，杨改河. 2009. 我国绿色农业制约因素分析与发展对策. 西北农林科技大学学报（社会科学版），9（6）：26-30.

丁学东. 2002. 调整农业财政政策应对入世挑战. 中国财政，（1）：10-11.

董玉春. 2016. “绿色发展”理念与我国农村循环经济发展路径研究. 当代经济，（10）：58-59.

都本伟. 2017. 理解政府与市场关系的本质：优势互补与协同发力. 财经问题研究，（10）：19-25.

杜伟强，曹花蕊. 2013. 基于自身短期与社会长远利益两难选择的绿色消费机制. 心理科学进展，21（5）：775-784.

范子祺，王桓文. 2001. 社会需求是科技创新最重要的推动力——兼谈市场需求研究在企业科技创新中的地位. 石油科技论坛，（5）：40-43.

冯刚. 2008. 新农村建设中经济与生态保护协调发展模式研究. 北京林业大学博士学位论文.
冯永忠，杨改河，丁瑞霞. 2005. 农作制度对江河源区域生态环境演变的作用机理. 中国农学通报，（6）：367-370.
高鹏，刘燕妮. 2012. 我国农业可持续发展水平的聚类评价——基于2000—2009年省域面板数据的实证分析. 经济学家，（3）：59-65
高学武，刘丽莉，王吉祥. 2008. 我国新农村生态文化体系构建研究. 环境保护与循环经济，28（11）：45-48.
苟露峰，高强. 2016. 农户采用农业技术的行为选择与决定因素实证研究. 中国农业资源与区划，37（1）：65-72.
谷大局. 2014. 城市生态评价指标体系及智慧化建设研究. 哈尔滨工业大学硕士学位论文.
关俊霞，陈玉萍，吴海涛，等. 2007. 南方农户农业生产的技术需求研究——来自四省的农户调查.经济问题，（4）：84-86.
郭迷. 2011. 中国农业绿色发展指标体系构建及评价研究. 北京林业大学硕士学位论文.
郭宁. 2012. 转变消费观念促进农村居民消费需求增长研究. 渤海大学硕士学位论文.
韩永辉，黄亮雄，王贤彬. 2015. 产业结构升级改善生态文明了吗——本地效应与区际影响. 财贸经济，（12）：129-146.
韩长赋. 2017-05-09. 切实抓好农业绿色发展重大行动. 人民日报.
何志毅，杨少琼. 2004. 对绿色消费者生活方式特征的研究. 南开管理评论，7（3）：4-10.
赫晓霞，栾胜基，艾东. 2006. 传统生存方式变迁对农村环境的影响. 生态环境，（6）：1403-1408.
洪大用，马芳馨. 2004. 二元社会结构的再生产——中国农村面源污染的社会学分析. 社会学研究，（4）：1-7.
胡鞍钢. 2012. 生态文明建设与绿色发展之道. 中关村，（12）：48-50.
胡鞍钢，周绍杰. 2014. 绿色发展：功能界定、机制分析与发展战略. 中国人口·资源与环境，24（1）：14-20.
胡保玲，顾善发. 2015. 农户采用低碳农业技术的影响因素分析及对策. 农村经济与科技，（6）：6-8.
黄景章. 2005. 农村固定资产投资：现状、作用、对策. 农村经济，（11）：65-67.
黄娟. 2016. 科技创新与绿色发展的关系——兼论中国特色绿色科技创新之路. 新疆师范大学学报（哲学社会科学版），（2）：33-41.
黄亮雄，王鹤，宋凌云. 2012. 我国的产业结构调整是绿色的吗?. 南开经济研究，（3）：110-127.
黄挺. 2016. “三产融合”助推农业现代化. 江苏农村经济，（3）：24-26.
黄兴国. 2015-02-02. 天津市政府工作报告. 天津日报，（1）.
黄炎忠，罗小锋，李兆亮. 2017. 我国农业绿色生产水平的时空差异及影响因素. 中国农业大学学报，22（9）：183-190.
黄炎忠，罗小锋. 2018. 既吃又卖：稻农的生物农药施用行为差异分析. 中国农村经济，（7）：63-78.
黄永春，石秋平. 2015. 中国区域环境效率与环境全要素的研究——基于包含R&D投入的SBM模型的分析. 中国人口·资源与环境，25（12）：25-34.
霍苗. 2005. 生态农村评价方法探讨——以北京郊区农村为例. 中国农业大学硕士学位论文.
姜百臣，李周. 1994. 农村工业化的环境影响与对策研究. 管理世界，（5）：192-197.

姜春云. 2004. 中国生态演变与治理方略. 北京：中国农业出版社.
金碚. 2011. 资源约束与中国工业化道路. 求是，（18）：36-38.
金书秦，沈贵银. 2013. 中国农业面源污染的困境摆脱与绿色转型. 改革，（5）：79-87.
靳明. 2006. 绿色农业产业成长研究. 西北农林科技大学博士学位论文.
靳明，赵昶. 2008. 绿色农产品消费意愿和消费行为分析. 中国农村经济，（5）：44-55.
艾金格 C，刘荔. 2013. 产业政策“绿色化”：阻力及一种可能的共生关系. 中国流通，27（11）：4-10.
孔祥智，李圣军，陈丹梅. 2007. 农户对公共产品需求的优先序及投入重点研究. 吉林大学社会科学学报，（4）：20-26.
劳可夫. 2013. 消费者创新性对绿色消费行为的影响机制研究. 南开管理评论，16（4）：106-113，132.
乐小芳. 2009. 我国环境税收政策现状及改革目标. 深圳大学学报（人文社会科学版），26（4）：51-55.
李谷成. 2014. 中国农业的绿色生产率革命：1978—2008 年. 经济学（季刊），13（2）：537-558.
李谷成，范丽霞，闵锐. 2011. 资源、环境与农业发展的协调性——基于环境规制的省级农业环境效率排名. 数量经济技术经济研究，（10）：21-36，49.
李洪文，黎东升. 2013. 农业科技创新能力评价研究——以湖北省为例. 农业技术经济，（10）：114-119.
李后建. 2012. 农户对循环农业技术采纳意愿的影响因素实证分析. 中国农村观察，（2）：28-36，66.
李剑，郑鹏，李崇光. 2013. 合作经济组织对农户技术需求的改善效应——基于鄂赣两省农户跟踪调查数据的实证分析. 财贸研究，（4）：40-47.
李静，李红，谢丽君. 2012. 中国农业污染减排潜力、减排效率与影响因素.农业技术经济，（6）：118-126.
李君，吕火明，梁康康，等. 2011. 基于乡镇管理者视角的农村环境综合整治政策实践分析——来自全国部分省（区、市）195 个乡镇的调查数据. 中国农村经济，（2）：74-82.
李容容，罗小锋，熊红利，等. 2017. 供需失衡下农户技术需求表达研究. 西北农林科技大学学报（社会科学版），（2）：134-141.
李世书. 2014. 农村生态文化的路径选择与动力分析. 环境教育，（Z1）：72-75.
李岩松. 2009. 饭店业实施全面绿色管理的问题与策略研究. 内蒙古财经学院学报（综合版），7（4）：116-119.
李颖明，宋建新，黄宝荣，等. 2011. 农村环境自主治理模式的研究路径分析. 中国人口 • 资源与环境，21（1）：165-170.
李兆亮，罗小锋，张俊飚，等. 2016. 基于能值的中国农业绿色经济增长与空间收敛. 中国人口 • 资源与环境，26（11）：150-159.
廖清成. 2006. 我国中部地区农村公共品供需偏好研究. 浙江学刊，（1）：54-59.
林伯德. 2010. 农业科技创新能力评价的理论模型探讨. 福建农林大学学报（哲学社会科学版），13（3）：54-59.
林敏. 2009. 论和谐社会理念下新农村绿色建筑的发展. 山西建筑，（21）：7-8.
林群慧. 2001. 我国农村环境污染的经济学原因. 环境保护，（10）：24-26.
林善浪. 2002. 农村非农产业结构调整的特点及其发展趋势. 福建师范大学学报（哲学社会科学版），（1）：1-8.

刘晨晖，张忠潮. 2011. 农业补贴政策绿色化. 法制与经济（上旬刊），（7）：82-83.
刘春香，闫国庆. 2012. 我国农业技术创新成效研究. 农业经济问题，33（2）：32-37，110，111.
刘翠莲，梅柠. 2012. 城市公共交通的绿色低碳研究. 特区经济，（10）：290-292.
刘浩卓. 2013. 新型城镇化背景下小城镇景观生态评价指标体系研究——以河南省卫辉市为例. 河南农业大学硕士学位论文.
刘鹤，刘洋，许旭. 2012. 基于环境效率评价的成渝经济区产业结构与布局优化. 长江流域与资源环境，（9）：1058-1066.
刘杰. 2013. 浅析农村环境污染的现状及保护对策. 城市建设理论研究（电子版），（17）：1-3.
刘凌霄. 2015. 农业产业结构调整的理论方法及应用研究. 北京交通大学博士学位论文.
刘敏. 2009. 低碳经济背景下构建湖南低碳消费生活方式研究. 消费经济，25（5）：60-63.
刘仁忠，陈新政，窦小华. 2011. 绿色低碳住宅与公共租赁住房建设. 自然辩证法研究，（6）：122-126.
刘姝. 2015. 都江堰市农村生态环境评价指标体系研究. 西南交通大学硕士学位论文.
刘晓婧. 2012. 我国农业企业绿色化经营现状与法制化管理的途径. 贵州农业科学，40（10）：226-228.
刘延风. 1996. 宏观技术需求与农户技术采用的差异及纠正. 农业技术经济，（2）：16-19.
刘莹，王凤. 2012. 农户生活垃圾处置方式的实证分析. 中国农村经济，（3）：88-96.
娄金华，黄秉杰，周德田. 2007. 生态环境建设是新农村建设的重中之重. 农业经济，（9）：13-15.
卢锋，谢亚. 2008. 我国粮食供求与价格走势（1980～2007）——粮价波动、宏观稳定及粮食安全问题探讨. 管理世界，（3）：70-80，187.
罗万纯. 2014. 中国农村生活环境公共服务供给效果及其影响因素——基于农户视角. 中国农村经济，（11）：65-72.
罗永恒. 2012. 中国农产品价格波动对经济增长影响的研究. 湖南农业大学博士学位论文.
吕爱清，李慧玲，卞新民. 2005. 生态文化建设与农业可持续发展. 安徽农业科学，（6）：1078-1079，1127.
吕驰伟. 2015. 浙江省城镇化与经济可持续发展互动探究. 浙江海洋大学硕士学位论文.
马尔萨斯 T R. 1959. 人口论. 郭大力译. 北京：商务印书馆.
马梅芸，郑逸芳，苏时鹏，等. 2010. 福建省农业科技投入对农业发展的贡献研究. 福建农林大学学报（哲学社会科学版），13（4）：41-45.
马香娟，陈郁. 2005. 农村生活垃圾资源化利用的分类收集设想. 能源工程，（1）：49-51.
苗圩. 2012. 加快推进工业转型升级. 求是，（3）：13-15.
穆勒 J S. 1991. 政治经济学原理及其在社会哲学上的若干应用. 赵荣潜，等译. 北京：商务印书馆.
宁昭玉，魏远竹，徐学荣. 2008. 福建农村生态环境现状与评价指标体系构建. 环境科学与管理，33（2）：37-41，57.
牛文元. 2010-10-22. 和谐城市要走绿色之路. 人民日报海外版，（001）.
潘丹，应瑞瑶. 2013. 中国农业生态效率评价方法与实证——基于非期望产出的 SBM 模型分析. 生态学报，（12）：3837-3845.
配第. 1978. 赋税论献给英明人士货币略论. 陈冬野，等译. 北京：商务印书馆.
彭春燕. 2013. 完善需求面创新政策扩大科技创新的市场需求——OECD《需求面创新政策》报

告对我国的启示. 科技创新与生产力，(5)：4-6.
彭新宇. 2009. 农业绿色补贴政策效率的实证研究——以沼气池建造补贴为例. 求索，(8)：30，34-35.
钱佳，汪德根，牛玉. 2014. 城市居民使用市内公共自行车的满意度影响因素分析——以苏州市为例. 地理研究，33（2）：358-371.
乔荣锋，高进云，张安录. 2006. 天然林保护工程对工程区内农户收入的影响与政策建议——以湖北、四川和重庆为例. 农业现代化研究，27（1）：40-43.
任运河. 2006. 山东省绿色农业评价指标体系研究. 经济社会体制比较，(4)：119-122.
邵立民，方天堃. 2001. 21 世纪中国绿色农业的战略选择及对策. 生态经济，(11)：34-36.
邵明灿，周建涛，李德新，等. 2013. 破解农业科技成果转化应用难题的深层次思考. 农业科技管理，32（2）：55-58.
申红芳，肖洪安，郑循刚，等. 2006. 农业科技投入与农业经济发展的实证研究. 科学管理研究，24（6）：113-117.
沈熙，廖显珍，王莉娜，等. 2016. 对推进湖北省农业绿色发展的几点思考. 湖北农业科学，(10)：2682-2685.
宋金田，祁春节. 2013. 农户农业技术需求影响因素分析——基于契约视角. 中国农村观察，(6)：52-59，94.
苏白莉，苏楠. 2011. 关于绿色生活方式的量表开发与检验. 江西电力职业技术学院学报，24（2）：89-92，96.
苏波. 2013. 加快工业转型升级步伐努力实现由工业大国向工业强国的转变. 行政管理改革，(2)：9-13.
苏杨，马宙宙. 2006. 我国农村现代化进程中的环境污染问题及对策研究. 中国人口・资源与环境，(2)：12-18.
速水佑次郎. 2005. 发展经济学——从贫困到富裕. 李周译. 北京：社会科学文献出版社.
眭晓慧. 2013. 消费者对绿色服装态度的影响因素研究. 北京服装学院硕士学位论文.
孙洪刚. 2005. 黑龙江生态省建设生态评价指标体系的研究. 东北林业大学硕士学位论文.
孙磊，陈伟，刘锦志，等. 2016. 中国专利密集型产业技术创新效率评价. 科技管理研究，36（19）：52-55，69.
孙启鹏，王帅. 2011. 基于低碳经济的道路运输企业循环经济评价与发展对策研究. 科技管理研究，31（2）：138-141.
孙延红. 2010. 低碳经济时代对低碳消费模式的新探索. 山西财经大学学报，32（S2）：63，70.
谭其骧. 1962. 何以黄河在东汉以后会出现一个长期安流的局面——从历史上论证黄河中游的土地合理利用是消弭下游水害的决定性因素. 学术月刊，(2)：23-35.
谭秋成. 2015. 作为一种生产方式的绿色农业. 中国人口・资源与环境，25（9）：44-51.
唐丽霞，左停. 2008. 中国农村污染状况调查与分析——来自全国 141 个村的数据. 中国农村观察，(1)：31-38.
唐林，罗小锋，张俊飚. 2019. 社会监督、群体认同与农户生活垃圾集中处理行为——基于面子观念的中介和调节作用. 中国农村观察，(2)：18-33.
陶敏. 2004. 试论我国农村社会救助制度的健全和完善. 西南财经大学硕士学位论文.
田淑英，郑飞鸿. 2019. 环保 R&D 投入是如何影响绿色技术创新效率的?. 安徽大学学报（哲学社会科学版），43（3）：148-156.
田伟，杨璐嘉，姜静. 2014. 低碳视角下中国农业环境效率的测算与分析——基于非期望产出的SBM模型. 中国农村观察，（5）：59-71，95.
涂正革，刘磊珂. 2011. 考虑能源、环境因素的中国工业效率评价——基于SBM模型的省级数据分析. 经济评论，（2）：55-65.
汪东. 2012. 城市化进程中居民消费碳排放估算方法及减排路径研究. 南开大学博士学位论文.
汪兴东，杨蓉. 2016. 农村居民生态消费行为影响因素分析——基于鄱阳湖区972个样本的调查. 财贸研究，（1）：62-69.
王兵，唐文狮，吴延瑞，等. 2014. 城镇化提高中国绿色发展效率了吗?. 经济评论，（4）：38-49.
王兵，吴延瑞，颜鹏飞. 2010. 中国区域环境效率与环境全要素生产率增长. 经济研究，（5）：95-109.
王菲. 2006. 资源型城市可持续发展指标体系构建及综合评价研究. 大庆石油学院硕士学位论文.
王火根，饶盼. 2016. 农户应用能源技术扶持政策需求优先序分析. 资源科学，（3）：428-438.
王瑾瑾. 2016. 中国农村绿色发展绩效评估与影响因素研究. 湖南大学硕士学位论文.
王利荣. 2010. 农业补贴政策对环境的影响分析. 中共山西省委党校学报，33（1）：54-56.
王沛. 2013. 陕甘宁边区林业建设研究. 西北农林科技大学硕士学位论文.
王奇，陈海丹，王会. 2012. 农户有机农业技术采用意愿的影响因素分析——基于北京市和山东省250户农户的调查. 农村经济，（2）：99-103.
王如松. 2000. 从农业文明到生态文明——转型期农村可持续发展的生态学方法. 中国农村观察，（1）：2-8，80.
王维. 2012. 全球视角下的中国工业转型升级制约因素分析. 亚太经济，（4）：66-70.
王兴贵. 2015. 甘孜州农业绿色发展系统优化调控研究. 黑龙江农业科学，（6）：113-116.
王雅鹏，吕明，范俊楠，等. 2015. 我国现代农业科技创新体系构建：特征、现实困境与优化路径. 农业现代化研究，36（2）：161-167.
王亚平，任建兰，程钰. 2017. 科技创新对绿色发展的影响机制与区域创新体系构建. 山东师范大学学报（人文社会科学版），62（4）：68-76.
王妍，石敏俊. 2009. 中国城镇居民生活消费诱发的完全能源消耗. 资源科学，31（12）：2093-2100.
王银梅，刘丹丹. 2015. 我国财政农业支出效率评价. 农业经济问题，（8）：49-55，111.
王照雯，宓永宁. 2006. 影响农村生态系统可持续发展的因素与对策. 现代农业科技，（7）：134，136.
魏敏，魏丽莉. 2008. 新公共管理视角下城市生活垃圾处理的市场化. 经济体制改革，（1）：179-181.
邬晓燕. 2014. 绿色发展及其实践路径. 北京交通大学学报（社会科学版），（3）：97-101.
吴海燕. 2009. 新农村建设中的农村生态环境问题探析. 江西行政学院学报，11（3）：49-51.
吴敬学，杨巍，张扬. 2008. 中国农户技术需求行为的经济机理分析. 江西财经大学学报，（4）：50-54.
吴林海，彭宇文. 2013. 农业科技投入与农业经济增长的动态关联性研究. 农业技术经济，（12）：87-93.

吴泽. 1951. 地理环境与社会发展史. 上海：棠棣出版社.
吴志华，王琼. 2006. 可持续发展生态农村评价指标体系初探. 市场周刊：理论研究，(8)：7-8.
解振华. 2013. 我国生态文明建设的国家战略. 行政管理改革，(6)：9-15.
相广芳. 2011. 现代农业科技创新体系评价研究——以江苏省为例. 南京师范大学硕士学位论文.
辛岭，胡志全. 2015. 中国农业可持续发展水平评价. 中国农业科技导报，17（4）：135-142.
徐晓雯. 2007. 农业环境污染问题的经济学分析——兼论农业绿色补贴效应. 山东财政学院学报，(4)：69-73.
许建. 2007. 饭店实施绿色管理存在的问题与对策. 商场现代化，(19)：171.
许力飞. 2014. 我国城市生态文明建设评价指标体系研究. 中国地质大学博士学位论文.
薛君. 2012. 中国农户农业生产性固定资产投资的行为分析. 内蒙古财经大学硕士学位论文.
薛亮，郝卫平. 加强科技创新提高农业用水生产力. 农业经济问题，33（5）：4-7，110.
严立冬. 2003. 绿色农业发展与财政支持. 农业经济问题，24（10）：36-39.
严立冬，崔元锋. 2009. 绿色农业概念的经济学审视. 中国地质大学学报（社会科学版），9（3）：40-43.
严立冬，邓远建，蔡运涛，等. 2009. 绿色农业发展的外部性问题探析. 调研世界，(8)：11-14.
杨波. 2004. 农产品价格上涨的结构因素. 发展研究，(10)：55-56.
杨东升. 2006. 中国西部地区的农村经济发展与自然生态环境的可持续性研究. 经济科学，(2)：5-12.
杨俊，陈怡. 2011. 基于环境因素的中国农业生产率增长研究. 中国人口·资源与环境，(6)：153-157.
杨亮. 2014. 基于消费水平的家庭碳排放谱研究. 华东师范大学博士学位论文.
杨怡. 2007. 我国饭店业的绿色管理现状与对策分析. 山西财经大学学报，(S1)：48-49.
杨永斌. 1992. 劝民种植讲学疏/贺长龄. 清经世文编（卷 23）. 北京：中华书局.
姚文. 2016. 家庭资源禀赋、创业能力与环境友好型技术采用意愿——基于家庭农场视角. 经济经纬，33（1）：36-41.
姚耀军，和丕禅. 2004. 农村固定资产投资绩效研究. 农业技术经济，(4)：51-54.
于晓勇，夏立江，陈仪，等. 2010. 北方典型农村生活垃圾分类模式初探——以曲周县王庄村为例. 农业环境科学学报，29（8）：1582-1589.
余谋昌. 2003. 生态文化：21 世纪人类新文化. 新视野，(4)：64-67.
余威震，罗小锋，李容容，等. 2017. 绿色认知视角下农户绿色技术采纳意愿与行为悖离研究. 资源科学，39（8）：1573-1583.
余威震，罗小锋，李容容. 2019. 孰轻孰重：市场经济下能力培育与环境建设？——基于农户绿色技术采纳行为的实证. 华中农业大学学报（社会科学版），(3)：71-78，161-162.
余威震，罗小锋，薛龙飞，等. 2018. 中国农村绿色发展水平的时空差异及驱动因素分析. 中国农业大学学报，23（9）：186-195.
喻永红，张巨勇，喻甫斌. 2006. 可持续农业技术（SAT）采用不足的理论分析. 经济问题探索，(2)：67-71.
张灿强，王艳，李冉，等. 2016. 生态友好型农业技术采用及其影响因素——基于鄂湘鲁豫 355 个农户的调查数据. 湖北农业科学，(16)：4322-4326.
张超. 2011. 产品创新、供求互动与中国经济内生增长研究. 科研管理，32（10）：18-26.

张春梅，郭立夫. 2014. 绿色农业生产积极性的影响因素分析——以吉林省大安市绿色水稻种植为例. 社会科学战线，（9）：247-249.

张今声，果艺. 2010. 新技术革命与农业可持续发展. 中国软科学，（S2）：160-165.

张丽华. 2005. 以绿色管理为切入点提高饭店管理水平. 中国流通经济，（12）：39-41.

张丽华，张琼霓. 2007. 饭店绿色管理系统构建研究. 湖南社会科学，（4）：109-111.

张明林，刘克春. 2012. 我国农业龙头企业绿色品牌“局部化”战略的现状、动机、问题与对策. 宏观经济研究，（8）：97-103.

张舜梅. 2006. 城市生活垃圾收费制度设计研究——以柳州市为例. 华东师范大学硕士学位论文.

张耀钢，应瑞瑶. 2007. 农户技术服务需求的优先序及影响因素分析——基于江苏省种植业农户的实证研究. 江苏社会科学，（3）：65-71.

张颖聪. 2011. 基于 PCA-DEA 模型的农村生态环境评价研究. 农业技术经济，（6）：53-61.

张勇. 2016. 把绿色发展作为推进现代化建设的重要引领. 中国经贸导刊，（3）：9-11.

张跃强，陈池波. 2015. 财政农业科技投入对农业科技创新绩效的影响. 科技进步与对策，32（10）：50-54.

张云华，马九杰，孔祥智，等. 2004. 农户采用无公害和绿色农药行为的影响因素分析——对山西、陕西和山东 15 县（市）的实证分析. 中国农村经济，（1）：41-49.

张云华，杨晓艳，孔祥智，等. 2004. 发展绿色农业技术面临的难题与出路. 生态经济（中文版），（S1）：216-218.

张祖庆. 2008. 转型时期我国农村环境污染防治与对策研究. 西北农林科技大学硕士学位论文.

赵大伟. 2012. 中国绿色农业发展的动力机制及制度变迁研究. 农业经济问题，33（11）：72-78，111.

赵领娣，张磊，徐乐，等. 2016. 人力资本、产业结构调整与绿色发展效率的作用机制. 中国人口·资源与环境，26（11）：106-114.

赵万里，朱婷钰. 2017. 绿色生活方式中的现代性隐喻——基于 CGSS2010 数据的实证研究. 广东社会科学，（1）：195-203，256.

郑军，史建民. 2010. 基于 AHP 法的生态农业竞争力评价指标体系构建. 中国生态农业学报，18（5）：1087-1092.

钟茂初. 2015. 产业绿色化内涵及其发展误区的理论阐释. 中国地质大学学报（社会科学版），15（3）：1-8.

周新德. 2013. 绿色农业产业集群的内涵、特征与效应分析. 湖南社会科学，（6）：141-144.

朱婧，孙新章，刘学敏，等. 2012. 中国绿色经济战略研究. 中国人口·资源与环境，22（4）：7-12.

庄丽娟，贺梅英. 2010. 我国荔枝主产区农户技术服务需求意愿及影响因素分析. 农业经济问题，（11）：61-66.

宗良，范若滢. 2018. 政府与市场“两只手”的有机结合——宏观经济理论历史演进、未来路径与理论模型. 金融论坛，23（4）：3-11.

Abler D G，Shortle J S. 1995. Technology as an agricultural pollution control policy. American Journal of Agricultural Economics，77（1）：20-32.

Arnold J G，Allen P M，Bernhardt G. 1993. A comprehensive surface-groundwater flow model. Journal of Hydrology，142（1-4）：47-69.

Bhargava H K，Tettelbach C. 1997. A web-based decision support system for waste disposal and recycling. Computers，Environment and Urban Systems，21（1）：47-65.

Bohdanowicz P，Martinac I. 2007. Determinants and benchmarking of resource consumption in hotels—case study of hilton international and scandic in Europe. Energy and Buildings，39（1）：82-95.

Brenčič V，Young D. 2009. Time-saving innovations，time allocation，and energy use：evidence from Canadian households. Ecological Economics，68（11）：2859-2867.

Chan W W，Lam J C. 2002. Prediction of pollutant emission through electricity consumption by the hotel industry in Hong Kong. International Journal of Hospitality Management，21（4）：381-391.

Costa-Campi M T，García-Quevedo J，Martínez-Ros E. 2017. What are the determinants of investment in environmental R&D?. Energy Policy，104：455-465.

Creutzig F，McGlynn E，Minx J，et al. 2011. Climate policies for road transport revisited（I）：Evaluation of the current framework. Energy Policy，39（5）：2396-2406.

Dagum D. 1997. A new approach to the decomposition of the Gini income inequality ratio. Empirical Economics，22（4）：515-531.

Dietz T，Gardner G T，Gilligan J，et al. 2009. Household actions can provide a behavioral wedge to rapidly reduce US carbon emissions. Proceedings of the National Academy of Sciences of the United States of America，106（44）：18452-18456.

Donigian Jr A S，Huber W C. 1991. Modeling of nonpoint source water quality in urban and non-urban areas. Environmental Research Laboratory. Office of Research and Development，U.S. EPA，Athens，G.A.，USA.

Dunne L，Frank J C，Gallagher L. 2008. An investigation into waste charges in Ireland，with emphasis on public acceptability. Waste Management，28（12）：2826-2834.

Erdogan N，Baris E. 2007. Environmental protection programs and conservation practices of hotels in Ankara，Turkey. Tourism Management，28（2）：604-614.

Fafchamps M. 1992. Cash crop production，food price volatility，and rural market integration in the Third World. American Journal of Agricultural Economics，74（1）：90-99.

Fisher A C，Smith V K. 1982. Economic evaluation of energy's environmental costs with special reference to air pollution. Annual Review of Energy，7：1-35.

Gini C. 1912. Variabilità e mutabilità/Pizetti E，Salvemini T. Memorie di Metodologia Statistica. Rome：Libreria Eredi Virgilio Veschi：211-382.

Ivanic M，Martin W. 2008. Implications of higher global food prices for poverty in low—income countries. Policy Research Working Paper，39（s1）：405-416.

Jalil A，Feridun M. 2011. Long-run relationship between income inequality and financial development in China. Journal of the Asia Pacific Economy，16（2）：202-214.

Khemiri A，Hassairi M. 2005. Development of energy efficiency improvement in the Tunisian hotel sector：a case study. Renewable Energy，30（6）：903-911.

Leontief，W. 1970. Environmental repercussions and the economic structure：an input-output approach. The Review of Economics and Statistics，52（3），262-271.

Mensah I. 2005. Environmental management practices among hotels in the greater Accra region.

International Journal of Hospitality Management，25（3）：414-431.

Munksgaard J，Pedersen K A，Wien M. 2000. Impact of household consumption on CO_2 emissions. Energy Economics，22（4）：423-440.

Murphy P R，Poist R F. 2003. Green perspectives and practices：a “comparative logistics” study. Supply Chain Management，8（2）：122-131.

Puig-Ventosa I. 2008. Charging systems and PAYT experiences for waste management in Spain. Waste Management，28（12）：2767-2771.

Scanlon N L. 2007. An analysis and assessment of environmental operating practices in hotel and resort properties. International Journal of Hospitality Management，26（3）：711-723.

Shiferaw B，Holden S T. 1998. Resource degradation and adoption of land conservation technologies in the Ethiopian Highlands：a case study in andit Tid，North Shewa. Agricultural Economics，18（3）：233-247.

Trostle R. 2008. Global agricultural supply and demand：factors contributing to the recent increase in food commodity prices. Electronic Outlook Report from the Economic Research Service，143-175.

Trung D N，Kumar S. 2005. Resource use and waste management in Vietnam hotel industry. Journal of Cleaner Production，13（2）：109-116.

Unay-Gailhard I，Bojnec S. 2016. Sustainable participation behaviour in agri-environmental measures. Journal of Cleaner Production，138：47-58.